VOM SKAGERRAK NACH SCAPA FLOW

DIE HEBUNG DER VERSENKTEN
DEUTSCHEN FLOTTE –
EINE TECHNISCHE UND SEEMÄNNISCHE
GROSSTAT DER SCHIFFSBERGUNG

S. C. GEORGE

# Vom Skagerrak nach Scapa Flow

MOTORBUCH VERLAG STUTTGART

Einband und Umschlagkonzeption: Siegfried Horn.
Umschlagzeichnungen: Verwendet mit freundlicher Genehmigung
des J. F. Lehmanns Verlages München.

Zeichnungen: Martin Treadwag.
Fotos: siehe jeweiliger Bildtext.

Copyright © by s. c. George
Die Englische Ausgabe erschien unter dem Titel
›Jutland to Junkvard‹ bei Patrick Stephens, Cumbridge.

Die Übertragung ins Deutsche besorgte Hans Dehnert

Die Uhrzeiten der deutschen Ausgabe sind in mitteleuropäischer Zeit (MEZ) angegeben. Bei den Zeitangaben für Scapa Flow wird dagegen durchweg mittlere Greenwich-Zeit (MGZ/GMT) verwandt.
Auf die Anmerkungen des Bearbeiters der deutschen Ausgabe, die sich auf die Fußnoten im Text beziehen, wird hingewiesen (S. 258 bis 262).

ISBN 3-87943-378-X
1. Auflage 1975
Copyright © by Motorbuch Verlag, 7 Stuttgart 1, Postfach 1370.
Eine Abteilung des Buch- und Verlagshauses Paul Pietsch GmbH. & Co. KG.
Sämtliche Rechte der Verbreitung in deutscher Sprache – in jeglicher Form und Technik – sind vorbehalten.
Satz: Bauer & Bökeler, 7306 Denkendorf.
Druck: Thümmler-Druck, 7306 Denkendorf.
Bindung: Großbuchbinderei Schübelin, 7311 Brucken/Teck.
Printed in Germany.

# Inhalt

| | |
|---|---|
| 1 – Das Unwetter zieht herauf | 7 |
| 2 – Die Skagerrak-Schlacht | 21 |
| 3 – Auslieferung | 35 |
| 4 – Versenkt! | 49 |
| 5 – Die Männer, die Bergungsmittel und die Schiffe | 73 |
| 6 – Die Torpedoboote und Zerstörer | 93 |
| 7 – »Hindenburg« setzt sich zur Wehr | 115 |
| 8 – »Moltke's« letzte Fahrt | 127 |
| 9 – Die großen Schiffe | 149 |
| 10 – Cox tritt ab | 181 |
| 11 – *Metal Industries Ltd.* übernehmen | 191 |
| 12 – Die letzten der Großen | 219 |
| Anhang 1 – Der Bericht Vizeadmiral von Reuter's über die Versenkung | 243 |
| Anhang 2 – Geheimschreiben, das im Panzerschrank von SMS »Emden« gefunden wurde | 247 |
| Anhang 3 – Aufgliederung des beim Abwracken von SMS »Friedrich der Große« gewonnenen Schrotts | 249 |
| Anhang 4 – Vergleichstabellen der deutschen Kriegsschiffs-Klassen in Scapa Flow | 251 |
| Anhang 5 – Liste der in Scapa Flow internierten Schiffe der deutschen Hochseeflotte | 254 |
| Anmerkungen | 258 |
| Quellenverzeichnis | 262 |
| Dank des Verfassers | 263 |
| Stichwortverzeichnis | 266 |

*Karte von Scapa Flow und Umgebung*

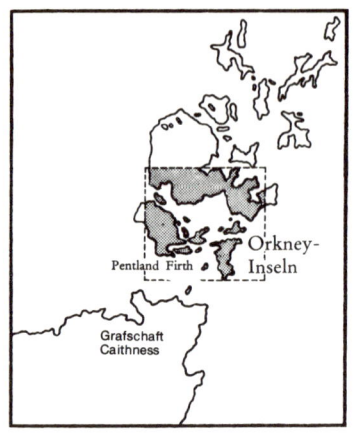

# 1. Das Unwetter zieht herauf

Das **Deutsche Reich** entstand nach der Niederwerfung Frankreichs im deutsch-französischen Kriege von 1870. Deutschlands Machtpotential hielt Schritt mit seinem Aufstieg. Gegen Ende des Jahrzehnts hatte es ein wachsames Auge darauf, wie Frankreich, Rußland und Italien ihre Flotten zu modernisieren und vergrößern begannen, dann beteiligte es sich selber an dem Wettrüsten.

Anfangs sah Deutschland in Frankreich und Rußland seine gefährlichsten Rivalen. Mit dem Anwachsen seiner industriellen und militärischen Stärke und seiner Beteiligung an der europäischen Jagd nach Landerwerb in Afrika wurde es von England mit steigendem Argwohn beobachtet, besonders als im Jahre 1898 das erste deutsche Flottenbaugesetz verabschiedet wurde, das seine Flottenstärke auf

19 Linienschiffe (zwei in Reserve),

8 Küstenpanzerschiffe,

6 große Kreuzer

16 kleine Kreuzer sowie

6 große und 14 kleine Kreuzer für Auslandsverwendung

festlegte.

Dann leitete Deutschland ein Flottenbauprogramm ein mit dem Ziel, die britische Seeherrschaft in Europa zu brechen. Das deutsche Flottenbaugesetz von 1900 bestimmte: »Deutschlands Schlachtflotte muß von einer solchen Stärke sein, daß selbst ein Gegner im Besitz überlegener Seemacht sie nur unter einem ernsthaften Risiko für sich selber angreifen kann.« Der Kaiser bekräftigte *Tirpitz*, dem er sagte, daß »mit jedem neuen deutschen Linienschiff ein neues Unterpfand für einen goldenen Frieden geschaffen werde«. Deutschland war überzeugt von seinem guten Recht, zum Schutz seiner neuen Kolonien und seines Überseehandels Schiffe zu bauen.

1902 wurden die britischen Besorgnisse verstärkt durch das unbeabsichtigte Bekanntwerden deutscher Pläne, sogar noch mehr Linienschiffe zu bauen, wobei eine Prüfung der Baupläne dieser Schiffe nur zu deutlich erkennen ließ, daß sie zur Schaffung einer Schlachtflotte mit zwar nur geringem Fahrbereich bestimmt waren. Die deutsche Flotte war größtenteils in Kiel und Wilhelmshaven stationiert, zwei geeigneten Positionen zu plötzlichem Auftreten in der Nordsee.

Im Jahre 1906 baute England insgeheim einen neuen Schlachtschiffstyp, die *Dreadnought*, deren gesamte Bewaffnung von einheitlichem Kaliber war. Diese Schiffsklasse besaß zehn 30,5 cm-Geschütze in fünf Zwillingstürmen. Vier dieser Türme konnten nach der gleichen Seite geschwenkt werden, was sie in die Lage versetzte, eine zweieinhalbmal schwerere Breitseite zu feuern, als es früher möglich gewesen war. Die Verdrängung wurde auf 18 000 t verdoppelt, um die Ausstattung mit einem besseren Panzerschutz zu ermöglichen; die Geschwindigkeit betrug 21,5 kn. Zwei Jahre später wurde ein Schlachtkreuzer in Dienst gestellt mit 30,5 cm-Geschützen in vier Zwillingstürmen. Da diese alle nach der gleichen Seite geschwenkt werden konnten, kam eine Breitseite der der *Dreadnoughts* gleich, während seine Geschwindigkeit von 26 kn an die der schnellsten Kreuzer herankam.

Der Deutsche Reichstag verabschiedete im Jahre 1907 ein Flottenbaugesetz für eine gewaltige Marine.

Das Programm sollte bis 1917 fertiggestellt sein. Außer Linienschiffen* und Torpedobooten umfaßte es 38 kleine Kreuzer. Größere

Trockendocks wurden gebaut, der Nord/Ostsee-Kanal verbreitert. Deutschlands Neubauprogramm begann mit der *Nassau*-Klasse, die mit 12–28 cm-Geschützen und 12–15 cm-Geschützen bewaffnet war. Die folgenden Schiffsklassen kamen sowohl in der Größe als auch in der Kampfkraft den zeitgenössischen britischen Schiffen gleich. Es waren die *Helgoland*- (vier Schiffe), die *Kaiser*- (fünf Schiffe), die *König*- (vier Schiffe) und die *Bayern*- (drei Schiffe) Klasse. Die erstgenannten drei Klassen, mit 30,5 cm-Geschützen bewaffnet, hatten Geschwindigkeiten von 20 bis 21 Knoten; die letzte besaß acht 38 cm-Geschütze und eine Geschwindigkeit von 23 bis 24 Knoten. Alle Schiffe hatten eine Mittelartillerie von 12 bis 16-15 cm-Geschützen. Der erste einer Reihe von Schlachtkreuzern war *Blücher* mit einer Verdrängung von 15 000 t und einer Geschwindigkeit von 24 Knoten, bewaffnet mit zwölf 21 cm-, acht 15 cm- und sechzehn 8,8 cm-Geschützen sowie vier 45 cm-Torpedos. Ihm folgten *von der Tann, Moltke, Goeben, Seydlitz, Derfflinger, Lützow* und *Hindenburg*. Etwa drei leichte Kreuzer wurden jährlich gebaut, sie reichten von der *Dresden*-Klasse mit einer Verdrängung von 3650 t und einer Geschwindigkeit von 24 Knoten bis zur *Cöln II*-Klasse mit einer Verdrängung von 5600 t und einer Geschwindigkeit von 27,5 Knoten. Anfang des 20. Jahrhunderts wurden zwei große moderne Werften errichtet, eine in Wilhelmshaven an der Nordsee, die andere in Kiel an der Ostsee; sie waren durch einen Schiffahrtskanal verbunden. Kleinere Werften bestanden in Cuxhaven, Bremerhaven, Flensburg, Swinemünde, Danzig und in Kiautschou im Fernen Osten.

Es war eine Zeit, in der sich Europa in politischen Ränken verzehrte. Große Nationen schlossen Allianzen zur Erhaltung des Gleichgewichts der Mächte, und die kleinen Nationen, eifrig auf ihre Souveränität bedacht und in der Furcht, von ihren habgierigen Nachbarn geschluckt zu werden, intrigierten mit- und gegeneinander. Serbien war verstimmt, daß zwei Drittel seiner Blutsbrüder von Österreich-Ungarn, wo sie lebten, unterjocht waren. In den Zank dieser beiden Staaten wurden die Großmächte hineingezogen. Rußland und Frankreich unterstützten Serbien; Deutschland, das beide fürchtete, stand an der Seite Österreich-Ungarns. England, besorgt über Deutschlands Flottenprogramm, neigte zu Rußland und Frankreich hin. Europa war in zwei feindliche Lager gespalten; Furcht beherrschte die gesamte Politik und schuf dadurch neue Probleme und Schwierigkeiten. Serbien grollte, weil die Großmächte seine Beschwerden ignorierten und seinen Traum von Einheit kaum zur Kenntnis nahmen, obgleich er die größte Bedrohung für den europäischen Frieden bildete. Eine Krise im Jahre 1908 wurde abgewendet, aber die Beziehungen zwischen England und Deutschland verschlechterten sich, und als *Sir Charles Hardinge* den Kaiser vor den Gefahren eines Flottenwettrüstens warnte, gab ihm der Kaiser zur Antwort, daß er lieber kämpfen würde als sich dem Diktat einer fremden Macht für sein Flottenbauprogramm zu unterwerfen.

Im Herbst 1908 erhielt die britische Admiralität davon Kenntnis, daß bereits an dem deutschen Flottenbauprogramm für 1909–10 gearbeitet wurde. In der Tat ließ Tirpitz in jenem Jahre vier Großkampfschiffe gegenüber zwei in England auf Stapel legen, und 1909 ließ er vier weitere folgen. Als das im Frühjahr 1909 dem britischen Unterhaus bekannt wurde, nahm eine Bewegung für eine Erweiterung des Flottenbauprogrammes der Regierung und für eine Kiellegung von acht *Dreadnoughts* ihren Anfang; ein populäres Schlagwort dieser Zeit war: »We want eight and we won't wait« (wir wünschen acht und wir wollen nicht warten). Es wurde ein Kompromiß erreicht, wonach vier Schiffe sofort und vier weitere auf Kiel gelegt werden sollten, »wenn sich eine Notwendigkeit dazu ergeben würde«. Aber die öffentliche Meinung gab Anlaß, doch sofort alle acht auf Stapel zu legen. In der

Zeit von 1909 bis 1911 hatte England dann 18 *Dreadnoughts* gegenüber den neun Deutschlands gebaut.

Im Jahre 1909 wurde *Bethmann-Hollweg* deutscher Reichskanzler. Obwohl lauter und aufrichtig, hatte er doch keinen Einfluß beim Kaiser oder den Leitern verschiedener Ministerien, worin auch Tirpitz im Reichsmarineamt eingeschlossen war. In seinen Erinnerungen sagt er, daß er wenig zur Erhaltung des Friedens beitragen konnte. Tatsächlich konnte er auch nur wenig zur Beschränkung des Flottenbauprogrammes tun, denn Tirpitz hatte die Öffentlichkeit und die Presse hinter sich, und diese fühlten sich in keiner Weise dadurch gestört, daß das Ausmaß des andauernden Flottenbaues wachsende Feindseligkeit gegen Deutschland hervorrief. Bis zum Jahre 1910 war seine Flotte zum Beispiel dreimal so groß wie die Frankreichs.

Eine Krise folgte der anderen wegen des Landerwerbs durch die europäischen Mächte in Afrika. Dann eignete sich Italien Staatsgebiet der Türkei an, die ihm nichts angetan hatte, während der Ausbruch des Balkankrieges von 1912 die Türkei zwang, sich damit abzufinden. Rußland und England lagen sich ebenfalls wegen der russischen Versuche zur Annektion Teherans von Persien in den Haaren. Dann reizte *Winston Churchill* Deutschland durch eine Rede, in der er Deutschlands Flotte als Großmannssucht, die Englands aber als eine Notwendigkeit bezeichnete; einige Monate später verschlimmerte er noch die Situation, als er dem Unterhaus mitteilte, daß Deutschlands neues Programm nicht nur einen Zuwachs an Schiffen und Personal, sondern auch eine Erhöhung der Kampfkraft seiner Streitkräfte in Friedenszeit umfaßte. Im September 1912 wurde ein britisch-französisches Flottenabkommen unterzeichnet, das die englische Entfremdung gegenüber Deutschland besiegelte. England konzentrierte jetzt seine Flotte in der Nordsee und Frankreich die seine im Mittelmeer.

Der Balkankrieg dauerte bis zum Jahre 1913 an. Zum Erstaunen der Großmächte wurde das türkische, von Deutschen ausgebildete Heer besiegt; das verachtete Serbien ging als triumphierender Sieger hervor, und seine Verbündeten, Griechenland und Rumänien, schlossen sich ihm an in der Erwartung, alle ihre verwandten Stämme auf dem Balkan vereinigen und ihr Staatsgebiet vergrößern zu können. Das Gleichgewicht der Mächte war gestört. Die Großmächte wurden in die Kämpfe des Balkans hineingezogen, wo die Sieger bereits unzufrieden mit ihren erzielten Gewinnen waren. Die Bulgaren griffen heimlich die Serben an und weigerten sich, Saloniki an Griechenland abzutreten. In einem neuen Krieg blieb Bulgarien ohne Unterstützung. Die Türkei und Rumänien hatten zu seiner Niederlage beigetragen; die Entscheidungen der Großmächte wurden von allen streitenden Parteien ignoriert, von denen keine wirklich glaubte, daß irgendwelche 1913 geschlossenen Verträge von Dauer sein würden. Rußland und Frankreich kamen wegen Deutschlands Eindringen in den türkischen Militärapparat nahe an einen Krieg mit ihm heran, entschieden sich aber im Hinblick auf mögliche Reaktionen Englands doch dagegen.

In Serbien schäumte die Unruhe unter den Studenten über. Einige ihrer Demonstrationen hatten mit Blutvergießen geendet, und im März 1914 wurde der Versuch einer Ermordung eines österreichischen Erzherzogs nur knapp verhindert. Innerhalb Österreich-Ungarns war der Aufruhr noch ärger als in Serbien. Es bedurfte nur eines Funkens, um das Pulverfaß zur Explosion zu bringen, und er ließ nicht lange auf sich warten. »Die Lampen in ganz Europa gehen aus«, sagte *Viscount Grey,* der britische Außenminister, »wir werden sie während unserer Lebenszeit nicht wieder leuchten sehen.«

Ende Juni fuhr *Franz Ferdinand,* Erzherzog von Österreich, mit seiner Gemahlin Sophie nach Sarajewo in Bosnien, wo sie zum ersten Male mit staatlichem Pomp auftreten sollte. Für die vier Automobile, die rasch durch die Vorstädte zum Rathaus fuhren, waren keine besonderen Sicherheitsvorkehrungen getroffen worden. Ein Knall wie von einem Gewehrschuß war zu hören, und eine Bombe explodierte. Ein Oberst war verwundet und wurde zum Krankenhaus gebracht; der Erzherzog war unverletzt geblieben. Der Bombenwerfer, ein österreichischer Serbe, wurde festgenommen. Für eine militärische Wache zum Schutz des Erzherzogs waren keine Maßnahmen getroffen worden. Er änderte jetzt das vorgesehene Programm und schickte sich an, in Begleitung seiner Frau mit denselben Wagen den verletzten Oberst zu besuchen. Durch einen Irrtum nahm der erste Wagen den falschen Weg; die anderen folgten, danach fuhren alle Wagen langsamer. Zwei Schüsse wurden aus einer Entfernung von weniger als drei Metern abgegeben. Die Erzherzogin sank bewußtlos gegen die Brust ihres Gatten. Aus seinem Munde strömte Blut. Die Wagen wurden zum Regierungsgebäude gefahren, wo Ärzte ein Geschoß im Magen der Erzherzogin fanden und feststellen, daß der Erzherzog mit durchschlagener Halsschlagader im Sterben lag. Beiden Opfern wurde von einem Franziskanermönch Absolution erteilt. Fünfzehn Minuten später waren sie tot. Der Mörder, ein serbischer Hochschulstudent namens *Gabriel Princip*, wurde von der Menge ergriffen. Er schluckte Blausäure, brach sie aber wieder aus.

Der Kaiser erhielt die Nachricht auf der kaiserlichen Yacht *Hohenzollern* in der Kieler Förde. Er trug eine Admiralsuniform, denn die ersten englischen Schiffe seit 19 Jahren waren zu einem Besuch der Kieler Woche eingetroffen. *Churchill,* der Erste Lord der Admiralität, war an Bord eines von ihnen.

Die österreichisch-ungarische Regierung beschuldigte die serbische Regierung der Mitschuld an dem Attentat, obgleich ihr eigener Untersuchungsbeamter berichtet hatte, das sei »bestimmt unwahrscheinlich«. Deutschland wußte, daß eine Unterstützung Österreich-Ungarns zum Kriege mit Serbien führen würde, und daß der wiederum Krieg mit Rußland bedeuten würde. Am 26. Juli wurde die englische Flotte bei der Beendigung von Manövern nicht auseinandergezogen und entlassen, sondern auf diese Weise mobilisiert. Am 29. Juli vollzog Rußland die allgemeine Mobilmachung. Österreich tat am folgenden Tage dasselbe. Am 31. Juli erfuhr Deutschland von Rußlands Mobilmachung und erklärte ihm am 1. August den Krieg. Frankreich verkündete unverzüglich die Generalmobilmachung und traf Vorbereitungen zur Verteidigung seiner Grenzen. Deutschland sandte ein Ultimatum mit der Forderung nach einer Antwort, ob Frankreich in einem deutschrussischen Kriege neutral bleiben würde. Am gleichen Tage mobilisierte Belgien. *Viscount Grey,* der für einige Tage zu Besuch bei *Lord Haldane,* dem Kriegsminister, gewesen war, erhielt nach dem Essen eine Depesche, daß in Brüssel ein Ultimatum mit der Forderung nach freiem Durchmarsch deutscher Truppen durch belgisches Staatsgebiet eingetroffen sei. Beide Herren gingen zum Premierminister, Mr. *Asquith,* hinüber und erhielten seine Zustimmung, die unverzügliche Mobilmachung des britischen Heeres anzuordnen. Dank Churchill war die Marine bereits auf den Krieg vorbereitet. Den ganzen Sonntag, den 2. August, hindurch rückten die Deutschen gegen die belgische Grenze vor, und gegen 18.30 Uhr war es klar, daß sie im Begriff standen, sie zu überschreiten. In einem letzten Versuch, England neutral zu halten, bot Deutschland an, Frankreichs Integrität zu erhalten, aber nicht die seiner Kolonien. Es ließ ferner durchblicken, daß Belgiens Neutralität verletzt werden könnte. Dieses Angebot wies Grey mit Entschiedenheit zurück. *Churchill* und *Kitchener* hatten schon immer behauptet, daß Deutschland einen Einmarsch beabsichtige, und am 2. August erfüllten sich ihre Vorhersagen. Ein Telegramm König Albert's von Belgien mit der Bitte um Hilfe ging in London ein.

Am 3. August erklärte Deutschland Frankreich den Krieg. Um 09.30 Uhr am 4. August verlangte *Grey* eine umgehende Antwort von Deutschland über seine Absichten im Hinblick auf Belgiens Neutralität. Als er um 14.00 Uhr erfuhr, daß diese verletzt worden sei, wies er den britischen Botschafter in Berlin an, »eine befriedigende Erklärung« zu fordern und seine Pässe zu erbitten, falls er bis Mitternacht eine solche nicht erhielt. Nach der Äußerung des deutschen Reichskanzlers, daß »wir auf dem schnellsten und leichtesten Wege in Frankreich einrücken müssen«, wurden die Beziehungen abgebrochen, und um Mitternacht war England im Kriegszustand. Bis zur Wiederkehr des Friedens sollten neun Millionen Menschen tot sein.

Die britische Marine sah dem Kriege mit Zuversicht entgegen. Trotz Deutschlands äußerster Anstrengungen beim Bau eines Dutzends Schiffe der *Dreadnought*-Klasse und acht großer Schlachtkreuzer war die britische Flotte der deutschen im Verhältnis von drei zu zwei überlegen.

*Oben:* »Kronprinz Wilhelm«, gefolgt von »Markgraf«, vor der Küste Schottlands bei Auslieferung der deutschen Hochseeflotte an Admiral Beatty. (Illustrated London News)
*Mitte:* Die deutsche Flotte in Scapa Flow. Im Vordergrund ein Teil von Mainland, auf dem Militärlager und die Hafensperre zu sehen sind. In der Mitte des Bildes Cava, dahinter Fara, am Horizont die Insel Hoy. (C. Patterson)
*Unten:* Panorama-Ansicht von Scapa Flow, die den üblichen Ankerplatz der britischen Flotte zeigt. Die Positionen der versenkten deutschen Schiffe sind eingezeichnet. Die großen Schiffe liegen in zwei Linien in den Bring Deeps vor Houton Head, die kleineren Einheiten hauptsächlich zwischen den Inseln Cava und Hoy. »Baden« liegt auf Grund in der Swanbister Bay, oben Mitte. (The Sphere)

Die Zeichnung, die *Bernard Gribble* vom Deck des erbeuteten, ehemals deutschen Trawlers »Sochosin« anfertigte: links »König Albert« beim Kentern, in der Mitte (hinter den Booten) »Bayern«, rechts daneben »Großer Kurfürst« und im Hintergrund rechts der kleine Kreuzer »Emden«. Die Besatzung der »Sochosin« treibt zwei deutsche Bootsbesatzungen zurück, die an Bord zu gelangen versuchten. (Illustrated London News)

*Oben:* Nach der Versenkung kenternder deutscher Zerstörer. (The Sphere)
*Mitte:* »Bayern« nach der Versenkung beim Sinken über das Heck. (Shipbreaking IIndustries)
*Unten:* Zerstörer beim Sinken und beim Aufstrandsetzen auf der Insel Fara. (C. Patterson)

## 2. Die Skagerrak-Schlacht

Am 31. Mai 1916 stieß die deutsche Hochseeflotte unter Vizeadmiral *Reinhard Scheer* mit der britischen Grand Fleet unter Admiral *Sir J.R. Jellicoe* in der Skagerrak-Schlacht zusammen, die von den Engländern als »Schlacht bei Jütland« bezeichnet wird. Der Hauptteil der Schlacht fand etwa 75 Seemeilen vor der dänischen Küste auf 57° Nordbreite und 6° Ostlänge statt.

Die britische Flotte war in Scapa Flow stationiert, einem Seegebiet im Süden der Orkney-Inseln, das im Norden von der Insel Pomona oder Mainland, im Osten von den Inseln Burray und South Ronaldsay und im Südwesten und Westen von den Inseln Flotta und Hoy umgrenzt wird. Innerhalb von Scapa Flow befinden sich einige kleine Inseln, und weitere Inseln liegen in den Fahrwassern, die in dies Seegebiet hineinführen. Von Norden nach Süden erstreckt es sich über etwa 15 Seemeilen, seine durchschnittliche Breite beträgt etwa acht Meilen. Das Gewässer ist geschützt, und sein guter Ankergrund war die Ursache, daß Admiral Jellicoe es als Hauptankerplatz der britischen Flotte dem Cromarty Firth vorgezogen hatte, obgleich alles improvisiert werden mußte und Geschütze von den Schiffen zur Verstärkung der Verteidigung an Land gegeben werden mußten. Ein schwerwiegender Nachteil war das Fehlen einer leistungsfähigen Werft, die näher gelegen war als diejenigen im Süden Englands. Die Admiralität verlegte deshalb ein Schwimmdock nach Invergordon im Cromarty Firth, und die Arbeiten am Bau einer neuen Werft in Rosyth am Firth of Forth wurden beschleunigt. Diese Werft wurde später zum Abwracken der gehobenen deutschen Schiffe benutzt.

Die britische Flotte bestand aus dem Flaggschiff und den unterstellten Schlachtgeschwadern, zwei Schlachtkreuzergeschwadern der Grand Fleet, drei Kreuzergeschwadern, zwei Zerstörerflottillen und Teilen einer dritten Flottille.

Vizeadmiral Scheer führte von seinem Flaggschiff »Friedrich der Große« das III. Schlachtgeschwader, bestehend aus »König«, »Großer Kurfürst«, »Kronprinz Wilhelm«, »Markgraf«, »Kaiser«, »Kaiserin« und »Prinzregent Luitpold«, und Aufklärungsstreitkräfte, zu denen »Seydlitz«, »Moltke«, »Derfflinger« und »von der Tann« sowie mehrere Kreuzer gehörten. Die genannten Schiffe befanden sich unter denen, die später nach den Waffenstillstandsbedingungen auszuliefern waren. Die IV. Aufklärungsgruppe wurde von Kommodore *Ludwig von Reuter*, dem späteren Vizeadmiral, geführt.

Die britische Grand Fleet war auf See überlegen, und die britische Marineführung beabsichtigte nicht, sie in Nachtgefechten oder unter anderen unvorteilhaften Voraussetzungen aufs Spiel zu setzen. Es war Grundsatz der britischen Strategie, den Gegner nur dann zum Gefecht zu stellen, wenn seine Vernichtung mit ziemlicher Sicherheit erwartet werden konnte.

Das einzige Zusammentreffen schwerer Flottenverbände vor der Skagerrak-Schlacht war bei der Doggerbank in der Nordsee am 24. Januar 1915 erfolgt, wo die Deutschen die Fischtrawler vor der britischen Ostküste zu vertreiben beabsichtigten, die nach ihrer Annahme Aufklärungsdienst für die Admiralität leisteten. Die deutschen Absichten waren bekannt geworden, da die Admiralität im Besitz eines erbeuteten deutschen Marine-Signalbuches war. *Beatty* lief mit einem starken Verband aus Rosyth aus, kam durch Zufall mit dem Gegner in Fühlung, verfolgte ihn quer über die Nordsee, wäre aber beinahe nicht mit ihm ins Gefecht gekommen. Aber

»Lion«, Beattys Flaggschiff, schoß mit seinen 34,5 cm-Geschützen zwei Geschütztürme von *Hippers* Flaggschiff, der »Seydlitz«, in Flammen. Das hatte Kartuschbrände zur Folge, aber drei Mann der »Seydlitz«-Besatzung verhinderten eine Explosion und retteten ihr Schiff, indem es ihnen gelang, die Munitionskammern zu fluten. »Moltke« erhielt ebenfalls Treffer, aber das britische Geschützfeuer und die Signalverbindung waren schlecht, so daß kein Vorteil daraus gezogen wurde. Dann erzielten »Derfflinger's« 30,5 cm-Geschütze einen Treffer auf »Lion«. Beatty mußte auf einen Zerstörer übersteigen, und während dieser Zeit ließ sein stellvertretender Unterbefehlshaber, durch die Auslegung eines Signals irregeführt, alle feindlichen Schiffe außer »Blücher«, der versenkt wurde, entkommen.

Danach war die deutsche Hochseeflotte durch die britische Blockade zur Tatenlosigkeit gezwungen worden, ihre Besatzungen litten unter der Untätigkeit. Die Strategie des deutschen Oberkommandos war, eine entscheidende Schlacht zu vermeiden, bis die britische Flotte so geschwächt war, daß ein Angriff auf sie einen Erfolg wahrscheinlich machte. Zu diesem Zwecke hatten deutsche Kreuzer Sunderland zu beschießen, um britische Kreuzer zur Verfolgung herauszulocken und über eine Gruppe von U-Booten zu ziehen, die vor der Ostküste Englands auf der Lauer lagen. Da aber das Wetter für eine Luftaufklärung zu schlecht war, verschob Scheer seine Operationen, weil ihm eine Annäherung an die englische Küste ohne genaue Kenntnis der Bewegungen seines Gegners zu riskant erschien. Jedoch konnten seine U-Boote nicht unbegrenzt auf Wartestellungen liegen, deshalb änderte Scheer seine Absichten und befahl am 30. Mai 1916 die Demonstration eines Aufklärungsverbandes vor der norwegischen Küste. Er hoffte, daß diese die britische Flotte anziehen würde und daß er, sich außer Sichtweite haltend, einen Teilverband des Gegners angreifen und vernichten könnte.

Jellicoe war auf bevorstehende deutsche Unternehmungen aufmerksam gemacht worden, und die Schlachtkreuzerflotte erhielt Befehl, von Scapa Flow zu einem festgelegten Punkt ostwärts der schottischen Küste auszulaufen. Ein ähnlicher Befehl wurde den in Invergordon und Rosyth liegenden Teilen der Grand Fleet gegeben. Die wenigen deutschen U-Boot-Angriffe waren ohne Wirkung und konnten den Vormarsch der Flotte nicht aufhalten.
Am 31. Mai erhielt Jellicoe ein irreführendes Telegramm von der Admiralität, wonach die deutsche Flotte sich noch auf der Jade in der Helgoländer Bucht befand. Zur Brennstoffersparnis und in dem Glauben, noch reichlich Zeit zu haben, ließ er seine Zerstörer mit der Fahrt heruntergehen. Aber die deutsche Flotte war in den frühen Morgenstunden ausgelaufen, und die Schlachtflotte stand 50 Meilen hinter ihren Aufklärungsstreitkräften. Auch der deutsche Flottenchef wurde durch die Funkmeldungen seiner U-Boote getäuscht. Da sichteten durch einen bloßen Zufall der britische leichte Kreuzer »Galatea« und der deutsche leichte Kreuzer »Elbing« zur gleichen Zeit einen einzelnen Handelsdampfer, die »N.J.Fjord«. Beim Anlaufen zu dessen Untersuchung sichteten sie sich gegenseitig, und ihre Meldungen an ihre jeweiligen Flaggschiffe führten zum Aufeinandertreffen von Teilen der sich gegenüberstehenden Verbände. Die beiden Kreuzer hatten einige Salven ausgetauscht. »Elbing« erzielte als erster einen Treffer, die Granate detonierte aber nicht.
Ohne Kenntnis von stärkeren deutschen Streitkräften weiter im Süden begann Beatty mit seinen sechs Schlachtkreuzern »Indefatigable«, »Lion«, »Princess Royal«, »Queen Mary«, »Tiger« und »New Zealand« ein lebhaftes laufendes Gefecht mit fünf deutschen Schlachtkreuzern: »Lützow«, »Derfflinger«, »Moltke«, »Seydlitz« und »von der Tann«. Das Fünfte britische Schlachtgeschwader stand unglücklicherweise fünf Meilen in entgegengesetzter Richtung zu der, in der der Feind in Sicht gekommen war, und ein un-

klares Signal von dem Kreuzer-Flaggschiff führte zu einer weiteren Verzögerung, diesen Verband ins Gefecht zu bringen. Die Folge war, daß die britischen Schlachtkreuzer schwere Schäden erlitten. Beim einzigen Male, in dem während der ganzen Unternehmung ein britisches Flugzeug zur Aufklärung angesetzt wurde, wurde seine Meldung vom Flaggschiff der Schlachtkreuzer nicht empfangen, während zur gleichen Zeit auch die Signale des Flaggschiffes für die Feuerverteilung falsch verstanden wurden. Nach drei Minuten hatten die Deutschen acht Treffer auf »Lion«, »Tiger« und »Princess Royal« erzielt. Der erste britische Treffer erfolgte auf »Seydlitz«, dessen Munition in Brand geriet. Das Schiff konnte nur durch Fluten der Munitionsräume gerettet werden. Ein weiteres Mißverständnis hatte »Derfflinger« davor bewahrt, unter Feuer genommen zu werden, nun wurde er aber von der »Queen Mary« beschossen, die bald einige Treffer erzielte. »Von der Tann« versenkte »Indefatigable« in einem wilden Zweikampf, nachdem drei Granaten in deren Munitionskammern detoniert waren. 57 Offiziere und 958 Mann der Besatzung der »Indefatigable« fielen, die beiden einzigen Überlebenden wurden von einem deutschen Zerstörer geborgen.

Etwa 15 Minuten nach Gefechtsbeginn gelangte das britische Fünfte Schlachtgeschwader in Schußweite zum Feind und eröffnete auf ca. 17,4 km das Feuer auf »von der Tann«. Eine 38 cm-Granate schlug auf »von der Tann« in Höhe der Wasserlinie ein und führte zu einem Wassereinbruch von 600 t in das Schiff, es konnte aber das Gefecht fortsetzen. Die nachfolgenden deutschen Schiffe wurden wegen der geringen Wirkung der britischen Granaten, die krepierten, ohne den Panzer des Gegners zu durchschlagen, von Zerstörungen verschont.

Nach kurzer Unterbrechung wurde das Gefecht fortgeführt, wobei »Queen Mary« von »Derfflinger« und »Seydlitz« unter Feuer genommen wurde. Eine Salve hatte eine Explosion zur Folge, die sie in die Luft fliegen ließ, und sie sank sofort mit 57 Offizieren und 1209 Mann. Nur acht Mann der Besatzung wurden gerettet.

»Irgendetwas scheint faul zu sein mit unseren verdammten Schiffen«, bemerkte Beatty. Der Hauptfehler lag in dem ungenügenden Schutz gegen die Ausbreitung von Bränden in den Geschütztürmen.

Ungefähr zu dieser Zeit kamen zwei sich gegenüberstehende Zerstörerflottillen* zwischen den Linien der Schlachtkreuzer ins Gefecht miteinander. Die deutsche Flottille setzte sich ab vor die Schlachtkreuzer, von zwei britischen Zerstörern verfolgt, von denen einer im feindlichen Feuer lahmgeschossen wurde. Auch ein weiterer britischer Zerstörer blieb manöverierunfähig zwischen den Linien liegen.

Dei deutschen Schlachtkreuzer waren in schwerer Bedrängnis, als sie plötzlich ihre Schlachtflotte in Sicht bekamen. Zehn Minuten vorher hatte Jellicoe einen Funkspruch erhalten, daß die Hochsee-Schlachtflotte auf Nordkurs herankam.

Der deutsche Flottenchef war in dem Glauben, daß er doch auf einen abgesetzten Teil der britischen Flotte getroffen war, und der Gedanke hatte so von ihm Besitz ergriffen, daß er das leichte Ziel übersah, das ihm die Schlachtkreuzer boten, als sie einzeln nacheinander am gleichen Punkt auf ihren neuen Kurs schwenkten.

Beatty eröffnete sofort wieder das Feuer auf den Gegner. Bald darauf erhielt »Seydlitz« einen neuen Treffer unter Wasser durch einen Torpedo, aber er war sehr standkräftig gebaut und hielt seinen Platz in der Linie. Treffer wurden auch auf »Großer Kurfürst« und »Markgraf« beobachtet.

Scheer auf seinem Flaggschiff »Friedrich der Große« ahnte noch nicht, daß die Grand Fleet in See war, sondern nahm an, daß er, wie er geplant hatte, einen Teil von ihr zu fassen bekommen hatte. Während er zu seiner Verfolgung Nordwestkurs steuerte, standen voraus von ihm in der Linie die sieben Linienschiffe: »König«,

»Großer Kurfürst«, »Kronprinz Wilhelm«, »Markgraf«, »Kaiser«, »Kaiserin« und »Prinzregent Luitpold«. Sie wurden gesichert durch vier Zerstörerflottillen. Hipper teilte nicht die Ansicht seines Vorgesetzten, aber seine Signale wurden nicht aufgenommen, deshalb hatte er sich damit abzufinden, den Schlachtschiffen zu folgen, obgleich er immer noch unter schwerem Feuer lag und seine Schiffe schwer angeschlagen waren. Insbesondere »Derfflinger« hatte gelitten, während »Seydlitz« mit dem Bug tief im Wasser lag und nur noch durch die wasserdichte Unterteilung schwimmfähig gehalten wurde.

Erneut wurde eines von Beattys Signalen vom Fünften Schlachtgeschwader nicht gesehen mit der Folge, daß die beiden Geschwader sich mit hoher Fahrt passierten, wobei eines von ihnen in das Geschützfeuer der deutschen Schlachtflotte geriet und schwer mitgenommen wurde. Das Feuer wurde planlos, da das britische Geschwader aus Geschützreichweite lief und Beatty sich darauf konzentrierte, an seinen Flottenchef heranzuschließen. Er kam von Nordwesten heran an der Spitze von sechs Linien von Schlachtschiffen, vor denen ein Kreuzergeschwader stand, während seine Zerstörerflottillen als U-Bootsicherung fungierten.

Die beiden Schlachtflotten näherten sich einander mit einer Geschwindigkeit von 40 Knoten, und auf eine Entfernung von 12,8 km eröffnete die britische Schlachtkreuzerflotte das Feuer. Kaum hatte Admiral Hipper abgedreht, als das Dritte Schlachtkreuzergeschwader das Feuer auf seine II. Aufklärungsgruppe eröffnete. Schiffe beider Seiten wurden schwer getroffen. Beatty verlor für einige Minuten Fühlung mit dem Feind, konnte dann aber seinen Standort melden, und Jellicoe ließ seine Schiffe eine Formation einnehmen, die ihnen einen überwältigenden taktischen Vorteil gab: sie umfaßten die Spitze der Linie des Gegners auf eine Weise, daß sie sich gegenseitig größtmögliche Unterstützung leisten konnten.

Inzwischen hatte das Erste Kreuzergeschwader voraus von der Schlachtflotte aufgeklärt und befand sich im Gefecht mit deutschen Kreuzern. Als es jetzt zwischen die sich gegenüberstehenden Schlachtflotten geriet, wurden zwei britische Schiffe versenkt. Der Qualm begann sich zu verziehen und Scheer offenbarte sich Jellicoes Falle, in die er hineinsteuerte. In der Tat war für die Grand Fleet bereits das Signal gesetzt, sie zu schließen, als Jellicoe es widerrufen mußte, weil seine Linie noch nicht formiert war und die Schlachtkreuzer voraus noch nicht aus seinem Schußfeld heraus waren. Das zwang ihn zu einem nochmaligen Formieren. Um sein Mißgeschick noch zu vergrößern, wurde jetzt die »Invincible« mit über 1000 Offizieren und Mannschaften von »Derfflinger« und »König« zusammengeschossen. Nur fünf Mann wurden gerettet. Zur gleichen Zeit wurde »Wiesbaden« von britischen Kreuzern manövrierunfähig geschossen. »Warrior« und »Defence«, zwei Panzerkreuzer, kamen in schweres Feuer von »Derfflinger« und vier Linienschiffen, als sie anliefen, um die »Wiesbaden« zu versenken. »Defence« flog in die Luft und »Warrior« hatte Glück zu entkommen, als das Feuer des Gegners von ihr auf »Warspite« verlegt wurde, deren Ruderanlage durch einen Granattreffer von »Kaiserin« beschädigt war.

Aber Scheer war noch in Gefahr. Um sich ihr zu entziehen, legten seine Zerstörer eine Rauchwand. Hinter ihr kam die deutsche Flotte aus Sicht, nachdem die manövrierunfähige »Wiesbaden« gesunken war.[1] Es war jetzt 19.40 Uhr, das Tageslicht würde nur noch zwei Stunden andauern. Jellicoe steuerte einen Kurs, der ihn zwischen die deutsche Flotte und die Küste bringen sollte. Meldungen über feindliche U-Boote veranlaßten ihn zu einer Kursänderung, und kaum hatte er seine Divisionen neu formiert, als die deutschen Schiffe aus dem Rauch und Dunst wieder in Sicht kamen. Scheer behauptete später, daß er das beabsichtigt hätte, aber es wahrscheinlich die Folge eines Mißverständnisses war.[2]

Die Schlachtflotten nahmen das Gefecht wieder auf. Die vorn stehenden deutschen Schiffe wurden von »König« angeführt, über den ein Geschoßhagel niederging; »Markgraf« wurde im Maschinenraum getroffen. Die deutsche Flotte sah sich von der Vernichtung bedroht, als die britischen Schiffe ihre vorgesehene Formation einnahmen. Hipper machte sich zur Rettung seiner Schlachtflotte auf die Aufopferung seiner Kreuzer gefaßt, von der die Deutschen später als einem »Todesritt« sprachen. Beim Erhalt des Signals: »Schlachtkreuzer ran an den Feind. Voll einsetzen. Alle Torpedoboote zum Angriff!« führte »Derfflinger« »Seydlitz«, »Moltke« und »von der Tann« gegen den Feind. »Derfflinger« hatte zwei ausgefallene Türme und wurde wiederholt getroffen. Auf »von der Tann« waren alle Männer im Kommandoturm durch einen direkten Treffer getötet, nur noch ein Geschütz feuerte. Auch die beiden anderen Schiffe waren schwerstens beschädigt und mußten aus der Linie ausscheren. Während dieses tapferen Angriffs zur Deckung des Lösens vom Gegner wurde ein deutscher Zerstörer versenkt und einige andere schwer beschädigt. Sie schossen ihre Torpedos aus einer Entfernung von 6400 Metern und legten dann eine Rauchwand. Sechs ihrer Zerstörer wurden kampfunfähig, ein weiterer wurde durch direkten Treffer versenkt. Die 28 geschossenen Torpedos verfehlten alle ihr Ziel, zwangen aber Jellicoe zum Abdrehen seiner Schlachtschiffe und zu Ausweichbewegungen. Dadurch vergrößerte er die Entfernung zum Gegner und verfehlte die Möglichkeit zu einem entscheidenden Sieg.

Die drei deutschen Linienschiffe, die beschädigt wurden, waren »Markgraf«, »Großer Kurfürst« und »König«, ihre Geschütze blieben aber klar, und sie konnten ihre Stellung in der Linie halten. »Großer Kurfürst« hatte einen Wassereinbruch von 800 t, »König« von 1600 t.

Wenn Beatty's Meldung an Jellicoe schnell zu Entschlüssen geführt hätte, wäre es möglich gewesen, die ganze feindliche Schlachtflotte abzuschneiden. Sie kostete aber zum Verschlüsseln, zur Übermittlung und zum Entschlüsseln so viel Zeit, daß inzwischen die Fühlung mit dem Gegner vorübergehend wieder verloren ging.

Als Beatty danach die deutschen Schlachtkreuzer und einige Linienschiffe wieder in Sicht bekam, eröffnete er das Feuer und brachte den beschädigten feindlichen Schlachtkreuzern weitere Treffer bei. Die glaubten jetzt aber genug abbekommen zu haben und suchten Schutz hinter ihrem II. Schlachtgeschwader. »Derfflinger's« letzter Turm war ausgefallen und »Seydlitz« wurde nochmals getroffen, während drei alte Linienschiffe, die sie schützen wollten, ebenfalls beschädigt wurden. Abermals hatte Jellicoe keine Kenntnis von der Lage, und jetzt war auch die Funkstation auf »Lion« ausgefallen. Jellicoe war im Begriff, das Gefecht wieder aufzunehmen, als Scheer die Gefahr erkannte, schnell eine Kehrtwendung durchführte und gegen 21.35 Uhr[3] zum zweiten Male außer Sicht kam. Das Feuer hörte jetzt auf und die Dunkelheit brach an.

Um 22.00 Uhr gab Jellicoe seiner Flotte Befehl, die Formation für den Nachtmarsch einzunehmen, wobei er hoffte, dem Gegner den Weg zur eigenen Küste abzuschneiden und die Schlacht am nächsten Tage zu Ende führen zu können. Scheer traf ebenfalls seine Vorbereitungen für die Nacht, aber die schwer mitgenommene »Lützow« befand sich im Zustand langsamen Sinkens; sie mußte schließlich aufgegeben und versenkt werden. Beide Flotten tappten auf ihrem Wege im Dunkeln. Kurz nach 23.00 Uhr trafen die deutschen Kreuzer auf den rechten Flügel der britischen Flottillen, die die Nachhut der Grand Fleet bildeten. Die Briten waren in dem harten Gefecht, das folgte, in einem leichten Vorteil, und jetzt kamen auch andere Teile der beiden Flotten zum Kampf. »Southampton« stand bald von der Back bis zum Achterschiff in Flammen, aber selbst in diesem Zustand versenkte sie noch die »Frauenlob« mit einem Torpedo. Nach einem wilden Gefecht von einer Viertelstunde Dauer liefen die Deutschen ab.

Die ganze Nacht hindurch kam es immer wieder zu Gefechtsberührungen, da sich britische Zerstörer verwegen einem Gegner in den Weg stellten, der ebenso verwegen zu seinen heimischen Stützpunkten durchzubrechen trachtete. Zwei deutsche Zerstörer rammten sich in dem Durcheinander; ein anderer erhielt einen Torpedotreffer und mußte versenkt werden. Auch britische Zerstörer wurden arg mitgenommen. Scheer war entschlossen, unter allen Umständen durchzubrechen und vor Tagesanbruch zu entkommen. Dann rammten sich zwei britische Schiffe, von denen eins aufgegeben werden mußte. »Fortune«, »Ardent« und »Turbulent« gerieten in Verlust, und der Panzerkreuzer »Black Prince«, der sich in die deutsche Schlachtflotte verirrt hatte, wurde auf nächste Entfernung versenkt.

Unablässig näherte sich die deutsche Flotte der sicheren Nähe ihrer Küste, und die ganze Nacht hindurch erhielt Jellicoe nur ungenaue Angaben über ihre Bewegungen. Noch vor Tagesanbruch hatten die deutschen Schiffe die britischen leichten Verbände passiert und steuerten östlichen Kurs.

Gegen 04.45 Uhr sichtete die Zwölfte Flottille große Schiffe auf Südostkurs und versenkte das Linienschiff »Pommern«,[4] aber weder die Funksignale des britischen Flottillenchefs noch sein Erfolgsbericht erreichten Jellicoe.

Gegen 05.25 Uhr bekamen vier Zerstörer den Gegner in Sicht. Sie versenkten das deutsche Torpedoboot »V 4«,[5] meldeten das aber nicht. Damit wurde die eigentliche Schlacht beendet, denn Scheer gab seiner gesamten Flotte den Befehl zur Rückkehr in die Heimathäfen. »Seydlitz«, mit 5000 t Wasser im Schiff, lief in der Nähe des Feuerschiffes Horns Riff auf Grund, aber ein Bergungsschlepper bekam ihn im Laufe des Vormittags wieder frei.

Auf britischer Seite hatten schlechte Signal- und Funkverbindungen, auf deutscher Seite schlechte Taktik zu einem Ergebnis beigetragen, das damals unentschieden zu sein schien, obgleich die britische Grand Fleet im Besitz der Seeherrschaft blieb.
Die britischen Verluste betrugen: drei Schlachtkreuzer, drei Kreuzer, acht Zerstörer und 6274 Offiziere und Mannschaften, die gefallen waren oder in Gefangenschaft gerieten. Auf deutscher Seite betrugen die Verluste: ein Linienschiff, ein Schlachtkreuzer, vier leichte Kreuzer und acht Zerstörer oder Torpedoboote; 2545 Offiziere und Mannschaften fielen, es gab keine Gefangenen. Britische Schiffe mit insgesamt 115 025 t waren vernichtet worden im Vergleich zu den deutschen Verlusten von 61 180 t.
Außer den Kreuzergeschwadern und Zerstörern hatten 28 britische Schlachtschiffe und neun Schlachtkreuzer den 16 modernen und 6 älteren Linienschiffen und fünf Schlachtkreuzern auf deutscher Seite gegenübergestanden.
Auf dem Papier lag der Vorteil bei den Deutschen, die diese Schlacht als einen Sieg für sich in Anspruch nahmen. Aber die deutsche Flotte wagte sich nur noch einmal aus dem Hafen heraus. Das war am 19. August des gleichen Jahres; als Scheer aber erfuhr, daß die britische Flotte gegen ihn auf dem Vormarsch war, kehrte er wieder um. Als im November 1918 der Befehl zum Aufbrechen der Blockade erging, meuterten die Besatzungen und weigerten sich, Anker zu lichten. »Warum auslaufen um zu sterben«, fragten sie, »wo der Frieden doch unmittelbar bevorsteht?« Die Heizer rissen die Feuer aus den Kesseln und weigerten sich, auszulaufen. Schließlich gab Hipper den Befehl, daß die Flotte in ihre Häfen ging, und die Meuterei erfaßte ein Schiff nach dem anderen. Am 7. November waren es nur noch die U-Boote, die nicht die rote Flagge gesetzt hatten. Kiel und Wilhelmshaven fielen in die Gewalt des Arbeiter-, Soldaten- und Seemannsrates, dessen Vorsitzender ein ehemaliger Heizer war, dem ein »Rat der

21« mit einem inneren Rat von fünf Mann zur Seite stand.[6] Als der Krieg für Deutschland verloren ging, befand sich die Flotte in der Hand von kommunistischen Seeleuten, die erst überredet werden mußten, die Befehlsgewalt von Offizieren während der letzten unrühmlichen Fahrt anzuerkennen, die die Schiffe mit deutschen Besatzungen zu machen hatten.

Nach den Bedingungen des Waffenstillstands erklärte sich Deutschland bereit, an Großbritannien[7] auszuliefern: zehn Linienschiffe, sechs Schlachtkreuzer, acht kleine Kreuzer, 50 Zerstörer und alle seine U-Boote. Es handelte sich um die neuesten Schiffe. Einige wenige weitere kamen für die französische und italienische Marine hinzu, während Deutschland einige seiner alten Schiffe behalten durfte.

Von den ausgelieferten Schiffen hatten in der Skagerrak-Schlacht an Treffern erhalten:

| | | | |
|---|---|---|---|
| »Kaiser« | 2 | »Derfflinger« | 20 |
| »König« | 10 | »Seydlitz« | 24 |
| »Großer Kurfürst« | 8 | »Moltke« | 4 |
| »Markgraf« | 5 | »von der Tann« | 4 |

# 3. Auslieferung

**Am 15. November 1918** lief Konteradmiral *Sinclair* mit einem Geschwader leichter Kreuzer aus, um den kleinen Kreuzer »Königsberg« zu treffen, der Konteradmiral *Meurer* und vier Offiziere seines Stabes brachte, um an Bord der »Queen Elizabeth« das Verfahren für die Auslieferung der deutschen Flotte im einzelnen zu besprechen. »Königsberg« suchte etwas verlegen ihren Ankerplatz auf, ihre Geschütze waren mit Persennings überzogen. Eine seltsame Reihe von Männern mit schwarzen Hüten an Oberdeck waren Mitglieder des Arbeiter- und Soldatenrates, der beschlossen hatte, den Konteradmiral zu begleiten, obwohl Admiral *Sir David Beatty* es rundweg abgelehnt hatte, seine Delegierten zu empfangen. Keine Ehrenwache empfing den Admiral beim Anbordkommen, und es wurden keine Waffen präsentiert.
Um 23 Uhr waren die Verhandlungen beendet, und die deutschen Offiziere verließen unter den Blicken einer finsteren und schweigenden Menge von Blaujacken das Schiff. Meurer war ein Mann von mittlerer Statur. Der blaue Mantel, der ihm fast auf die Fersen reichte, lag auf seiner Säbelscheide auf. Unter seinem goldbestickten Mützenschirm erschien sein Gesicht mit dem kurz gestutzten grauen Bart klein. Der Steuermann pfiff »Seite«. Meurer neigte leicht den Kopf, dann senkte sich sein Kinn auf die Brust, während er von Bord ging in die Dunkelheit der Nacht.
In der britischen Flotte lief später ein Gerücht um, daß ein wachhabender *Marine* (Marineinfanterist) bei verstohlenem Blick durch

ein Schlüsselloch »einen der Deutschen etwas vom Tisch nehmen und in der Tasche seines Mantels verschwinden lassen sah; eine anschließende Untersuchung des Mantels hätte dann ein großes Stück Käse zum Vorschein gebracht.«

Am 16. November teilte der deutsche Kanzler, *Ebert*, allen U-Boot-Besatzungen und Werftarbeitern den Inhalt eines Briefes mit, den er von der deutschen Waffenstillstandskommission erhalten hatte. Er besagte, daß die Kommission von Admiral *Rosslyn Wemyss* die Zusicherung erhalten habe, die Besatzungen der den Briten übergenenen U-Boote würden unmittelbar nach Auslieferung der Boote in den von der britischen Admiralität bezeichneten Häfen entlassen. Eine Weigerung, sie auszuliefern, würde zu einer Beendigung des Waffenstillstandes führen. Die Besatzungen wurden ermahnt, sich nicht durch ein Verbrechen zu belasten, das durch erneutes Blutvergießen verursacht würde. Jeder Verheiratete, der zur Ablieferung eines Fahrzeuges beitragen würde, sollte 500 Mark Belohnung erhalten, jeder Ledige 300 Mark. Das Leben aller Männer würde durch die deutsche Regierung versichert.

In der Morgenfrühe des 20. November wartete Konteradmiral *Sir Reginald Tyrwhitt*, der seine Flagge auf dem leichten Kreuzer »Curacao« gesetzt hatte, mit den leichten Kreuzern »Danae«, »Coventry«, »Centaur« und »Dragon« im Kielwasser auf einer Position 35 Seemeilen vor der Küste von Essex auf die Auslieferung der deutschen U-Boote. An Backbord und Steuerbord waren dunkle Schatten der Begleitzerstörer in der Finsternis zu erkennen. Gegen 07.30 Uhr begannen die Sterne zu verblassen, und als 20 Minuten später eine glühende Morgenröte den leichten Dunst durchdrang, wurde die Sicht besser und »auf Gefechtsstationen« befohlen. Wenige Minuten nach 8 Uhr nahmen im kalten Licht des dämmernden Tages fünf britische leichte Kreuzer, von Zerstörern begleitet und Minensuchbooten gesichert, die Übergabe von 20 deutschen U-Booten entgegen.

*Oben:* Die letzten *Kameraden* des Ersten Weltkrieges. Deutsche Seeleute nähern sich HMS »Revenge«, nachdem sie ihr sinkendes Schiff verlassen haben. (The Sphere)
*Unten:* Ein Kohlenboot sitzt auf einem der gesunkenen Schiffe fest, die bis zu ihrer Hebung ein Schiffahrtshindernis bildeten. (J. Robertson)

*Oben:* Das Sinken von »Hindenburg« – Phase 1. Die vorderen Abteilungen sind sehr schnell vollgelaufen, obgleich das Schiff noch mehr oder weniger auf ebenem Kiel liegt. (The Sphere)
*Unten:* Das Sinken von »Hindenburg« – Phase 3. Mit dem Vollaufen anderer Abteilungen hat sich das Schiff wieder aufgerichtet. Nur der vordere erhöhte Geschützturm und die Aufbauten sind jetzt noch über Wasser. Hinter den Geschützen ist der kleine Kreuzer »Nürnberg« zu sehen, der bei der Insel Cava auf Grund liegt. (The Sphere)

*Oben:* Das Sinken von »Hindenburg« – Phase 2. Eine der Schrauben kommt aus dem Wasser, nachdem sich das Schiff stark auf die Seite legt. (The Sphere)
*Unten:* Das Sinken von »Hindenburg« – Phase 4. »Hindenburg« liegt auf Grund, nur die Masten, Schornsteine und der obere Teil der Aufbauten und der obere Geschützturm sind noch zu sehen. (The Sphere)

*Oben:* Das Schwimmdock mit seinen riesigen Ausmaßen passiert unter der Forth-Brücke nach dem Auslaufen aus Rosyth. (Shipbreaking Industries)

*Mitte:* Einer der vier von der »Scapa Flow Salvage and Shipbreaking Co.« gehobenen Zerstörer. Die Zerstörer wurden durch aufblasbare Ballons an beiden Seiten des Wracks und unter Verwendung von Zementschuten gehoben. (Illustrated London News)

*Unten:* Ein anderer, von der gleichen Gesellschaft gehobener Zerstörer. Das Bild zeigt die Ballons auf beiden Seiten und den von Pflanzen bewachsenen Bootskörper. (C. Patterson)

Kaum war die Sonne über der Kimm erschienen, als ein britisches Starrluftschiff vom Zeppelin-Typ, R 26 von Harwich, in 250 Metern Höhe die Linie entlangflog, gefolgt von einem silberfarbenen, unstarren »Blimp«-Luftschiff und drei Flugbooten. »Dragon«, ein funkelnagelneues Schiff, führte auf dem Rückwege die Linie an, die dunklen U-Boote als buckelige Schattenlinien auf dem Wasser. Hinter »Dragon« fuhren die Transporter, dann ein Zerstörer mit fünf U-Booten im Kielwasser, dann weitere Zerstörer und weitere U-Boote. Zwei Stunden vergingen, bis das letzte Fahrzeug das Flaggschiff passiert hatte.

Vor Harwich stoppten die U-Boote ihre Maschinen. Von den Türmen stiegen Männer herab und standen schweigend an Deck. Motorboote übernahmen längsseits der Zerstörer die britischen Besatzungen, die die U-Boote übernehmen sollten. Die Übergabe wurde schweigend vollzogen. Es gab keine Hurra's und keine Verbrüderung. Die Nummern der U-Boote waren übermalt worden, und nur eines, U 107, hatte die deutsche Kriegsflagge gesetzt. Sofort wurde darüber die britische Kriegsflagge gehißt. Alle britischen Offiziere grüßten beim Anbordgehen. Andere Höflichkeiten fanden nicht statt. Die deutschen Kommandanten zeigten ihre Legitimationspapiere vor; die übernehmenden britischen Offiziere wiesen sich durch ihre Vollmachten aus; die deutschen Besatzungen wurden auf die Back geschickt. Ein deutscher Offizier weinte; ein anderer protestierte dagegen, daß er nach der Übergabe weiter Dienst tun sollte. In Gruppen zu fünf wurden die U-Boote in den Hafen von Harwich gebracht, die Deutschen standen an Deck. Es war kein widriges Ereignis eingetreten außer dem Verlust eines U-Bootes, das auf dem Marsch durch die Nordsee gesunken war. Alle U-Boote waren in fahrbereitem Zustand mit intakten Sehrohren, aber ohne Torpedos, wie es die Waffenstillstandsbedingungen forderten. Bis zum Samstag derselben Woche waren 96 U-Boote übergeben und ihre Besatzungen nach

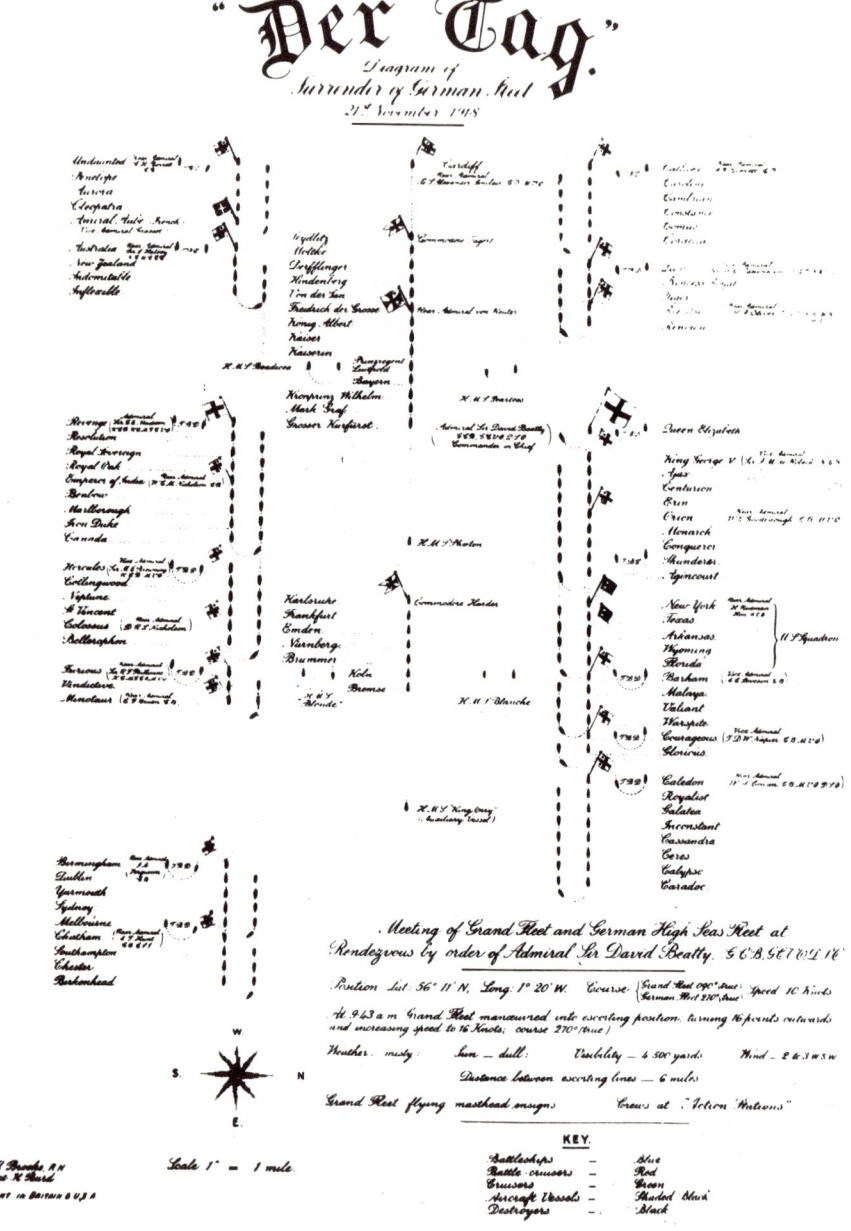

Plan der Auslieferung der deutschen Flotte am 21. November 1918. Eine Ausfertigung dieser Skizze wurde allen anwesenden höheren Offizieren und Beamten ausgehändigt. (Mit freundlicher Genehmigung von S. A. Brooks und H. Hurd.)

Deutschland zurückgekehrt. Bis zum 30. November waren 129 U-Boote in den Hafen begleitet worden. Augenzeugen berichteten, daß die Offiziere verdrossen aussahen, daß aber die Mannschaften heiter und munter waren.

Die deutsche Hochseeflotte wurde am 21. November ausgeliefert. Wenige Minuten vor 5 Uhr begann das britische Erste Schlachtgeschwader, angeführt von »Revenge«, dem Flaggschiff von Vizeadmiral *Madden*, vom Firth of Forth aus seinen geschlagenen Gegnern entgegenzulaufen. Ein dichter Nebel fing an sich zu lichten, aber Mond und Sterne waren von Wolken verdeckt. Ein Schiff folgte dem anderen. Bei Tagesanbruch hatte die Grand Fleet unter Admiral Beatty auf der »Queen Elizabeth« in offener See in zwei einzelnen Kiellinien Aufstellung genommen. Irgendwelche Tücken wurden nicht erwartet, aber alles war vorbereitet, die deutschen Schiffe in die Luft zu jagen, falls irgendeine List versucht werden sollte.

Zusammen mit der britischen Marine waren Einheiten von Frankreich, den Vereinigten Staaten und den Dominien Australien, Canada, Südafrika und Neuseeland zur Stelle.

Um 07.30 Uhr wurde die deutsche Flotte von Zerstörern gesichtet. Eine Stunde später ging die Sonne auf und dann kam ein von der »Cardiff« geschleppter Fesselballon in Sicht, und aus der Düsternis dahinter tauchte das erste der deutschen Schiffe auf. Um 09.40 hatte die Flotte die Fühlung hergestellt.

Zwischen die Kiellinien der wartenden alliierten Fahrzeuge schob sich die große Flotte, angeführt vom Linienschiff »Friedrich der Große«. Dann kamen die anderen acht Linienschiffe »König Albert«, »Kaiser«, »Kronprinz Wilhelm«, »Kaiserin«, »Bayern« – die noch keinen einzigen Schuß im Gefecht abgegeben hatte –, »Markgraf« – eines der kampfkräftigsten Linienschiffe der deutschen Marine, bevor die »Bayern« mit ihren 38 cm-Geschützen hinzukam –, »Prinzregent Luitpold« und »Großer Kurfürst«.

Hinter ihnen fuhren mit einem Abstand von 600 Metern fünf Schlachtkreuzer der »Lützow«-Klasse: »Seydlitz« – mit den Narben aus der Doggerbank-Schlacht im Januar 1915 und mit dem Stander von Kommodore *Taegert-*, »Derfflinger« – ebenfalls bei der Doggerbank schwer mitgenommen –, »Hindenburg«, »Moltke« und »von der Tann« – der in der Skagerrak-Schlacht schwer beschädigt worden war. Als nächste folgten sieben kleine Kreuzer, angeführt von der »Karlsruhe« unter dem Stander von Kommodore *Harder*. Zum Schluß kamen, angeführt von dem britischen Zerstörer »Castor« mit dem Stander von Kommodore *Tweedie*, 49 Zerstörer und Torpedoboote der neuesten Klassen von der I., II., III., VI., VII. Flottille und 17. Halbflottille. Ein Torpedoboot, »V 30« war bei der Überfahrt von Deutschland nach Minentreffer unter Verlust von zwei Toten und drei Verwundeten gesunken. Auf Befehl von Admiral Beatty wendeten die alliierten Schiffe um 180 Grad, so daß die deutschen Schiffe in die Mitte genommen wurden.

Der frühere Admiral *W. E. Parry* gab die Gefühle vieler Offiziere und Mannschaften wieder, als er zu dieser Zeit in einem persönlichen Brief schrieb: »Nach allem, was wir von den deutschen Marineoffizieren wußten, erschien es uns unfaßbar, daß sie sich zu einer Übergabe ihrer Schiffe bereitfinden würden. Es waren allerdings Nachrichten durchgesickert, daß in allen Marinehäfen Versammlungen stattgefunden hätten, daß die Besatzungen die Schiffe in ihre Gewalt gebracht, mehrere Offiziere getötet, die rote Flagge gehißt und sofortigen Frieden gefordert hätten.« Und etwas später, nach Untersuchung der ausgelieferten Flotte: »Das Gefühl eines *unwirklichen Traumes* blieb bestehen; es schien uns unmöglich zu sein, daß dies die Schiffe waren, nach denen wir über vier Jahre Ausguck gehalten hatten, daß der unsichere graue Umriß, nach dem ich über den ganzen Horizont zu suchen gehabt hatte, tatsächlich der gleiche war, der in meinem Schiffstypen-

Buch als »Königsberg«-Klasse gekennzeichnet war.« Fähnrich z.S. *Keighley* von der »Repulse« bemerkte, daß »sie nicht in die Nachwelt mit viel Ehre und Ruhm eingehen werden«, und es gab viele, die, als die Spannung wuchs, es nicht glauben konnten, daß ihre Gegner sich so gefügig ergeben könnten, und meinten, »Jetzt werden sie schießen! Das müssen sie doch einfach! Das werden sie doch nie durchhalten!« Aber es gab keinerlei Zwischenfälle.
Hinter der »Cardiff« setzten sich die deutschen Schiffe zwischen die Linien. Es sah aus, als wenn Wale von einem kleinen Karpfen geschleppt würden. Diesmal gab es Hurra-Rufe, wenn die Begleitschiffe das Flaggschiff passierten. Der Seeraum, der von der deutschen Flotte und den umstehenden britischen Kriegsschiffen eingenommen wurde, war so groß, daß sich die Spitzen- und Schlußschiffe der Linien im Dunst aus Sicht verloren. Langsam näherten sich die Schiffe ihrem Ankerplatz bei May Island im Firth of Forth, einige Meilen östlich von der Brücke.
Gegen Mittag signalisierte Admiral Beatty den deutschen Schiffen, die alle die deutsche Kriegsflagge im Topp gesetzt hatten: »Die deutsche Flagge ist mit dem heutigen Sonnenuntergang niederzuholen. Sie darf ohne Erlaubnis nicht wieder gesetzt werden.«
Die Untersuchung der übergebenen Schiffe begann am 22. November.
Am Samstag, den 23. November, liefen 20 der übergebenen Zerstörer und Torpedoboote unter Geleit von 20 britischen Zerstörern durch den Hoxa Sound zwischen der niedrigen Insel Flotta an Backbord und dem Hoxa-Leuchtturm auf der flachen Landzunge an Steuerbord in die grauen Gewässer von Scapa Flow ein. Jenseits von Flotta erhoben sich die drei Hügel der Insel Hoy. Die öde Landschaft trug nicht zu einer Hebung der Stimmung der niedergedrückten Besatzungen bei. Der Rest der übergebenen Flotte traf in mehreren Schüben ein: am Sonntag 20 weitere Zerstörer und Torpedoboote, wie vorher von 20 britischen Zerstörern be-

gleitet; am Montag fünf Schlachtkreuzer und neun Zerstörer unter Geleit des Ersten Schlachtkreuzergeschwaders; am Dienstag fünf Linienschiffe und vier kleine Kreuzer, geleitet von fünf Schiffen des Zweiten leichten Kreuzergeschwaders; am Mittwoch vier Linienschiffe und drei kleine Kreuzer in Begleitung von vier Schiffen des Ersten Schlachtkreuzergeschwaders und vier des Dritten leichten Kreuzergeschwaders.

Am 3. Dezember trafen die ersten beiden Transportschiffe für die Rückführung der überzähligen Teile der deutschen Besatzungen, die »Sierra Ventana« und »Graf Waldersee«, in Scapa Flow ein. Wenige Tage danach kamen vier weitere Transporter paarweise an.

Am 4. Dezember wurden ein deutschen Linienschiff (»König«), ein kleiner Kreuzer und ein Zerstörer nach Scapa Flow geschickt, um das Fehl an der Zahl der zu übergebenden Schiffe auszugleichen, und am 10. Januar 1919 wurde, da immer noch ein Schiff fehlte, die »Baden« anstelle des Schlachtkreuzers »Mackensen« gesandt, so daß insgesamt 74 Fahrzeuge dort interniert waren. Die Gesamtzahl des Personals zur Sicherung und Instandhaltung der Schiffe und Boote betrug 1.800 Mann.

Am 13. Dezember verließen die letzten Rückführungstransporte Scapa Flow. *Von Reuter* schloß sich diesem letzten Transport an, um die Zeit seiner Abwesenheit als Urlaub anzurechnen. Er kehrte am 25. Januar 1919 nach Scapa Flow zurück.

Der Zustand der Schiffe und die Disziplinlosigkeit beeindruckten alle Besucher. Fähnrich z.S. Keighley bemerkte dazu: »Sie waren alle sehr unsauber und blickten uns an wie ein Pöbelhaufen.« Der Kommandant von »Moltke« wurde als ein netter Kerl geschildert, der aber mit gebrochenem Herzen ein vollständiges Wrack war. Die Munitionskammern des Schiffes waren voll von Kartoffeln und anderen Gegenständen. In der Kombüse gab es irgend einen »schleimigen Brei«, und auf die Frage, was das wäre, antwortete ein Deutscher nur »verdammtes Viehfutter«. Einige deutsche Offiziere gaben an, sie seien froh, dort angekommen zu sein, da sie befürchtet hatten, »während der Überfahrt wahrscheinlich von der Schiffsbesatzung beseitigt zu werden«. Auf einigen Schiffen wurden alle Befehle von den Delegierten des Arbeiter- und Soldatenrates gegeben. Zeitweise traten die Männer gegenüber den Briten mit Respekt auf, zu anderen Zeiten anbiedernd und kriecherisch, noch öfter aber grob. Auf »Moltke« war der Führer des Arbeiter- und Soldatenrates ein Unteroffizier, der im Grunde genommen Vorgesetzter des Kommandanten war. Auf einem Schiff ließ man einen inspizierenden Offizier volle 40 Minuten warten, um ihm dann auf alle seine Fragen auf der Stelle zu antworten »das weiß ich wirklich nicht« – eine Antwort, die den Untersuchungsgruppen häufig gegeben wurde. Bevor der Inspektionsoffizier wieder von Bord ging, gab er dem deutschen Kommandanten, der ihn fragte, ob er ihm sagen könne, daß die Friedensverhandlungen begonnen hätten, mit gelassener Befriedigung die gleiche Antwort.

Admiral Parry stellte fest, daß die »Karlsruhe« »dreckig war und seit Wochen kein Reinschiff gemacht worden sein konnte«: acht von ihren 12 Kesseln waren in so schlechtem Zustand, daß sie kaum ein Dampfen ausgehalten hätten. Was die »Bayern« anlangt, so stand sie gänzlich unter dem Befehl von sechs Mannschaftsdienstgraden.

Auf »Emden« war das Fallreep ausgebracht, aber es war kein Offizier zur Stelle, die Untersuchungsgruppe zu empfangen. Kapitän zur See Becker, der noch das schwarze Eiserne Kreuz mit seinem Silberrand trug, war erst seit wenigen Wochen Kommandant, aber er bedauerte zweifellos selbst diese kurze Zeit, denn die Mitglieder des Soldatenrates auf seinem Schiff nahmen nicht einmal die Zigarette aus dem Mund, wenn sie mit ihren Vorgesetzten sprachen. Sie grüßten britische Offiziere, ihre eigenen übersahen sie jedoch. (Es gab natürlich zwei Schiffe mit dem Namen »Emden«, das andere war der bekannte Kreuzer, der schließlich von dem australischen leichten Kreuzer »Sydney« bei den Cocos-Inseln südwestlich Sumatra zur Strecke gebracht worden war.)

Die Unzufriedenheit auf »Friedrich der Große« artete zu Trunkenheit, Aufruhr und Gewalttaten aus, an denen die »Rote Garde« sich beteiligte, und zwar in einem solchen Ausmaß, daß von Reuter um die Rücksendung der Meuterer und anderer übler Elemente ersuchen mußte. Ungefähr um die Mitte des Juni wurden die schlechtesten Teile der Besatzungen nach Deutschland zurückgeschickt, und bis zum 17. dieses Monats, als der letzte Dampfer mit dem restlichen Schub nach Hause überführter Männer nach Deutschland auslief, waren 2.200 Mißvergnügte von Scapa Flow zurückgezogen worden. Um diese Zeit stieg Admiral von Reuter mit britischer Zustimmung auf die »Emden« über, nachdem er, wie gesagt wurde, das schreckliche Getrampel meuternder Seeleute, die auf dem Eisendeck von »Friedrich der Große« Rollschuh liefen, nicht mehr ertragen konnte.

## 4. Versenkt!

**Der Ankerplatz** der deutschen Flotte in Scapa Flow befand sich in dem Bring Deeps genannten Teil der Bucht, der etwa zwischen der Insel Hoy und den kleineren Inseln Graemsay und Fara liegt. Von Reuter war von seinem ersten Anblick bedrückt: »nichts als bergige Felseninseln, bei denen der kahle Fels zwischen dem Heidekraut zu sehen war – Bauernhäuser aus dem grauen Gestein der Gegend, in der Hütten und Schuppen die Eintönigkeit unterbrachen, aber der allgemeine Eindruck war der von Häßlichkeit.«
Das Fehlen von Bäumen kommt zu dem flachen und kahlen Anblick der Inseln hinzu, auf denen infolge der besonders stürmischen Winde Bäume nur in windgeschützten Senken wachsen können. An etwa 24 Tagen des Jahres weht Wind mit Orkanstärke gewöhnlich vom Atlantik her oder, weniger häufig aber noch stärker, aus dem Nordosten. Gewaltige Seen donnern gegen die Klippen und werfen haushohen Gischt auf. Gewöhnliche Stürme kommen zu jeder Jahreszeit vor.
Wolkenbedeckter Himmel und karger Sonnenschein müssen die Niedergeschlagenheit der deutschen Besatzungen noch verschlimmert haben, und sogar bei ruhigem Wetter ist die Schiffahrt häufig durch dichten Nebel über der See gefährdet.
Gewalttätigkeit lag in der Luft, sie war auf den Orkneys nichts Unbekanntes. Die Wikinger hatten sie schon benutzt als geeigneten Ausgangspunkt zu Beutezügen entlang der Ost- und Westküste Schottlands; in der zweiten Hälfte des neunten Jahr-

hunderts hatte König *Harald Schönhaar* von Norwegen seine Feinde über die ganze Nordsee verfolgt, die Orkneys erobert und dort eine starke Grafschaft eingerichtet. Im September 1066 hatte *Harald Hardradi* dort eine Flotte zusammengezogen, bevor er nach Süden segelte, um im Kampf gegen den *englischen* König Harald in der Schlacht von *Stamford Bridge* seinem Schicksal entgegenzugehen. Spuren der Besetzung durch die Wikinger finden sich in den flachen Steinen, die sie zum Bau ihrer rohen Steinwälle benutzten, in einem bei Ausgrabungen gefundenen Bestattungsboot und in Ortsbezeichnungen. Es ist möglich, daß in den Adern der breitköpfigen, dunklen Bewohner der Orkneys von heute das Blut dunkelhaariger Dänen rollt. In den Anfangstagen des Ersten Weltkrieges gab es wiederholte, sämtlich jedoch grundlose blinde Alarme, daß feindliche U-Boote nach Scapa Flow eingedrungen wären. Im November 1914 wurde ein deutsches U-Boot im Küstenvorfeld versenkt, und 1918, nach der Meuterei in der deutschen Flotte, wurde »U 18«, nur mit deutschen Offizieren bemannt, in einem letzten verzweifelten Versuch, sich für ihre Entehrung zu rächen, vor Mainland von dem bewaffneten Fischdampfer »Dorothy Gray« gerammt und zum Sinken gebracht.[8] Er war das erste Hilfsfahrzeug, das ein U-Boot versenkte; bevor es sank, wurde es von dem Zerstörer »Garry« nochmals gerammt, der auf ein Signal von der »Dorothy Gray« herangekommen war.
Jetzt erstreckten sich die Linien der übergebenen Schiffe von der Boje beim »Barrel of Butter« (Butterfaß, einem flachen Felsen) um die Nordspitze der kleinen Insel Cava herum und weiter zwischen Fara und Hoy. Einige, aber nicht alle Schiffe des Feindes befanden sich in Sichtweite der britischen Schiffe. Eigentlich waren die Schiffe interniert, nicht aber übergeben, denn der Friedensvertrag war noch nicht unterzeichnet, und britische Besatzungen konnten deshalb nicht an Bord gesetzt werden.

Die deutsche Instandhaltungsbesatzung auf einem Linienschiff und einem Schlachtkreuzer bestand aus etwa 200 Offizieren und Mannschaften. Zerstörer und Torpedoboote waren zu zweien und dreien aneinander festgemacht. Jedes »Päckchen« hatte eine Besatzung zwischen 12 und 20 Mann. Alle wertvollen Ausrüstungsteile, wie z.B. nautische Instrumente, waren von den Schiffen vor ihrem Auslaufen aus Deutschland entfernt worden, gleichzeitig beträchtliche Mengen der Metallteile. Natürlich waren den Deutschen weder Waffen noch Munition zugestanden. Nach der Internierung in Scapa Flow durften die Restbesatzungen nicht an Land gehen. Vier »Drifter« (Fischerboote für Treibnetzfang) unterhielten einen 24-stündigen Verbindungsdienst auf dem Ankerplatz. Jeder Drifter hatte einen bewaffneten Trupp und eine 12-Pfünder-Kanone (älteres Geschütz kleinen Kalibers) an Bord. Die Deuschen hatten für ihre Verpflegung selber zur sorgen, da niemand sonst für Proviantnachschub sorgte.

Mit fortschreitender Zeit wurde die Disziplin der Besatzungen immer schlechter, und manche der Offiziere verzagten. »Ich halte Sie sicher auf«, sagte ein britischer Korvettenkapitän zu einem Deutschen Kommandanten, dessen Schiff er inspiziert hatte, »Sie haben jetzt sicher allerhand zu tun«. »Ich habe überhaupt nichts zu tun als nachzudenken«, war die Antwort, »und meine Gedanken sind nicht erfreulich«. Das Leben für die Deutschen war äußerst langweilig. Ständig meldeten sich Leute krank, und viele waren aufsässig.

Die die Marine betreffenden Bedingungen des Friedensvertrages waren im Juni 1919 unterzeichnet worden, aber um die endgültige Verfügung über die ausgelieferten Schiffe gab es zwischen den Alliierten noch ein erhebliches Gerangel. Großbritannien wünschte ihre Versenkung, aber Frankreich und die übrigen Alliierten forderten in dem Wunsche, die deutliche britische Überlegenheit auf See zu mindern, ihre Aufteilung und Eingliederung in ihre

jeweiligen eigenen Flotten. Von Reuter regelte die Sache für sie.
Bereits ab 1. Juni hatte er insgeheim Vorbereitungen eingeleitet, die Flotte zu versenken, »eine Maßnahme, die getroffen werden sollte«, so ließ er die ihm unterstellten Kommandanten wissen, »falls die Engländer versuchen sollten, die Schiffe durch Gewalt wegzunehmen, oder auf besonderen Befehl von mir«. Er gab die Stichworte bekannt, die er durch Signal übermitteln würde, wenn alle Torpedorohre, Ventile und anderen Verschlüsse zu öffnen und so festgesetzt werden sollten, daß sie nicht schnell wieder geschlossen werden konnten, so daß die Schiffe danach unmittelbar versenkt werden würden.
Am 20. Juni 1919 war gesehen worden, daß »Emden« Signale an der Rah gesetzt hatte, die offensichtlich von den übrigen Einheiten der internierten Flotte beantwortet worden waren. Die obere Flagge zeigte einen weißen Ball auf einem blauen Wimpel, die untere einen gelb-blauen Wimpel. Das erregte anscheinend keinen Verdacht, daß irgendetwas Außergewöhnliches im Gange sei, obwohl es später Äußerungen gab, die Briten hätten mit Absicht ignoriert, was da vor sich ging.
Am Morgen des 21. Juni verließ das britische Erste Schlachtgeschwader mit seinen Begleitzerstörern Scapa Flow zu Übungen. Ein britischer Zerstörer blieb als Wachboot in Scapa Flow zurück. Zwei andere lagen in Reparatur; außerdem waren einige Drifter und Trawler und ein Werkstattschiff anwesend. *Bernard F. Gribble*, der Marinemaler, war an Bord der »Sochosin«, eines Trawlers der Admiralität, um amtliche Bilder der deutschen Schiffe anzufertigen; er bemerkte, daß auf allen Fahrzeugen noch die beiden Signalflaggen wehten. Aber weder er noch der Kommandant der »Sochosin«, ein Oberleutnant, den er auf diesen ungewöhnlichen Vorgang aufmerksam machte, hatten Kenntnis, daß von Reuter, als er vom Auslaufen des Ersten Schlachtgeschwaders erfuhr, Befehl gegeben hatte, das vorbereitete Signal zu

setzen: »*Schiffe sofort versenken!*« Selbst wenn sie es gesehen hätten und in der Lage gewesen wären, seine Bedeutung zu verstehen, ist es zweifelhaft, ob es ihren Verdacht erregt hätte, es lautete nämlich nur: »*Paragraph 11 vom heutigen Tage. Bestätigen!*« Es bedurfte nur wenig mehr an Mühe, ein Schiff zu versenken, als den Stöpsel aus einer Badewanne zu ziehen. Alles was nötig war dazu, war das Drehen eines Handrades für ein Ventil, eine Maßnahme, die nicht länger dauerte als ein paar Sekunden. Die meisten anderen Öffnungen, z.B. Lüftereintritte, Verschlüsse, Lukendeckel und Schottüren waren schon offen. Aber die Deutschen taten mehr als sie nur offen zu lassen. Sie taten ihr Bestes, um sicherzustellen, daß sie nicht wieder geschlossen werden konnten. Sie konnten jede Abteilung ihrer Großkampfschiffe mittels zweier 60 cm starker Rohre lenzen, von denen eins auf jeder Seite des Doppelbodens lag. Jede Abteilung konnte durch ein Ventil geflutet oder gelenzt werden. Dieses Ventil hatte ein Bedienungsgestänge, das bis zum Panzerdeck reichte und ein Universalgelenk am Boden betätigte. Als die Schiffe versenkt wurden, waren die Gestänge von den Universalgelenken getrennt, so daß es unmöglich wurde, die Abteilungen einzeln zu lenzen. Als später die Hebungsarbeiten begannen, war es deshalb nicht möglich, ein Schiff durch Abdichten seiner verschiedenen Abteilungen in einen stabilen Schwimmzustand zu bringen.
Um 11.45 Uhr sah Mr. Gribble, daß deutsche Seeleute an Bord »Friedrich der Große« Gepäck in die Boote warfen. Das gleiche geschah auf »Frankfurt«. Es wurden Boote zu Wasser gebracht, und Männer stiegen ein. Der Kommandant der »Sochosin« nahm das nächste Schiff voraus, das zufällig die »Frankfurt« war, und gab seinen Leuten Befehl, sich mit Gewehren und Säbeln klarzuhalten. Er rief zu den Deutschen in den Booten einen Befehl hinüber, sofort aauf ihre Schiffe zurückzugehen.
»Wir haben keine Riemen«, riefen die Seeleute zurück, die sie über

Bord geworfen hatten. Ein britischer Seemann warf sofort für sie einige ins Wasser. Zwei deutsche Offiziere in den Booten waren so unverschämt zu fordern, an Bord genommen zu werden, aber die längsseit kommenden Boote wurden auf Schußweite gehalten.

Ein Drifter, der zu einem ebenso frühen Zeitpunkt die Versenkung bemerkte, war der »Trust-on«, der Nachschub aus Deutschland zur »Emden« hinüberbrachte. Er hatte gerade losgeworfen, um nach beendeter Arbeit abzulegen, als ein Haufen deutscher Seeleute von mittschiffs herangelaufen kam und darum bat, von Bord gebracht zu werden, da ihr Schiff am Sinken wäre. »Emden« sackte achtern bereits tiefer, als von Reuter sich einen Weg durch die Mannschaft und ihre Offiziere bahnte. Die Offiziere trugen ihre beste Uniform und hatten Koffer und Pakete mit sich. Von Reuter gab dem Schiffer des Drifters Anweisung, ihn und seine Besatzung an Bord des britischen Flaggschiffes zu bringen, erfuhr aber nur eine barsche Abweisung.[9] »Trust-on« lief mit Höchstfahrt zur »Victorious«, einem Werkstatt- und Reparaturschiff, das am Südende des Sound lag. Als »Trust-on« dort ankam, hatte Konteradmiral *Prendergast* gerade ein Signal von dem Wachschiff »Westcott« erhalten, daß »Friedrich der Große« im Sinken wäre und daß alle deutschen Schiffe entgegen den Befehlen die Kriegsflaggen und Kommandowimpel gesetzt hätten. Er verlor keine Zeit und sandte einen Funkspruch an Vizeadmiral *Fremantle* vom Ersten Schlachtgeschwader, der den Rückruf der Schlachtschiffe und fast aller in Scapa Flow stationierten Zerstörer befahl; dann nahm er ein paar Mann mit sich in seine Pinaß und schaffte es, an Bord eines Zerstörers zu kommen. Er war aber bereits im Sinken. Er nahm daher die Besatzung von Bord und brachte sie als Kriegsgefangene unter Bewachung auf die »Victorious«.

Inzwischen waren andere Besatzungen mit Schwimmwesten in ihre Boote gegangen, während die Mutigeren über Bord sprangen.

Bevor Unterstützung eintreffen konnte, waren die meisten Schiffe ganz unter Wasser, von anderen waren nur die Mastspitzen zu sehen, an denen die Kriegsflagge wehte. Schlepper, Drifter und Trawler unternahmen gemeinsame Bemühungen, die Fahrzeuge noch am Schwimmen zu halten. Den Offizieren des Marine-Hafenkapitäns gelang es, 11 Zerstörer oder Torpedoboote auf Strand zu schleppen. Die Besatzung des Werkstattschiffes »Sandhurst« hielt vier über Wasser und schaffte es, sieben weitere auf Strand zu setzen. »Baden«, die bei der ganzen Aktion keinen Erfolg gehabt hatte, und zwei kleine Kreuzer wurden in der Swanbister Bay auf Grund gesetzt, ein weiterer kleiner Kreuzer vor der Insel Cava. Eine Gruppe von Kindern, die das Vergnügen hatte, auf dem Dampfer »Flying Kestrel« einen Schulausflug zu machen, hatte nun Gesprächsstoff für den Rest ihres Lebens. Als sie zwischen den Linien der Schiffe hindurch auf der Heimfahrt war, sah sie, wie die Schiffe zu sinken begannen. »Flying Kestrel« setzte die Passagiere in Stromness an Land und kehrte dann zurück, um bei den Versuchen behilflich zu sein, die Schiffe auf Grund zu setzen.

Admiral *Sir Henry McCall*, damals Erster Wachoffizier auf »Westcott«, dem Wachzerstörer, gab über den Verlauf der Versenkung folgenden Bericht ab: »Zu der Zeit lag »Westcott« in Sofortbereitschaft an einer Boje im Gutter Sound, von wo sie den größten Teil der internierten Flotte in Sicht hatte. Das Schlachtgeschwader mit seinen zugeteilten Kreuzern und Zerstörern war in den Pentland Firth zum Artillerieschießen ausgelaufen. »Westcott« war außer dem Werkstattschiff und einem Zerstörer bei der Kesselreinigung längsseit von einigen Flottentrawleern das einzige britische Schiff im Hafen. Alle Offiziere waren vor dem Essen in der Messe versammelt, um noch einen Gin zu trinken, als ein junger Leutnant der Wache vom Achterdeck durch das Messe-Skylight hinunterrief: »Da sinkt ein deutscher Zerstörer«. Kapi-

tänleutnant *Peploe*, der Kommandant, gab zur Antwort: »Red' nicht solch einen Quatsch«. Sie rannten aber alle an Deck und sahen, daß alle deutschen Schiffe ihre Flaggen gesetzt hatten, daß Fallreeps ausgebracht und Boote ausgesetzt wurden. Sofort wurde ein Funkspruch abgesetzt an den Vizeadmiral, der in See war.«
Peploe entschloß sich, einen tatendurstigen Unteroffizier in einem Boot zurückzulassen mit dem Befehl, so viele Zerstörer und Torpedoboote wie möglich auf Strand zu setzen, indem ihre Ankertrossen gekappt wurden und sie so auf Strand treiben konnten. Mit etwa acht von ihnen wurde so verfahren, bevor die übrigen auf Grund gingen. Peploe versuchte das gleiche Verfahren bei »Hindenburg« anzuwenden, dessen Restbesatzung gerade das Fallreep hinunterkletterte in ein paar Beiboote, als »Westcott« längsseit kam. Die Deutschen ignorierten den Befehl, wieder an Bord zu gehen, deshalb ließ Peploe die Bordwand eben Vorkante des Fallreeps von »Hindenburg« mit MG-Feuer bestreichen, gerade als die letzten Männer in die Boote purzelten. Die Deutschen hielten die Hände hoch und riefen »Kameraden«, ihre Boote trieben aber ab, da keiner da war, der sie am Fallreep festhielt. Peploe ließ seinen Kutter aussetzen und gab Befehl, an Bord »Hindenburg« zu gehen, um die Ventile zu schließen.
Zur Zeit der Versenkung konnte in der Messe gerade mit dem Mittagessen begonnen worden sein. In den Außenkammern sah es ganz danach aus, als ob alle Habseligkeiten in Eile zusammengepackt worden wären, ein Anzeichen, daß der Befehl zur Versenkung überraschend gekommen war. Im Maschinenraum war alles Licht aus. Da das wahrscheinlich auf das Sinken des Schiffes und den Wassereintritt zurückzuführen war, kam das Enterkommando eilig wieder an Oberdeck. Einer von ihm berichtete später dem Reporter von *Orcadian*, einer Zeitung in Kirkwall. »Ich ging an Bord von »Hindenburg«, um alle Schotten, die wir finden konnten, zu schließen, als er im Sinken war. An Bord war

*Links:* Jimmy Thomas, ein Taucher, der an den erfolgreichen Bergungsarbeiten großen Anteil hatte. (Conway Picture Library)
*Rechts:* Ein Taucher in voller Ausrüstung mit dem Siebe-Gorman-Taucheranzug. (Siebe, Gorman & Co.)
*Unten:* Zwei Taucher von Cox & Danks mit ihren Helfern im Begriff, ein Wrack zu untersuchen. (J. Robertson)

*Rechts:* Eine der starken Hebeketten, die beim ersten Versuch einer Hebung des Torpedobootes »V 70« brach. (Illustrated London News)
*Unten:* »V 70«, das erste gehobene Torpedoboot, zwischen den Schwimmpontons. Die Winden (oder »Winschen«) sowie die 23- und 25 cm-Hebetrossen aus Stahldraht ermöglichten die Bergung. (A. S. Thomson)

*Links:* »Hindenburg«, an dem großen Dreibeinmast leicht zu erkennen, beim Krängen, bevor die Haupt-Haltetroß brach und das Schiff wieder mit Schlagseite sank. (C. Patterson)
*Unten:* »Hindenburg« zwischen den Schwimmdocks mit Verholschleppern. (C. Patterson)

*Oben:* »Hindenburg« kurz vor Erreichen der stärksten Schlagseite zwischen den Schwimmdocks. Die Haltetrossen sind gebrochen, das Schiff befindet sich wieder im Sinken. (C. Patterson)

*Unten:* Das Schiff, hier umgeben von Kränen und Bergungsfahrzeugen, vor einem der erfolglosen Versuche, es zu heben. (Illustrated London News)

*Links:* Die erste Luftschleuse wird zu »Hindenburg« hinausgeschleppt. (Shipbreaking Industries)

*Unten:* Luftschleusen werden an den vorgesehenen Stellen angebracht. Rechts vom Ponton der Schlepper »Sidonian«. Arbeiter steigen die Leitern hinauf, um in die Schleusen einzusteigen. (Shipbreaking Industries)

*Oben:* »Moltke« beim Passieren der Forth-Brücke auf dem Wege nach Rosyth. Auf dem Bilde sind zwei der drei deutschen Schlepper zu sehen, die mit dem Schiff bei stürmischem Wetter den Pentland Firth passierten. (Illustrated London News)
*Unten:* Bergungsarbeiten auf »Moltke«. Eine der großen Luftschleusen ist durch eine kleine (rechts) zum Einsteigen der Arbeiter in das kieloben liegende Schiff ersetzt worden. Der Schlepper im Hintergrund liefert Preßluft. (Illustrated London News)

*Oben:* »Moltke« im Schlepp bei schwerer See. Zwischen den kurzen Luftschleusen, die an Stelle der großen angebracht wurden, ist die Hütte zu sehen, in der die Besatzung untergebracht war. Der Schlepper ist ganz rechts vor der Kimm zu sehen. (Shipbreaking Industries)
*Unten:* »Moltke« in Rosyth im Trockendock. Seine riesigen Wellenhosen werden klargemacht zum Abschweißen. (Illustrated London News)

Die letzte Fahrt der »Hindenburg«, aufgenommen von der Forth-Brücke. Die Hütten an Deck waren die Unterkunftsräume der Besatzung während der Überfahrt. Es handelte sich hier um das einzige Großkampfschiff, das nicht kieloben gehoben wurde. (R. W. McCrone)

Karte von Scapa Flow mit den Positionen der gesunkenen deutschen Flotte

es fürchterlich; man konnte das Rauschen des Wassers in den Kesselräumen hören und den öligen Wasserspiegel sehen, der langsam höher und höher stieg. Wir machten so viele Schotten dicht wie wir konnten, aber es hatte keinen Zweck, und schließlich sank er. Ein Diesel lief noch und gab elektrisches Licht, so konnten wir noch etwas sehen; er blieb aber plötzlich stehen, als er unter Wasser kam, so steckten wir an Bord des sinkenden deutschen Schiffes in völliger Dunkelheit. Glücklicherweise hatten wir einige Taschenlampen bei uns, so daß wir wenigstens etwas sehen konnten. Nachdem wir so viele Schotten wie möglich geschlossen hatten, mußten wir fortkommen, da große Gefahr der Explosion eines der Kessel bestand. Das Schiff fing außerdem an, gefährlich überzuliegen. Wir liefen zurück, um Munition zum Sprengen der Ketten zu holen, da wir sie an Bord nicht losbekommen konnten; wir mußten sie in die Luft jagen, damit das Schiff auf Strand treiben konnte. Es sank jedoch, bevor es auf Grund kam. Die Kammern und alles andere, wo die Sachen in großer Eile zusammengerafft worden waren, waren in einem vollständigen Durcheinander. Ich zerschlug ein Bild vom alten Hindenburg mit einem Hammer. In der Offiziersmesse befanden sich Silberbecher usw., aber wir konnten nichts mit uns nehmen, da die Hast zu groß war.«

Auf Vorschlag des Bootssteurers wurde die Ankerkette durchtrennt, nachdem Sprengstoff über der Wasserlinie daran angelascht worden war. Da das Schiff langsamer sank als die meisten anderen, nahmen britische Schlepper es in Schlepp in der Absicht, es auf der Insel Cava auf Strand zu setzen, aber kurz vor Erreichen des Ufers kam es in flachem Wasser auf ebenem Kiel am Grunde fest. Seine obersten Decks waren gerade überspült, die Schornsteine, Masten und der erhöhte Geschützturm ragten über Wasser. Zerstörer und Schlepper versuchten, das Schiff weiterzubewegen, es holte aber plötzlich über und mußte aufgegeben werden.

Es war jetzt zu spät, sich mit den anderen Schiffen abzugeben, denn zwei Stunden nach dem ersten Alarm befand sich die gesamte deutsche Flotte in unterschiedlichen Stadien des Sinkens. Boote, Flöße und Männer mit Schwimmwesten waren überall. Einige Männer hatten ihre Schwimmwesten nicht richtig angelegt und schwammen, wenn sie die Kälte übermannte, mit dem Kopf nach unten und den Füßen über dem Wasser.

Nach Versenken der Boote, mit denen die Besatzung ihr Schiff verließ, gingen Männer von der »Westcott« an Bord des sinkenden kleinen Kreuzers »Nürnberg«, holten die Kriegsflagge nieder und schlippten seine Ketten, so daß er auf Land zutrieb und sich auf Strand setzte. Der Drifter »Caersin« trieb von Bord gehende Besatzungen mit Gewehrfeuer zurück. Der Drifter »Clonsin« nahm den kleinen Kreuzer »Dresden« in Schlepp, obwohl sein Oberdeck schon überspült war. Als er nur noch eine Meile vom Ufer von Cava entfernt war, sank er so schnell, daß nicht einmal genug Zeit war, die Schleppleine loszuwerfen. »Seydlitz« wurde geentert, aber alle beweglichen Teile waren so stark mit Draht befestigt, daß der Schlachtkreuzer seinem Schicksal überlassen werden mußte.

Die ersten Zerstörer des Ersten Schlachtgeschwaders kamen gegen 14.30 Uhr mit Höchstfahrt zurück, als nur noch zwei deutsche Linienschiffe, ein Schlachtkreuzer und vier kleine Kreuzer über Wasser geblieben waren. Und auch diese waren im Sinken. Das Linienschiff »Markgraf« war eines von ihnen. Seine Besatzung war noch nicht von Bord, als es von der Besatzung des Drifters »Cabalsin« geentert wurde; die Deutschen stellten sich ihr in den Weg, und in dem entstehenden Handgemenge[10] wurde der Kommandant von »Markgraf«, ein verheirateter Mann mit vier Kindern, getötet, der Leitende Ingenieur[11] schwer verwundet. Kurz nachdem der Leichnam des Kommandanten von Bord gebracht worden war, nahm das Schiff den gleichen Weg wie die anderen. Von Reuter gab in seinem Buch die jeweiligen Zeiten an, zu denen die großen Schiffe sanken. Das erste war »Friedrich der Große« um 12.16 Uhr, gefolgt von »König Albert« um 12.54 Uhr. Bis 14 Uhr waren 11 weitere gesunken, bis 15 Uhr noch vier. »Karlsruhe« sank um 15.50 Uhr, »Markgraf« um 16.45 Uhr und als letzter von allen »Hindenburg« um 17 Uhr. »Friedrich der Große« war nach wenigen Minuten untergegangen. »Brummer«, ein Kreuzer der »Emden«-Klasse,[12] bekam Schlagseite und begann zu sinken, die Besatzung in den Booten brachte Hurra's aus, als er unterging. Nach der Zahl der herumtreibenden Schwimmwesten war anzunehmen, daß viele ums Leben gekommen sein mußten. Trotz der Gewaltmaßnahmen, die gegen die Deutschen angewendet werden mußten, wurden aber nur zwei Offiziere und sechs Mann getötet sowie fünf verwundet. Von Reuter gab an, daß vier getötet und acht verwundet worden waren, alle von der VI. Flottille.[13]

»Unverbürgte« und ganz unwahrscheinliche Augenzeugenberichte erschienen kurz darauf in der örtlichen Presse. Ein Besatzungsmitglied eines Drifters behauptete, daß ein Offizier, der vermutlich mit den von seiner Besatzung getroffenen Maßnahmen nicht einverstanden gewesen und deshalb von ihr gehaßt worden sei, am Mast aufgehängt worden und mit dem Schiff in die Tiefe gegangen wäre. Eine weiter ausgeschmückte Version der Geschichte besagte, daß mehrere Offiziere an die Masten ihrer Schiffe gebunden worden und bei deren Sinken ertrunken wären. An Bord eines drekkigen Torpedobootes wurde ein Offizier gesehen, der »im Uniformrock mit schwarzen Handschuhen« an Deck seines sinkenden Bootes stand, während die Besatzung in kleinen Booten sich gegenseitig erdolchte. Häufig wurde gesehen, daß deutsche Offiziere gegen ihre Männer von Revolvern Gebrauch machten. Noch phantasievoller war die Erzählung eines Mädchens, das schilderte, wie sein auf einem Hafenfahrzeug beschäftigter Bruder in ein Boot sprang und feststellte, daß er »bis zu den Knien« im Blut stand,

und daß er einen deutschen Schiffsarzt habe tot liegen sehen mit Stichwunden im Rücken.
Auf einem Hügel, von dem aus die Bucht zu überblicken war, lief der Bruder eines Landarbeiters namens *A. S. Thomson* aufgeregt auf diesen zu und rief: »Sieh' mal! Da ist ein U-Boot.« »Das ist kein U-Boot«, antwortete der Bruder, »das ist ein deutsches Schiff im Sinken.« Die beiden beobachteten den ganzen dramatischen Vorgang. Beide sollten später den Bauernhof verlassen und Taucher bei der Bergungsfirma Cox & Danks werden, bei der zur Zeit, da dies geschrieben wird, A. S. Thomson noch immer tätig ist.
Einer der Offiziere von »Trust-on«, der später an Bord der »Emden« ging, berichtete, daß von Reuter seine Admiralsflagge, ein Malteserkreuz ähnliches schwarzes Kreuz auf weißem Grunde, gesetzt hatte, daß seine Kajüte bunt mit Flaggen und Fahnentuch geschmückt gewesen sei und stark nach Tabak und Spirituosen gerochen hätte, als wenn am Abend zuvor ein großes Fest gefeiert worden wäre. Außerdem beschrieb er die Offiziere des Kreuzers, die gelbe Glacéhandschuhe getragen und Zigarren geraucht hätten – was ebenfalls nach einer weiteren sehr unwahrscheinlichen Geschichte klingt.
Von der ganzen großartigen Flotte, die noch vor kurzem der Stolz des deutschen Volkes gewesen war, blieben nur »Baden«, drei Kreuzer und 18 Zerstörer und Torpedoboote über Wasser. Die Ölmengen der versenkten Schiffe töteten für die nächsten Jahre alles Leben an der Küste, an die sie antrieben. »Frankfurt« und »Emden« sanken auf flachem Wasser in der Swanbister Bay. Anhang 2 ist die Abschrift eines Briefes, der später in Admiral von Reuter's Panzerschrank in seiner Kajüte auf der »Emden« aufgefunden wurde. »Baden« wurde ebenfalls auf Strand gesetzt, später leergepumpt und von der Admiralität geborgen.
Die Deutschen Besatzungen wurden zusammengetrieben und zu-

sammen mit von Reuter in Gewahrsam britischer Schiffe genommen. Auf den nicht gesunkenen Schiffen wurden britische Wachen eingesetzt. Es gab Berichte, nach denen beim Kentern und Sinken einiger Schiffe Geräusche wie die von Gewehrschüssen gehört worden sein sollen.

Diese Versenkung der Schiffe war ein eklatanter Bruch der Waffenstillstandsbedingungen.[14] *Von Reuter* wurde deswegen von Vizeadmiral *Fremantle* zornig des Vertragsbruches beschuldigt und in Kriegsgefangenschaft genommen, während die Besatzungen als Gefangene in ein Militärlager in der Nähe von Invergordon überführt wurden.

Es war 14.30 Uhr am 22. Juni, als Fremantle von Reuter und seine Offiziere Aufstellung nehmen ließ und folgende Ansprache hielt: »Bevor ich Sie als Gefangene an Land bringe, möchte ich Ihnen gegenüber meine Entrüstung über Ihre Tat zum Ausdruck bringen. Sie war eine verräterische Handlung, die gegen die von den Alliierten getroffenen Anordnungen verstieß. Die deutsche Flotte war in gewissem Sinne mehr interniert als wirklich in Gefangenschaft. Die Fahrzeuge lagen hier in einer Art Bezeugung guten Willens der deutschen Regierung bis zur Unterzeichnung des Friedensvertrages. Es handelt sich nicht um das erste Mal, daß die Deutschen alle anständigen Gesetze und Regeln der See verletzt haben.« Von Reuter dagegen war, nicht unbegründet, der Ansicht, daß er nur das getan hatte, was Fremantle selber bei umgekehrter Lage versucht haben würde.[15]

Am 24. Juni wurden Bergungsfachleute von der Admiralität geschickt, um die gesunkenen Schiffe zu begutachten und über die Möglichkeit ihrer Hebung zu berichten. Der Bericht kam zu der Folgerung, daß man nur geringe Schwierigkeiten haben würde, sie durch Preßluft zu heben, da sie unbeschädigt waren. Aber die Admiralität hatte bereits die Überzeugung gewonnen, daß sie zu schwer seien, um durch Trossen gehoben zu werden, und daß eine

Bergung nicht in Betracht komme. Am 23. Juni war bereits eine amtliche Bekanntgabe erfolgt, daß die auf Strand gesetzten Schiffe »Baden« und »Emden« wahrscheinlich, »Frankfurt« und »Nürnberg« möglicherweise, geborgen werden würden, daß jedoch alle übrigen, die in Wassertiefen von 22 bis 35 Metern versenkt worden waren und keine Gefährdung für die Schiffahrt darstellten, »dort bleiben und verrosten würden, wo sie gesunken waren. Es kann nicht in Frage kommen, sie zu heben.« Als die Zeit gekommen war, *mußten* jedoch die Schiffe gehoben werden, und sie *bildeten* eine Gefahr für die Schiffahrt.

Im Oktober 1920 lief der Trawler »Ben Urie« aus Aberdeen auf der Heimreise auf »Moltke« auf und saß dort für mehrere Stunden fest. Zum Bericht über dieses Vorkommnis gab der *Orcadian* den Kommentar, daß »verschiedene Trawler auf dieses Schlachtschiff aufgelaufen sind, und daß es höchste Zeit ist, bessere Vorsorge zu treffen, um die Lage dieser Seeungeheuer genau zu bezeichnen.« Ein anderer Trawler lief auf dasselbe Wrack auf und lag dort hilflos, als die Dunkelheit anbrach. Das unglückliche Schiff gab Lichtsignale in Seenot und ließ laut seiner Sirene ertönen, um Hilfe heranzuholen. Von Cava wurde ein Motorboot losgeschickt, abr inzwischen hatte ein Drifter von Lyness den Trawler schon freibekommen. Aber er hatte kein Glück, denn fast unmittelbar darauf lief er auf »Kaiser« auf, nur wenige hundert Meter entfernt davon.

Trümmerteile der versenkten Schiffe wurden fast täglich an der Küste von Banffshire (am Südufer des äußeren Moray Firth, etwa 80 km nördlich von Aberdeen) angetrieben. Ein Schuljunge fand eine Holzkiste voll Postkarten von dem Mädchen eines Seemannes. Eine andere Karte forderte die Bezahlung von 2000 Zigaretten, von denen der Seemann behauptete, sie nie erhalten zu haben. Die Jungen spielten Fußball mit Schwarzbrot, das in Kiel gebacken war und das sie für Klöße hielten. Mengen von Tee und Seife wurden angespült, nachdem sie 80 Meilen weit getrieben waren. Bei Eintritt des Friedens wurde Schrott in gewaltigen Mengen für die Nachkriegsindustrie gebraucht, aber es standen riesige Mengen von Kriegsmaterial zur Verfügung, so daß die deutschen Schiffe für ein oder zwei Jahre ungestört lagen mit Ausnahme von frühzeitigen Beutezügen von Orkney-Fischern. Erst als die Vorräte von Schrott in der Welt erkennen ließen, daß sie bald aufgebraucht sein würden, zeigte sich ein größeres Interesse an den deutschen Schiffen.

## 5. Die Männer, die Bergungsmittel und die Schiffe

Im Jahre 1922 hatte ein Mann in Stromness (den ich trotz aller meiner Bemühungen leider nicht ausfindig machen konnte) einen Zerstörer gekauft, den er zum Abwracken in den Hafen von Stromness geschleppt hatte. Er war das erste Schiff der deutschen Flotte, das beseitigt wurde, und er fand sein Ende darin, für viele einheimische Bedürfnisse von Nutzen zu sein. Zum Beispiel wurden seine Kesselrohre glatt poliert, zerschnitten und zu Tausenden als Gardinenstangen verkauft.

Dann wurde am 26. April 1923 bekanntgegeben, daß »die Admiralität einen hervorragenden Ingenieur und Bergungsfachmann aufgefordert hatte, ein Vertragsangebot für die Hebung der Schiffe einzureichen. Wenn der Plan feste Gestalt annimmt, wird er einen Weg zur Beschaffung einer beträchtlichen Zahl von örtlichen Arbeitsplätzen für ein oder zwei Jahre öffnen.« Das verhieß einen Segen für die Inselbewohner, denn die Orkneys waren von sehr schlechtem Wetter und kümmerlichen Erträgen heimgesucht worden, und die Fischerei stand vor dem Zusammenbruch.

Im Juni 1923 wurde mitgeteilt, daß die Admiralität einen Teil der versenkten Flotte an eine Gesellschaft unter Leitung eines Mr. J. W. *Robertson*, Vorsteher der Grafschaft Zetland (Shetland), verkauft hätte, der die Bergungsarbeiten leiten sollte. Von London wurde bestätigt, daß vier Torpedoboot-Zerstörer geborgen werden sollten; diese lagen in der Nähe der Insel Fara auf erheblich flacherem Wasser als die großen Schiffe. Robertson sagte, er rechne nicht mit einem Beginn der Arbeiten vor dem folgenden Monat, und er schlage vor, die Schiffe luftdicht zu verschließen. Wenn er sie dann so weit leergepumpt hätte, daß sie genügend Auftrieb bekamen, würde die Bergung nicht schwierig sein. Während der Sommermonate wurde eine ziemliche Menge von Material an Land geschafft, aber nichts von großem Wert. Robertson war aber nicht untätig, und seine Gesellschaft, die »Scapa Flow Bergungs- und Abwrack-Co. G.m.B.H.« plante die Schiffe mit einem gänzlich anderen Verfahren zu heben als den später angewendeten.

Robertson erwarb von der Admiralität zwei Zementschuten von je etwa 1000 t Ladegewicht. Zusammen hatten sie eine Tragfähigkeit von 3000 t. Jede Schute hatte eine Länge von 28 Metern und eine Breite von 9,75 Metern. Sie mußten in einem seitlichen Abstand von 10 Metern verankert und durch acht Stahlträger verbunden werden, von denen jeder bis zu 24 Tonnen wog. Die äußeren Deckskanten der Schuten wurden mit Beton nivelliert, um eine glatte Auflagefläche für die Hartholzklötze und -träger zu schaffen, die über die ganze Breite beider Schuten anzubringen waren. Jede Gruppe von Trägern hatte zwei Lagen, und jede Lage war drei Schichten hoch: die untere bestand aus Balken von 45 mal 15 cm Stärke, die mittlere von 40 mal 15 cm und die oberste von 30 mal 15 cm. Diese wurden von Stahlplatten und -bändern zusammengehalten, für die alles in allem etwa 20 000 Schrauben und Muttern gebraucht wurden. Dann wurden auf jeder Seite der Träger zwei Flaschenzüge befestigt und Ketten hindurchgeführt, die mit 16 Stahlgurten unter dem Zerstörer zusammengeschäkelt wurden.

Diese Arbeiten wurden durchgeführt, wobei die Gurte durch Abstandsblöcke in ihrer Lage gehalten wurden. Wenn die Ketten über die Flaschenzüge geführt wurden, wurden sie durch riesige

2,15 m-Augbolzen gehalten mit einem starken Gewinde oder einer Schnecke. Sie liefen durch ein Auge mit einer großen Nuß am Ende. Durch Drehen der Nüsse mit einem Schraubenschlüssel – der größte war über 1,80 Meter lang – wurde der Zug von den Ketten aufgenommen und das Heben begann.

Robertson schlug außerdem vor, das Heben und die Manövrierbarkeit zu unterstützen, indem ein großer Ballon (ein »Kamel« oder Luftsack) mit einer Hebefähigkeit von über 100 t direkt über dem Zerstörer zwischen den Schuten schwimmend ausgebracht wurde. Die Ballons, die eigentlich unstarre Pontons bildeten, ließen sich die Firma Robertson und als Miterfinder Thomas gemeinsam patentieren. Sie hatten schließlich vier dieser Ballons, zwei mit einer Hebefähigkeit von je 150 t, zwei von je 100 t. Die riesigen Hüllen waren aus 12 Schichten Segeltuch hergestellt, die durch eine Gummilösung fest miteinander verbunden waren. Die Länge der großen Ballons betrug aufgeblasen 14,60 Meter.

Die um die äußere Hülle herumlaufenden Drähte waren an vier Stellen mit 15 cm Abstand an der Unterseite des achten Trägers befestigt. Das Gewicht jedes Ballons in leerem Zustand betrug 1270 kg. Bei den 100 t-Hebeballons waren die Drähte an zwei Aufhängepunkten zusammengeführt. Sie waren mit Ventilen ausgestattet, die automatisch die Luft absperrten, wenn die Ballons voll aufgeblasen waren.

An den Untergangsstellen der Zerstörer waren keine Felsen, trotzdem stellten die Taucher fest, daß die Arbeitsbedingungen schwer waren: denn obgleich dort ein sicherer Ankerplatz für Schiffe war, stellte sich der Boden für die Taucher als ein Alptraum dar wegen des Schlicks, den jede Bewegung zu einer tintenschwarzen Flüssigkeit aufrührte, die ihnen die Sicht trübte.

Bevor jedoch Robertson seinen ersten Zerstörer gehoben hatte, trat ein Rivale in Gestalt eines Mr. *Cox* auf, der am 10. Januar 1924 in Begleitung seiner Frau Stromness besuchte, sich die versenkten Schiffe an ihren Liegeplätzen ansah und die Umgebung von Lyness besichtigte. In Beantwortung von Erkundigungen der örtlichen Presse sagte er, daß er außer »Seydlitz« und »Hindenburg« mehr als 20 kleine Schiffe gekauft hätte, und daß ihm Lyness mit allen Betriebsanlagen zur Verfügung gestellt worden sei. Prompt erklärte die Admiralität, daß diese Äußerung verfrüht sei; aber im Februar erfolgte eine Bestätigung, und das Jahrbuch von 1924 enthält die Angabe, daß zwischen der Admiralität und der Firma *Cox & Danks* ein Vertrag über Arbeiten zur Bergung deutscher Schiffe geschlossen wurde, nachdem das Angebot von Cox unter dem von mehreren großen Konzernen, darunter einem leistungsfähigen amerikanischen Syndikat, gelegen hätte.

Man glaubt, daß die Zerstörer und Torpedoboote auf dem Meeresgrund von der Admiralität im Namen der Interalliierten Reparationskommission für etwa 250 Pfund je Schiff verkauft wurden, wobei eine Vertragsbedingung war, daß der Grund, auf dem die einzelnen Schiffe gelegen hatten, frei von Unterwasserhindernissen bleiben mußte. Es wird als sicher vermutet, daß diese Bedingung in der Schlußphase des Unternehmens nach dem Zweiten Weltkriege modifiziert wurde, als die Schiffsböden der letzten wenigen noch übrig gebliebenen Schiffe aufgesprengt wurden, so daß sie schnell von allen zugänglichen und wertvollen Teilen, insbesondere nicht-radioaktivem Stahl, ausgeschlachtet werden konnten.

Im April ließ Cox Rundfunkgeräte, Kino- und andere Ausstattungen zur Freizeitbetreuung einer großen Belegschaft, die von der neuen Firma eingestellt werden sollte, in Lyness einrichten.

Ernest Frank Guelph Cox, dessen Bergungsunternehmen ihm bald in der ganzen Welt Ansehen verschaffen sollte, wurde 1883 als 11. Kind eines Schneidermeisters in Wolverhampton geboren. Im Alter von sieben Jahren kam er auf die Dudley Free School in Wolverhampton, die er mit 13 Jahren verließ, um Laufbursche bei einem Tuchhändler zu werden. Von Jugend an hatte er Interesse an allem Technischen, besonders an Elektrotechnik, über die er sich Bücher von der Bibliothek des Mechanics Institute beschaffte. Er kam aus bescheidenem Hause. Er war ein eindrucksvoller Mann, oft heftig und ungestüm im Gespräch und von einem unerschütterlichen Selbstbewußtsein, obwohl er in Verwaltungsdingen keineswegs ein Genie war. Er verließ den Textilhandel, um eine Beschätigung in einem Elektrizitätswerk anzunehmen. Im Alter von 20 Jahren bewarb er sich mit Erfolg bei der städtischen Behörde in Ryde auf der Isle of Wight um die Stellung eines Chefingenieurs zur Leitung eines neuen Werkes in Lymington in Hampshire. Danach wurde er stellvertretender Ingenieur in Hamilton in Schottland, wo er sich mit der Anwendung industrieller Energie befaßte. Dieser Tätigkeit folgte eine Stellung als Chefingenieur bei der Wishaw Corporation in Lancashire, wo er sich großes Ansehen beim örtlichen Stadtrat erwarb und die Tochter eines Ratsmitgliedes heiratete, der Besitzer der Overton-Stahlwerke war. Er trat in die Firma als Teilhaber ein und reorganisierte sie.

Von Anfang an hatte er gewußt, welche Art von Tätigkeit er sich wünschte, und er wandte seine bemerkenswerten Konzentrations- und Gedächtnisfähigkeiten dazu an, sich Kenntnisse über die Anwendung von Energie in der Industrie anzueignen. Seine Heftigkeit, seine Kraftausdrücke und seine freimütigen Bemerkungen trugen ihm die Abneigung vieler Leute ein, aber man sagt ihm nach, daß er niemand gegrollt haben soll. Er ließ seine Leute hart arbeiten, aber er scheint bei ihnen sehr beliebt gewesen zu sein, denn er kannte sie alle persönlich, redete sie in ihrer Sprache an, war ständig bei ihnen und hatte immer ein Gefuhl für Sicherheitsvorkehrungen. Außerdem besaß er Mut, sowohl moralischen als auch physischen. Als er einmal durch einen über seine Beine gestürzten Holzbalken verletzt wurde, bestand er darauf, so lange sich am Orte des Wracks tragen zu lassen, bis die gerade im Gange befindliche Arbeit beendet war. Zu Zeiten war er starrköpfig bis zur Unvernunft, zum Beispiel als einmal während einer Bergung in Scapa Flow ein wertvoller Kran zu Bruch ging, weil er gegen den Rat aller Fachleute darauf bestand, daß eine Trosse über ihre Bruchgrenze hinaus beansprucht wurde.

Fünf Jahre nach seinem Eintritt in die Overton-Stahlwerke schied Cox wieder aus, um mit *Thomas Danks,* einem Vetter seiner Frau, eine neue Teilhaberschaft einzugehen. Danks sorgte für das Kapital, Cox für die Fachkenntnis und den Schwung. Die neue Firma stieg 1913 in Verträge ein, und als im folgenden Jahr der Krieg ausbrach, begann sie mit der Produktion von Granatbehältern, wodurch Cox genügend Kapital in die Hand bekam, um seinen Partner auszuzahlen. Zum Zeitpunkt des Waffenstillstandes war er alleiniger Inhaber eines gutgehenden Geschäftes mit seinen Betriebsanlagen und den Maschinen. Im Jahre 1921 verlegte er sich auf das Abwracken und kaufte die alten Schlachtschiffe »Orion« mit 22 500 t Verdrängung und »Erin« mit 23 000 t für je 25 000 Pfund. Er ließ sie nach Queensborough auf der Insel Sheppey in der Themsemündung schleppen und eröffnete dort einen Werftbetrieb. Auf dieser Werft lag ein Dock mit einer Tragfähigkeit von 3000 t, das von den Deutschen als Teillieferung der Reparationen für die Versenkung der Flotte ausgeliefert worden war. Cox kaufte es von der Admiralität für 24 000 Pfund. Auf der Docksohle lag ein riesiger Stahlzylinder, der von den Deutschen zu Erprobungen von U-Boot-Druckkörpern benutzt worden war. Er war 120 Meter lang und hatte einen Durchmesser von etwa 12 Metern. Das angewendete Verfahren war, das Dock mit dem in dem Zylinder luftdicht verschlossenen U-Boot abzusenken und dann von außen Druck auf den Bootskörper zu bringen. Dieser Zylinder ragte etwas über die Höhe der Seitenwände des Docks hinaus. *Otto*

*Willer-Petersen*, Gründer von Petersen & Albeck in Kopenhagen, einer dänischen Firma, die Hauptabnehmerin von Cox' Schrottlieferungen war, machte den Vorschlag, das Dock nach Entfernung und Verkauf des Zylinders sehr rentabel bei der Hebung der Zerstörer in Scapa Flow einzusetzen. Da Cox zu dieser Zeit damit rechnete, in Kürze ohne Aufträge zu sein, überlegte er sich diesen Vorschlag, war allerdings anfangs etwas im Zweifel, da er noch nie zuvor ein Schiff gehoben hatte.

Der hauptsächliche Zweck eines Schwimmdocks ist es, Schiffe aus dem Wasser zu heben, um Untersuchungen, Anstriche und Reparaturen an ihren Unterwasserteilen vornehmen zu können. Das moderne Schwimmdock ist aus dem Verfahren entwickelt worden, das erstmalig von einem englischen Kapitän während der Herrschaft Peters des Großen im Hafen von Kronstadt ausgedacht worden war. Dieser schlachtete eine alte Hulk aus, brachte am Heck einen wasserdichten Verschluß an, legte sein Schiff in den hohlen Rumpf, schloß das Tor am Heck und pumpte das Wasser hinaus. Aber erst 1785 wurde ein hölzernes Dock eigens zu diesem Zweck von Christopher Watson in Rotherhithe gebaut.

Das moderne Schwimmdock hat hohle Seitenwände und einen ebensolchen Boden. Der übliche Typ ist das zweiseitige Dock, so wie es Cox gekauft hatte. Da das Schwimmdock selber zu regelmäßigen Überholungen aus dem Wasser gehoben werden muß und im allgemeinen zu groß ist, um in ein Trockendock gebracht zu werden, ist es normalerweise so konstruiert, daß es der Reihe nach seine einzelnen Teile selbst anheben kann.

Hauptfunktion der Seitenwände des Docks ist es, ihm Stabilität zu verleihen, wenn kein Schiff darinliegt, ferner die Maschinenanlagen zum Heben unterzubringen, Vorrichtungen zum Festmachen der Schiffe aufzunehmen und die nötige Längsfestigkeit zu schaffen. Der waagerechte Teil des Docks, die Sohle, ist die Plattform, auf der das Schiff aufliegt. Er liefert den Auftrieb, der das Schiff aus dem Wasser hebt. Die Sohle ist unterteilt durch wasserdichte Schotten, um Stabilität zu gewährleisten, ebenso sind die Seitenwände unterteilt.

Das Grundprinzip, nach dem ein Schwimmdock arbeitet, ist, daß für jede Tonne Gewicht, die ihm entnommen wird, das Dock einen Auftrieb von gleichem Maße erhält. Deshalb sind Zentrifugalpumpen so tief wie möglich im Boden angebracht, die durch Antriebsmotoren oben auf den Seitenwänden betätigt werden. In dem Maße, in dem die Pumpen Wasser hinausdrücken, wird das Schiff langsam angehoben.

Noch konnte Cox das Problem der Hebung dieser Schiffe, die ganz unvermeidlich vom Wasserdruck und Jahren des Unterwasserliegens erhebliche Schäden aufweisen mußten, nicht gänzlich überblicken. Es wurde bis zu einem gewissen Grade vereinfacht dadurch, daß sie nach dem Heben zu Schrott verarbeitet werden würden. Das Wesentliche an seinem Plan war das Nutzbarmachen der Auftriebskraft seines Docks und des Gezeitenhubes, um die versenkten Fahrzeuge vom Meeresboden freizubekommen.

Die Arbeiten wurden natürlich nicht begonnen ohne eine wenigstens überschlägige Schätzung des Schrottwertes, der bei dem Unternehmen herauskommen würde. Die Berechnungen konnten ausgehen von den bekannten allgemeinen Baueigenschaften von Kiegsschiffen, obwohl sich zu dieser Zeit Zeichnungen und Pläne der deutschen Schiffe noch nicht im Besitz von Cox befanden. Beispielsweise war bekannt, daß vieles Zubehör und Armaturen sowie kleinere Teile der Schiffskörper aus Aluminiumlegierungen oder anderem Leichtmetall bestanden und daß hoch-dehnbare Stähle für wichtige Teile allgemein benutzt wurden. Gußstahl wurde verwendet für das Heck, das Heckspant, den Ruderbügel, Klüsen usw., Schmiedeeisen für Ketten, Davits und ähnliche Ausrüstungsteile, Messing, Geschützguß und Phosphorbronze für viele innere Beschläge. Cox behauptete, daß er mit geschlossenen Augen jedes

Metall nach dem Klang unterscheiden könnte, wenn jemand daraufschlug.

Ein Kreuzer hatte zwei getrennte Böden; der Außenboden bildete den äußeren Schiffskörper und übertrug den Wasserdruck auf das ganze Bauwerk, während es Aufgabe des inneren, ebenfalls wasserdichten, Bodens war, das Schiff zu erhalten, wenn der Außenboden unbrauchbar werden sollte. Der Außenboden war 2,5 cm stark in der Nähe des Kiels und hinter den äußeren Panzerplatten an den Seiten des Schiffes, etwas dünner in der Kimm. Der Innenboden war dünner. Der Raum zwischen beiden konnte zur Aufnahme von Heizöl und Reservespeisewasser genutzt werden.

Ein System von Spanten und Schotten verband die zwei Böden; es war selbstverständlich wasserdicht, um den Schiffsboden in eine Anzahl von Zellen zu unterteilen, die für Stauzwecke nützlich waren und außerdem den Einbruch von Seewasser bei Beschädigung des Außenbodens in Grenzen hielt. Das Oberdeck bestand aus Stahlplatten, die von Querträgern und Längsbändern getragen wurden. Wasserdichte Abteilungen wurden durch wasserdichte Schotten und Decks gebildet.

Im Prinzip waren Schlachtschiffe (Linienschiffe) und Schlachtkreuzer in gleicher Weise gebaut, nur daß die Platten stärker und Träger wie Spanten schwerer waren. Schotten stützten die verschiedenen Decks bis hinunter zum Innenboden, wo der Wasserdruck, von den Spanten übertragen, die Gewichte ausglich. Bei den Kreuzern bildete der Panzer einen Teil des Schiffskörpers, bei Linienschiffen und Schlachtkreuzern aber bestand er aus einzelnen harten Platten, die auf den Seiten des Schiffes befestigt waren.

Ein Zerstörer hatte keinen Doppelboden. Das wichtige Spantengerüst war dichter ausgeführt, wobei es in seinem unteren Teil zum Tragen der Kessel und Maschinen eingerichtet war, weil die Maschinenanlagen dieser Schiffe ein unverhältnismäßig großes Gewicht hatten. Die Längsbänder versteiften die dünne Beplankung aus Stahl von besonderer Qualität, der stellenweise mittschiffs nur etwas mehr als 4 mm stark war.

Cox konnte von den Schiffbauern etwas über die Bauweise von Kriegsschiffen erfahren – er hatte ja bereits zwei Schlachtschiffe abgewrackt – und sich auf diese Weise eine Meinung über die Schwierigkeiten bilden, die sich ihm entgegenstellen könnten. Zum Beispiel konnte, was für alle Klassen von Kriegsschiffen zutraf, eine Beschädigung unter der Wasserlinie am leichtesten ein Schiff außer Gefecht setzen, wenn es kein brauchbares System wasserdichter Unterteilung besaß. Eine wirklich peinlich genaue wasserdichte Unterteilung ist außerdem erforderlich, um die Gefährdung durch Granatsplitter oder andere Beschädigungen der Außenhaut auf ein Mindestmaß herabzusetzen. Mit diesen Mitteln und dadurch, daß jedes Deck und jeder Raum wasserdicht war, hatten Schiffe wie »Seydlitz« und »von der Tann« das Gefecht weiterführen können, obgleich sie an zahlreichen Stellen durchlöchert waren. Immerhin konnte eine Beschädigung auch zur Folge haben, daß ein Schiff bis zu einem Maße krängte oder einen achterlichen oder vorlichen Trimm erhielt, daß seine Manövrierfähigkeit beeinträchtigt wurde oder seine Geschütze nicht mehr feuern konnten. Um diesen Zustand zu beseitigen, wurden geeignete Räume der gegenüberliegenden Seite oder am anderen Ende des Schiffes geflutet, ein Verfahren, das Cox anwandte, wenn Schiffe während des Hebens Schlagseite bekamen und in die Gefahr kamen, zu kentern und zu sinken. Die Hauptquerschotten wurden, so weit es irgend möglich war, nicht von Türen oder anderen Einrichtungen durchbrochen mit Ausnahme wichtiger elektrischer Kabelleitungen und Dampfrohre, die über der Wasserlinie angebracht wurden.

Auf Empfehlung eines Beamten der Admiralität, an den Cox hinsichtlich eines Kaufs der versenkten Schiffe herangetreten war, hatte er, wie gesagt, Scapa Flow besucht und sich zum Kauf entschlossen. Er ignorierte dabei die amtliche Bekanntmachung der Admiralität, daß die Schiffe in einer Tiefe lägen, die eine Bergung nicht in Frage kommen ließe. In einem späteren Vertrag erwarb er auch die Linienschiffe »Kaiser« und »Prinzregent Luitpold«, die Schlachtkreuzer »Moltke« und »von der Tann« und den kleinen Kreuzer »Bremse«.

Er belud den Boden seines Schwimmdocks mit dem verschiedensten Bergungsmaterial, Eisenbahnschienen, Wagen und zwei Kranbäumen; Werkstätten und die zum Betrieb eines Schwimmdocks gehörenden Maschinen befanden sich bereits in den geräumigen Seitenwänden. Kompressoren, Generatoren und andere benötigte Ausrüstung wurden eingebaut. An der seewärtigen Seite des Docks wurden Träger angebracht zur Aufnahme einer 15 cm starken Welle aus Flußstahl. Auf dieser Welle wurden zehn ausgekehlte Flaschenzüge mit einem Durchmesser von über einem Meter montiert, um die stählernen Hebetrossen aufzunehmen. Zehn handbetriebene Winden, die das Dock entlang aufgestellt wurden, konnten einzeln oder paarweise betrieben werden. Am hinteren Ende des Docks wurden sechsscheibige Taljenblöcke von 50 cm Durchmesser befestigt. Ähnliche Blöcke wurden am holenden Ende angebracht. Alle konnten sie eine Last von 100 t tragen. Stählerne Hebetrossen von fast 4 cm Stärke wurden von den Winden über die festen Blöcke und dann durch die beweglichen Blöcke geführt. Einzelne Stahltrossen von 6 cm Stärke mit einer Tragfähigkeit von je 250 t wurden an den freien Blöcken angebracht. Am Ende jeder Troß wurde eine Lowmore-Stegkette aus Eisen von 9 cm Durchmesser befestigt. Zwei Stegketten, jede mit einer Belastbarkeit von 7,5 t in einem Halbmesser von 23 Metern, wurden an Deck angebracht. Der achtere Teil der vertikalen Aufbauten wurde unterteilt in Büros, Kraftwerke, Werkstätten und Vorratsräume. Als der weite Schleppweg nach Lyness angetreten wurde, waren 40 000 Pfund für Bergungsgerät ausgegeben worden.

Ein großer Teil der Bergungs- und Taucherausrüstungen war von der weltbekannten Firma Siebe, Gorman & Co. G.m.b.H. hergestellt worden. Ihr Begründer, *Augustus Siebe*, hatte 1819 einen »offenen« Taucheranzug erfunden, der in Verbindung mit einer Luftpumpe getragen wurde. Er beruhte auf dem Prinzip der Tauchglocke, die Luft trat am Rande des Anzuges aus. Wenn aber der Träger hinfiel, strömte Wasser in seinen Anzug, und er war in Gefahr zu ertrinken, wenn er nicht schnellstens an die Oberfläche gebracht wurde. Das geschlossene Tauchgerät, das aus dieser früheren Erfindung entwickelt wurde und dem heutzutage benutzten Schlauchgeräten mit Taucherhelmen ähnlich war, wurde im Jahre 1837 ebenfalls von Siebe erfunden. Es war mit einer Luftpumpe verbunden, die auch von Siebe, Gorman & Co. hergestellt wurde. Druckmanometer an der Pumpe zeigten die Tiefe an, in der der Taucher arbeitete, und den Druck der zugeführten Luft. Der Helm konnte durch eine leichte Drehung mit der Brustplatte oder dem Brustschild verbunden werden; das Gerät wurde aus Kupfer oder Bronze gefertigt. Ein Luftzufuhrrohr wurde an ein Einwegventil im Helm angeschlossen. Ein im Helm angebrachtes Luftauslaßventil erlaubte dem Taucher, die Luftmenge in seinem Anzug und damit die Größe seines Auftriebs zu regulieren.

Wenn der Taucher mit der Arbeit begann, regulierte er sein Ventil so, daß er Gleichgewicht halten konnte. Zu jener Zeit gab es noch keine automatischen Atem-Auslaßventile und die Zeit der Schwimmtaucher mit Kleintauchgeräten sollte erst noch kommen. Das im Helm angebrachte dicke Glasfenster beschlug häufig. Um die Unsichtigkeit zu beseitigen, mußte der Taucher das innere Ende eines kleinen Rohres, das zur Außenseite des Helmes führte, den Spuckhahn, öffnen, schnell einen Mund voll Seewasser nehmen, dann den Hahn wieder schließen und das Wasser über das beschlagene Glas spritzen.

Mit dem Helm verbunden war ein Telefon, ebenfalls von Siebe,

Gorman & Co. eingeführt. Der Hörer war in den Oberteil des Helmes eingelassen und die Drähte in die Rettungsleine eingearbeitet. Leider schloß das Verfahren, das Beschlagen zu beseitigen, gewöhnlich die Telefonkontakte kurz, so daß sie nicht mehr funktionierten.

Der Taucheranzug selbst wurde aus gummiertem Köper hergestellt. Er bedeckte den ganzen Körper von den Füßen bis zum Hals, die Ärmel besaßen vulkanisierte Gummistulpen, die einen wasserdichten Abschluß an den Handgelenken sicherstellten. Der biegsame Luftschlauch, der unter der linken Achselhöhle durchgeführt wurde, mußte fest genug sein, um einem Einschneiden an scharfen Metallkanten zu widerstehen, und bildete immer eine Gefahr, bei einem Sturz zur Falle zu werden. Dann gab es noch eine Rettungsleine zum Gebrauch im Notfalle, um den Taucher an die Oberfläche zu holen, und zur Signalgebung durch eine bestimmte Zahl von Zügen oder Rucken entsprechend einer vorher vereinbarten Bedeutung.

Der Taucheranzug wurde vervollständigt durch ein Paar schwere Schuhe, die je bis zu 7,5 kg wogen; sie erlaubten es dem Taucher, sich im Wasser aufrecht zu halten. Er trug außerdem ein Bleigewicht von 18 kg auf dem Rücken und ein weiteres auf der Brust, um ihm das Beibehalten des Gleichgewichts zu ermöglichen.

Zwei Schlepper der Admiralität wurden von Cox zur Unterstützung seiner Arbeiten angekauft und erhielten die Namen »Ferrodanks« und »Sidonian«. Der Kapitän der »Ferrodanks« war fast den ganzen Krieg hindurch auf den Orkneys gewesen und hatte die britische Flotte mit Wasser von Stromness versorgt.

Nachdem das Schwimmdock seine lange Reise nach Scapa Flow beendet hatte, wurde es in der Mill Bay in der Nähe von Lyness auf Strand gesetzt. Cox ließ dann eine der großen Seitenwände abschneiden, so daß Ketten über den Rand der Sohlenplattform herabgelassen werden konnten. Da Auftrieb von zwei Seiten gebraucht werden würde, wurde das Dock mitten durchgeschnitten, so daß zwei Docks in L-Form entstanden, je 60 Meter lang und etwas über 12 Meter breit. Jedes Dock wurde mit 12 Satz Hebegerät ausgerüstet, dabei gehörte zu jedem Satz eine dreigängige Handwinde und ein fünfscheibiger Taljenblock für 100 t Belastbarkeit. Außerdem waren fünf Hauptabteilungen vorhanden, die entweder einzeln oder zusammen mittels Schottventilen leergepumpt werden konnten. Die Docks waren praktisch vollständige Kraftwerke. Etwa 65 % der Energie wurde von Dynamos erzeugt, die von schnellaufenden Dampfmaschinen angetrieben wurden, die restliche von Dynamos, die entweder an Verbrennungsmotoren gekuppelt waren oder mittels Treibriemen betrieben wurden. Acht Aggregate von 15 c-Unterwasserpumpen waren jeweils mit dem Maschinenraum in der Dockwand durch 30 Meter lange flexible Kabel mit Gummiumhüllung verbunden. Der Strom wurde erzeugtvon einem 70 Kilowatt-Generator, der mit Dampf angetrieben wurde. Es gab außerdem einen Gleichstrom-Motor von 100 Brems-PS, der durch Treibriemen mit einem 60 KVA-Dreiphasengenerator für Wechselstrom von 50 Perioden mit 220 Volt gekuppelt war. Wechselstrom wurde gebraucht zum Antrieb der Pumpen, die abwechselnd paarweise betrieben wurden. Ein kleiner 1200 l-Kompressor wurde für die Preßluftwerkzeuge benutzt.

Cox hatte jetzt die Männer und das Material, aber alles andere hing von der Zusammenarbeit ab, und auf diese legte er immer besonderen Wert. Besonders die Taucher machten gern viele Überstunden, oft unter Bedingungen, die man heute als unzumutbar betrachten würde. Ihre Arbeit war sowohl schwer als auch gefährlich, und zu jener Zeit war man sich noch nicht bewußt, daß jahrelanges Tauchen schädlich für das menschliche Herz sein würde. Ein Taucher, *Hall*, starb in seinem Anzug; ein anderer, »*Busy* *Bee*, ein Mann, der vielleicht zu alt für diese Arbeit war, starb, nachdem er gerade noch aus ihm herausgekommen war; ein Dritter wurde, viel später bei den Bergungsarbeiten, einige Tage, nachdem er aus einer üblen Situation noch herausgekommen war, von einem guten Schwimmer ertrunken aufgefunden; der Taucher *James Thomson,* der an neun der gehobenen großen Schiffe mitgearbeitet hatte, und der Bergungsoffizier *H. Murray Taylor* wurden mit dem Orden des britischen Empire (MBE) ausgezeichnet, weil sie ihre gefährliche Aufgabe, Trossen an scharfen Torpedos anzubringen, die von einem U-Boot nicht ganz ausgestoßen worden waren, mit Erfolg ausgeführt hatten.

Ein Mann kann im Durchschnitt bis 10 Meter Tiefe tauchen. Wenn er guten Gesundheitszustand besaß, konnte er bis auf 20 Meter hinuntergehen. Zu größeren Tiefen war ein extrem guter Tauglichkeitsgrad erforderlich, weil in einer Tiefe von 4 Metern nur solche Leute die Bedingungen, denen ihr Körper dabei unterworfen war, ertragen konnten. Die Taucher trafen in den Schiffen auf giftige und explosive Gase. Ihre Luftschläuche konnten an scharfen Kanten Schnitte bekommen oder sich bei einem Sturz verfangen. Außerdem gab es noch die Gefahren durch die Lebewesen unter Wasser: *Harry Grosset* wurde von einem Seeaal übel in die Hand gebissen, als er einen Luftschlauch durch ein Luk schob. Seeaale gab es überall. Gefangen in einer Kammer, starb ein Seehund und wurde dazu benutzt, einem neuen nervösen Taucher mit einem üblen Scherz einen Schrecken einzujagen. Kreideweiß kam der Mann schnell an die Oberfläche zum Bergungsleiter und stieß keuchend hervor, daß in einer Koje in einer Kammer von »Hindenburg« ein toter Seemann läge. Als ihm gesagt wurde, daß so etwas unmöglich sei, nahm er den Bergungsleiter mit nach unten, um ihm die Wahrheit seiner Geschichte zu beweisen. Und da lag der tote Seehund, von den Arbeitskollegen des Mannes mit einem Matrosenanzug bekleidet und am Schwanz mit einer Decke bedeckt! Auf einem Zerstörer hatte ein sehr großer Hummer, der fünf oder sechs Jahre alt gewesen sein muß, in einer der Zellen Wohnung genommen, die er energisch mit seinen herausgesteckten Scheren verteidigte, wenn jemand hineinwollte. *T. McKenzie,* der oberste Leiter der Bergungsaktionen, berichtete von einem Erlebnis, als er bei Untersuchung eines aufgerichteten Zerstörers in einer Tiefe von über 10 Metern glaubte, daß ein anderes Fahrzeug fast direkt über ihm war. Er legte sich flach unter das Wrack, aber kurz darauf riß ihn ein wuchtiger Ruck an seiner Brustleine dort heraus, frei und unverletzt. Dann sah er, daß der Beinahe-Unfall von dem Schwanzhieb eines 12 Meter langen Wals verursacht worden war. Schulen spielender Wale wurden zu Zeiten zu einer solchen Plage, daß alle Taucher heraufgeholt wurden, sobald sie in der Umgebung gesehen wurden.

So weit wie möglich wurden Arbeiter aus dem Orte eingestellt. Diese brachten den anderen dann ihre Aufgaben bei, besonders den Tauchern. Die alten Taucher begrüßten die Neuankömmlinge nach Beendigung von deren erstem erfolgreichen Tauchen mit einer »Lage für alle«. Cox' wertvollste Neuerwerbung war aber sein junger Bergungsleiter T. McKenzie, der nach Absolvierung der High School in Glasgow sich als Mitglied des Schottischen Instituts für Zivilingenieure (Scottish Institute of Civil Engineers) qualifiziert hatte. Sein Vater, von dem er seine Erfahrungen gewonnen und das Tauchen gelernt hatte, war ein Kapitän der Marine, der einzige in Schottland, der Erfahrungen in Bergungsarbeiten besaß. Während verschiedener Tätigkeiten hatte der junge McKenzie zwei Jahre mit der Suche nach einem spanischen Schiffsschatz verbracht, obwohl dabei nur ein paar Geldmünzen gefunden wurden. Nachdem er seine Kenntnisse beim Glasgow Trust erweitert hatte, qualifizierte er sich als Mitglied des Instituts für Maschinenbau (Institute of Mechanical Engineers). Auf Grund eines anderen Vertrages kam er in Verbindung mit Bergungsarbeiten vor der westafrikanischen Küste. Nach seiner Rück-

kehr im Jahre 1923, als er Tauchermeister am Clyde war, ergab es sich, daß er während eines Urlaubs die Bekanntschaft von Cox machte, die aus einem gemeinsamen Interesse am Süßwasserfischen entstand. Cox hatte gerade eine weitere Finanzhilfe für sein risikoreiches Vorhaben erhalten, und mit seinem sicheren Blick für einen tüchtigen Mann überredete er McKenzie, mit ihm zusammenzuarbeiten. Das war der Anfang für eine glänzende Karriere im Bergungswesen. Cox beschaffte das Geld und brachte die Unternehmerinitiative ein, aber ohne McKenzie's Einfallsreichtum und technische Fähigkeiten wäre die deutsche Flotte vielleicht nie gehoben worden. Cox begann mit der Anstellung von etwa 20 Technikern verschiedener Fachrichtungen von der Werft in Sheerness an der Themse und etwa gleicher Anzahl aus Aberdeen und Glasgow. Als die Arbeiten richtig in Gang kamen, hatte er eine Belegschaft von etwa 200 Mann. Sie wohnten in dem ehemaligen Marinelager in Lyness, das er angekauft hatte, und entwickelten sehr bald einen Klassenunterschied von eigener Art: die Elite der Arbeiter, die Taucher und ihre Helfer, wohnten in ihren Baracken zusammen; die Maschinisten bildeten die nächste Gruppe in der sozialen Abstufung, die in ihren Baracken zusammenwohnte, und schließlich die Hilfsarbeiter in den ihren. Diese Unterschiede wurden sorgfältig eingehalten. Es war eine Welt fast ohne Frauen, denn es gab keine Unterkunft für Verheiratete. Zu keiner Zeit lebten mehr als vier Ehefrauen in Lyness, von denen Mrs. McKenzie, die Frau des jungen obersten Leiters der Bergung, der insgesamt 24 Jahre in Scapa Flow leben sollte, die Hauptperson war. Die hauptsächlichen gesellschaftlichen Veranstaltungen waren Tanzabende und später, nachdem Metal Industries G.m.b.H. das Unternehmen weiterführten, die Bankette nach jeder erfolgreichen Hebung.
Cox stellte bald fest, daß die Orkney-Bewohner schon vor ihm dagewesen waren. Nach der Tradition ihrer alten Wikinger-Vorfah-

ren hatten sie eigenmächtig Bergungsarbeiten auf eigene Rechnung durchgeführt. Mit der fröhlichen Ungezwungenheit, mit der unlängst ein *Karate*-Team ein verlassenes Haus mit bloßen Händen zusammenschlug, hatten die Fischer mit kaum mehr Hilfsmitteln Armaturen und Metall im Wert von Tausenden von Pfunden fortgeschafft, einschließlich einer Reihe von Torpedorohren aus Geschützmetall, die damals je 100 Pfund wert waren – in der Tat alles, was erreichbar war und entfernt werden konnte. Einige von ihnen waren sogar zur »Seydlitz«[16] hinausgefahren und hatten längsseits von ihr ihr Fischerboot so weit abgesenkt, daß es von Patrouillenbooten oder Wachmännern nicht gesehen werden konnte. Sie hatten auf dem Schiff gewohnt und in dieser Zeit bis zur Wasserlinie alles Messing, Gußmetall und Kupfer abgetakelt. Auf »Hindenburg« war alles Metall von einigem Wert über Wasser verschwunden: elektrische Kabel, Telefonverbindungen, Schalter, Lampen und sogar bewegliche Messingschrauben waren fortgeschmuggelt worden in Fässern mit der Aufschrift »Heringe«. Als Cox beschloß, daß es an der Zeit war, eigenes Wachpersonal einzustellen, annoncierte er in der örtlichen Zeitung. Einer der Bewerber gab zum Beweis, daß er über die Schiffe Bescheid wisse, die Tatsache an, daß er für die Leute, die sie abgetakelt hatten, Schmiere gestanden hätte. Und doch waren das die gleichen Leute von den Orkneys, die ihre künftigen Arbeitgeber nie genug rühmen konnten wegen ihrer Redlichkeit, Ausdauer, ihres Mutes, Könnens und Geschicks. Enge Verbindungen vieler von ihnen mit dem damaligen Inhaber von Metal Industries G.m.b.H., der Firma, die das Bergungsunternehmen im wesentlichen zu Ende führte, bestehen heute noch.

»Schiffsbergung ist der allgemein übliche Ausdruck für das Bewahren von Schiffen und Ladungen vor Verlust oder Teilverlust durch Schiffbruch, Unwetter oder Sturm, Feuer, Kollision, Feindeinwirkung usw. Der Ausdruck ist in gleicher Weise anwendbar auf Treib- und Strandgut und auf die Zahlungen an Berger mittels Prämien für geleistete Dienste.« Diese Definition leitet als Vorbemerkung einen von T. McKenzie verfaßten Aufsatz ein, des Mannes, der mit dem Gesamtwerk des Hebens der versenkten deutschen Flotte so gut wie am engsten verbunden war. Seine Definition muß in diesem Falle dahingehend ergänzt werden, daß die gesunkenen Fahrzeuge von der Admiralität an die Berger verkauft wurden, die dann aus dem Geschäft den Verdienst herausholten, den sie erzielen konnten.

## 6. Die Torpedoboote und Zerstörer

Die Zerstörer und Torpedoboote sind nach der Liste von Reuter's in seinem Buch »Scapa Flow – Das Grab der deutschen Flotte« in Anhang 4 aufgeführt.

»V 70«, das auf einer Wassertiefe von nur 15 Metern in aufrechtem Zustand lag, bot sich augenfällig als erstes zu einer Hebung an. Es hatte eine Standardverdrängung von 924 t und lag nur etwa eine halbe Meile von Lyness entfernt, wo Cox das Marinelager und den Flugstützpunkt gekauft und seine Leute untergebracht hatte.

Das übliche Verfahren der Schiffsbergungsgesellschaft bei Benutzung von Hebepontons oder Hebefahrzeugen bestand darin, diese bei Niedrigwasser mit dem Wrack zu vertäuen, den Tidenhub als wirksame Hebekraft zu nutzen, dann das Wrack wieder auf Grund zu setzen und bei der nächsten Ebbe wieder zu vertäuen. Für Cox war das Bergen von Schiffen aber etwas Neues, und er war aufgeschlossen für jede praktikabel erscheinende neue Idee. Die von McKenzie entwickelte Methode war neuartig, aber sie erschien Cox empfehlenswert, und er entschloß sich, einen Versuch damit zu machen.

Für die Bergungsgeräte war schon so viel an Ausgaben entstanden, daß Cox entschied, lieber die Drahtleinen und 7,5 cm-Ketten aus seinem eigenen großen Vorrat zu nehmen als große Mengen neuer Stahldrahttrossen von 22,5 cm Umfang zu kaufen.

Im März 1924 wurden die beiden Dockhälften, die in Wirklichkeit Schwimmpontons waren, beiderseits »V 70« verankert. Hebeketten wurden von Tauchern, die zu zweit arbeiteten, auf beiden Seiten unter der Außenhaut des Bootes angebracht. Aber zunächst mußte das Heck mit Stahlleinen unter den Schraubenwellen angehoben werden, um die Hebeketten an die richtigen Stellen bringen zu können.

Bei Ebbe senkte sich der Wasserspiegel bei Springtide um etwa 3 bis 3,5 Meter. Theoretisch konnte daher »V 70« mit steigender Flut, wenn die Lose der Hebetrossen durchgeholt wurden, ohne Anwendung irgendwelcher anderer mechanischer Mittel um 3 Meter vom Meeresboden angehoben werden. Dann konnte das Boot auf flacheres Wasser geschleppt und die ganze Prozedur so oft wiederholt werden, wie es nötig war, um das Wrack auf Strand zu setzen. Die Benutzung der Handwinschen vergrößerte das Maß, um das das Boot vom Grunde angehoben werden konnte. Der Druck auf den Flaschenzügen konnte ungefähr nach der Zahl der Männer geschätzt werden, die benötigt wurden, um die Handwinschen zu betätigen. Vier bedeuteten, daß die Last gefahrlos war, sechs ließen erkennen, daß die Gefahr eines Brechens zu groß wurde. Für die Hebung wurden Lowmore-Ketten benutzt. Am Ende jeder Kette befand sich ein Haken, der in irgendwelche Öffnungen im Bootskörper oder der Aufbauten eingehakt wurde.

Die Vorbereitungsarbeiten wurden binnen zehn Tagen beendet. Drei oder vier Stahlleinen waren ausreichend, um das Heck anzuheben. Weitere Leinen unter dem Schiffsboden wurden so geführt, daß ihre Länge je nach Bedarf verändert werden konnte, wenn das Boot von tiefem auf flacheres Wasser gebracht wurde. Zu diesem Zweck waren sie in verschiedene Längen unterteilt, die mit schweren Schäkeln verbunden waren. Soweit nötig, höhlten die Taucher kleine Tunnelbohrungen unter dem Boot aus und zogen leichte Arbeitsleinen hindurch, an denen die Hebetrossen befestigt und

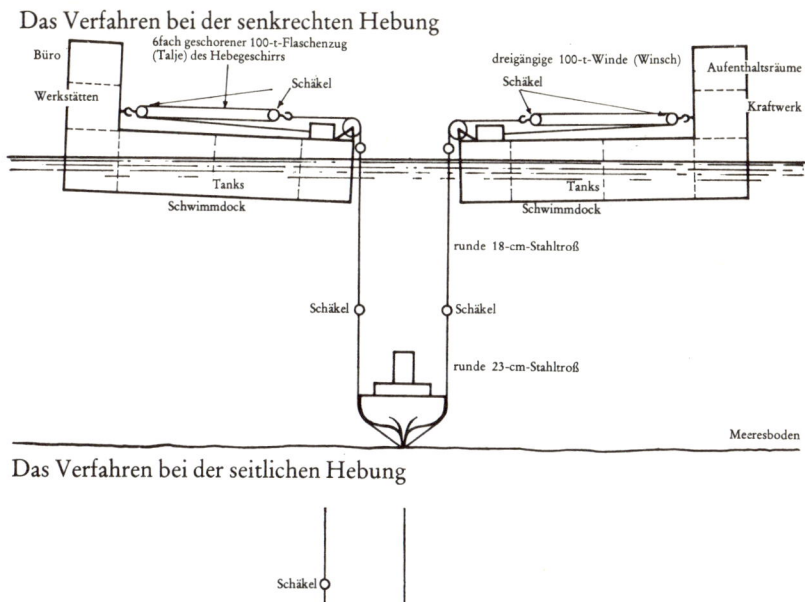

*Zeichnung 1* Anordnung der Trossen zur Hebung von Zerstörern

unter dem Wrack durchgeholt werden konnten. Das Verfahren ist in Zeichnung 1 illustriert.

An dem dem Hebungsversuche vorausgehenden Abend, einem Samstag, waren die Wettervoraussetzungen ideal. Gegen Mitternacht wurden alle Trossen steifgesetzt, der Bug lag dabei über Wasser. Der Schluß des Unternehmens begann am Sonntag morgen; als das Boot aber etwa 2 Meter über dem Grunde war, wurde die Belastung so groß, daß die Haken aus dem Bootskörper ausrissen und die Schwimmpontons unter dem Gewicht nach innen krängten. Plötzlich brach unter der Beanspruchung eine der 7,5 cm starken Ketten, die erste von allen außer zweien, wonach das ganze

Hebegeschirr in alle Richtungen zu Bruch ging und wie ein Schrapnell umherflog. Nach der Beschreibung eines der Bergungsleiter gab es einen Knall wie bei einem Artillerietreffer. Glücklicherweise wurde niemand verletzt, obgleich auf jedem Ponton 25 Mann beschäftigt waren.

Unter diesen Gegebenheiten wurde es für nicht gefahrlos gehalten, das Dock und das Boot in flachem Wasser abzusenken, deshalb wurde an den Winschen wieder Lose gegeben und das Boot auf Grund abgelassen. Wenige Minuten später zogen die 100 Arbeiter ihre Jacken an und wurden mit der »Ferrodanks« nach Lyness gebracht. Dies war ein Fall, in dem Cox den Rat seiner Bergungsleute in den Wind geschlagen hatte. Ebenso wie ein Spazierstock mit seinem Griff so viel Gewicht aushält wie man bei senkrechtem Anheben damit heben kann, aber leicht bricht, wenn man ihn über das Knie biegt, so trugen die riesigen Kettenglieder mit Leichtigkeit die Last des senkrechten Hebens, brachen aber, als sie durch die kleinen Flaschenzüge an den Winschen gekrümmt wurden. Cox hatte eine teure Lehre erhalten. Einige Arbeiter schilderten, daß die Ketten wie Mohrrüben gebrochen wären.

Neue 22,5 cm-Stahldrahttrossen mit einer Bruchfestigkeit von 250 t wurden in Glasgow beschafft. Diese bildeten glatte Drahtbuchten mit einer Weite von über 4,5 Metern, die unter dem Bootskörper durchgenommen wurden, um eine Art Korb zu schaffen. Das Dock wurde für ein neues Heben vorbereitet, und am 31. Juli 1924 wurde um 16 Uhr bei Niedrigwasser ein zweiter Versuch unternommen. 96 Mann begannen an den Handrädern der Winschen zu drehen. Die See war ruhig. Zoll um Zoll, auch vom Tidenhub unterstützt, löste sich »V 70« vom Grunde, bis es nur noch einen halben Meter unter der Wasseroberfläche war. Auch bei Hochwasser waren jetzt die gesamten Aufbauten zu sehen. Wie bei allen weiteren Bergungen ging der Bewuchs mit Tang und anderen Wasserpflanzen bald in ein schmutziges Braun über

*Oben:* Der Kiel von »Seydlitz« über Wasser. In der Mitte eine Luftschleuse, wie ein schräger Schornstein aussehend. (C. Patterson)

*Links:* »Seydlitz« im Schlepp nach Rosyth mit den Handwinschen (vorn) und der Unterkunftsbaracke der Bergungsmannschaft. (A. S. Thomson)

*Unten:* »Seydlitz« im Schlepp. Vor dem Heben hatte Cox an den Stützen (links mitte) einen Zerstörer festgemacht in dem Versuch, die Schlagseite zu beheben. (Shipbreaking Industries)

*Rechts:* »Seydlitz« im Schlepp bei schwerer See. (A. S. Thomson)
*Unten:* »Kaiser« im Schlepp mit »Ferrodanks« und deutschen Schleppern -Heckansicht-. (Shipbreaking Industries)

*Oben:* »von der Tann« beim Passieren der Forth-Brücke auf dem Wege nach Rosyth zum Abwracken. (Norval)
*Unten:* »von der Tann« beim Einschleppen ins Dock in Rosyth. (The Scotsman)

*Oben:* Die Schiffsglocken von »Derfflinger« und »Friedrich der Große« die an Deutschland zurückgegeben wurden. (Zentrales Marinekommando)

*Unten:* Korvettenkapitän *Steffan*, Kommandant der Fregatte »Scheer«, übergibt am 3. September 1965 in Wilhelmshaven die Schiffsglocken und das Siegel von »Derfflinger« an Admiral *Erdmann*, nachdem sie in Faslane Port an die deutsche Marine zurückgegeben worden waren. (Zentrales Marinekommando)

*Oben:* »Derfflinger's« Schiffssiegel, das von einem der Arbeiter aufgefunden wurde. Es wurde an Deutschland zurückgegeben. (Zentrales Marinekommando)
*Unten:* Der Bug von »Prinzregent Luitpold« mit einigen der 12- und 18 m-Luftschleusen durchbricht die Wasseroberfläche. (A. S. Thomson)

*Oben:* »Prinzregent Luitpold« kieloben unter der Forth-Brücke, kurz vor dem Ende seiner letzten Fahrt. (Shipbreaking Industries)
*Unten:* Heckansicht von »Prinzregent Luitpold« im Dock in Rosyth. Das Abwracken ist schon weit fortgeschritten. Die übereinander liegenden Decks sind gut zu erkennen, ebenso die Anordnung der Dockstapel zum Auflegen des Schiffes. (The Scotsman)

*Oben:* »Bertha«, das Bergungsfahrzeug, das sich abseits von einem der Wracks hält, aus dem Luft ausströmt. (J. Robertson)
*Unten:* »Bertha« und »Metinda«, Bergungsschlepper, an einem Wrack festgemacht. (Associated Scottish Newspapers)

»Bertha«, der Schlepper, der an den Bergungsunternehmen hervorragenden Anteil hatte. Ursprünglich gehörte er der Southern Railway-Gesellschaft und verkehrte zwischen verschiedenen Kanalhäfen. Nach dem Verkauf an Metal Industries wurde er in Grangemouth in ein Bergungsfahrzeug umgebaut. (Star Photos)

und fing an zu stinken, aber es hatte nur wenig Rostbildung gegeben. Vier mal wurden Hebungen ähnlicher Art nacheinander auf flacherem Wasser vorgenommen, bevor »V 70« am Samstag morgen, genau zehn Jahre nach der Kriegserklärung, auf einer Sandbank in der Mill Bay auf Strand gesetzt werden konnte. Es überstand das Einschleppen nach Lyness während einer ungemütlichen Nacht mit heulendem Sturm. Die Hebung und das Aufstrandsetzen hatten nur etwas länger als sieben Stunden gedauert, obwohl wegen des Mißerfolges mit den Ketten die ganze Unternehmung sich über sechs Wochen hingezogen hatte. Dieses Mal war die Sache so glatt abgelaufen, daß weder ein Hammer noch ein Schraubenschlüssel beim Heben, das nur durch Drehen der Handräder an den Winschen bewirkt worden war, gebraucht wurde.

Dann wurde entdeckt, daß »Piraten«-Taucher von dem Boot bereits die Torpedorohre aus Geschützguß und alles andere, was nur herausgeholt werden konnte, abgetakelt hatten. Außerdem war der Schrottpreis überraschend von 5 Pfund auf etwa 1 Pfund 15 Shilling pro Tonne gestürzt, so daß Cox, statt »V 70« zu verschrotten, den Bootskörper wasserdicht machen und auspumpen ließ, ihm den Namen »Salvage Unit No. 3« gab und als schwimmende Werkstatt benutzte.

Das nächste zum Heben ausgesuchte Torpedoboot lag auf der Seite. Da nur der Mittelteil auf Grund lag, war es verhältnismäßig einfach, Trossen unter dem Vor- und Achterschiff durchzunehmen. Um einen Anfang zu machen, wurden sechs Trossen unter dem Heck ausgebracht. Während diese aufgeholt wurden, nahm man weitere unter dem Boot durch, wobei sich 12 als ausreichend erwiesen, das Boot an Land zu schleppen. Das Problem war nur, das Boot in eine senkrechte Lage zu bringen, so daß es in den schmalen Zwischenraum zwischen den beiden Pontons gehoben werden konnte. Es wurde zunächst in tieferes Wasser geschleppt.

Dann wurde an den Flaschenzügen auf einer Seite Lose gegeben und auf der anderen Seite gehievt. Auf diese Weise, die bei den folgenden Bergungen immer dann angewendet wurde, wenn ein Schiff nicht in aufrechter Lage war, konnte ein Torpedoboot leicht im Laufe eines Vormittags gedreht werden. Wenn es aber vollkommen kieloben auf seiner Brücke und dem vorderen Geschütz lag, konnten die Trossen unter dem Bootskörper durchgenommen werden, von dem der größte Teil etwa zwei Meter über dem Grund war, und das Boot konnte in einer Arbeit von zwei Tagen gedreht werden. Der erste Zerstörer wurde nach insgesamt 12tägiger Arbeit gehoben, beim dritten dauerte es nur sechs Tage, und der letzte wurde binnen nur vier Tagen geborgen. Es wurde ein vertrauter Anblick: die schwer keuchenden, starken Schlepper, die massigen Seitenwände des Docks mit einem dazwischen liegenden Wrack, so bewachsen mit Unterwasserpflanzen, daß die Brücke nicht von der vorderen Geschützplattform, die Back nicht vom Achterdeck zu unterscheiden war: das ganze sah mehr nach einem Unterwasserriff als nach einem Schiff aus!

Einige der Zerstörer waren über 100 Meter lang, während die Hebepontons nur etwa 75 Meter maßen. Manchmal wurde ihre Lage über den Zerstörern verschätzt, aber im ganzen verlief das Unternehmen glatt, wenn auch die Arbeit der Taucher immer schwer und gefährlich war. A. S. Thomson erinnerte sich noch gut daran, wie die Taucher oft in solch einem Durcheinander von Luftblubbern und Rettungsleinen an die Oberfläche kamen, daß man an eine Katze erinnert wurde, die mit einem Bindfadenknäuel spielte.

Anfangs benutzten die Taucher Metallsägen zum Durchschneiden der Stahlleinen der in Päckchen aneinander festgemachten Boote; als aber in einem Falle dabei der Zug auf den Leinen plötzlich wegfiel, warf die plötzliche Aufwärtsbewegung des dadurch freikommenden Bootskörpers den Taucher von den Füßen, und eine riesige Festmacheboje schoß aus dem Wasser, an der eine schwere Ankerkette hing.

Nur ein Unterwasser-Schneidebrenner, ein französischer, arbeitete noch in Wassertiefen über 3,5 Meter, daher begann McKenzie Dynamitladungen zu verwenden, wenn Leinen durchtrennt werden mußten.

Inzwischen war Robertson mit seinen Versuchen zur Hebung mittels Ballons auf Schwierigkeiten gestoßen. Zwischen den beiden miteinander wetteifernden Bergungsgruppen war ein Konkurrenzgeist aufgekommen, aber Cox hob schon sein drittes Torpedoboot am 29. August 1924, dem Tage, an dem Robertson sein erstes heraufholte. Das war das einzige Mal, daß zwei Schiffe am gleichen Tage gehoben wurden.

Robertsons Boot war »S 131«, bei dem die vorbereitenden Arbeiten durch eine Bergungsmannschaft von einem Dutzend Männer zwei Monate gedauert hatten. Bei diesem Versuch arbeitete die United Kingdom Salvage Company mit Robertsons Gesellschaft zusammen. Die Masten des Bootes wurden entfernt, um störenden Einwirkungen auf das Bergungsgeschirr vorzubeugen. Ein Schornstein war überhaupt nicht mehr vorhanden, andere waren stark verbeult. Das leichte Geschütz auf der Back war im Zustand des Verfalls und mit Tang überwachsen. Die »Kamele« (Ballons) wurden von einem Kompressor auf einer der Schuten aufgeblasen, nachdem sie abgesenkt und an dem Fahrzeug befestigt worden waren. Das Geschirr bestand aus sechzehn 25 cm-Stahlgurten, verbunden mit 12,5 cm-Drahttrossen, die ihrerseits mit 3,8 cm-Ketten zusammengeschäkelt waren. Die Lowmore-Eisenketten waren handgeschmiedet und wurden über Flaschenzüge mit 7 cm starken Achsen geführt, die mit schweren Schraubenschlüsseln betrieben wurden. So hatte jeder der acht Sätze von Trägern ein doppeltes Hebetakel, bestehend aus 16 Gurten, 32 Drahttrossen und 32 Kettenstücken. Die Bruchfestigkeit der Ketten betrug

65 t, die der Gurte 100 t, somit war eine ausreichende Sicherheit gewährleistet. Als die Ballons aufgefüllt wurden, kam »S 131« langsam hoch, und dann wurde das Hebetakel von der etwas mehr orthodoxen Art zur Anwendung gebracht, um die Beanspruchung etwas herabzusetzen. Die Trossen waren bei Niedrigwasser steifgesetzt worden, und als die Tide um 3,5 Meter gestiegen war und dadurch das Heben unterstützt hatte, schleppte »Trustee« bei frischer Brise und leichter See Robertsons erste Beute an die Küste.

Cox' Arbeit machte schnellere Fortschritte. Während der Bergung des fünften Torpedobootes gab es einige Schwierigkeiten mit Arbeitskräften, als einige der eingestellten Leute, die zur Besetzung der Winschen gebraucht wurden, zur Erntehilfe nach Hause mußten. Die Besatzung des Rettungsbootes von Longhope sprang jedoch für sie ein, und die Arbeit ging weiter. Als Cox mit der Arbeit schon an seinem sechsten Boot gut vorangekommen war, fing die Scapa Flow Salvage Co. gerade an, ihr zweites Schiff zu bewegen, aber das Unternehmen verzögerte sich wegen Platzens eines Ballons. Am 13. November hob Robertson erfolgreich sein drittes Schiff und begann mit der Arbeit an seinem vierten und letzten, während Cox seine Unternehmung bis zum Ablauf des Winters unterbrach. Kurz zuvor hatte Cox beim Aufstellen eines großen elektrischen Krans auf der Pier einen Unfall erlitten, erholte sich jedoch schnell wieder.

Im Dezember vertäute Robertson seine Schuten mit dem Boot und hatte Erfolg beim Heben des Schiffes, obgleich die Bergungsarbeiten während der trüben und kurzen Tage nur langsam vorankamen. Im nächsten Monat, am 22. Januar 1925, trug er finanziellen Schaden davon, als ein schwerer Sturm seine Zementschuten vor Anker ins Treiben brachte und sie hoch und trocken auf Land setzte. Er hatte erhebliche Mühe, sie wieder flott zu bekommen. Übrigens waren sie wegen des damals herrschenden Metallmangels aus Beton gebaut worden.

Cox hatte die Flotte jetzt für sich, aber am 22. April 1925 brach auf dem früheren deutschen Dock ein Feuer aus. Es hatte genug Sprengstoff in seinen Vorratsräumen, durch den es hätte in die Luft fliegen können, wenn nicht T. McKenzie mit Hilfe eines der Taucher, *Carmichael*, sehr rasch eingegriffen hätte. Der neunte Zerstörer war schon gehoben, und ein Heizer war dabei, die Feuerung für die nächste Schicht aufzulegen und die Asche zu entfernen. Wie gewöhnlich war das Wasser in der Nähe des Zerstörers mit einer dicken Ölschicht bedeckt. Gedankenlos schüttete der Heizer heiße Asche durch einen Ausguß des Docks ins Wasser. Sofort stand das Öl in Flammen, das Feuer breitete sich sehr schnell aus, so daß das Dock von einem Flammenmeer umgeben war. Die Arbeitsschicht, die nach der Tagesarbeit gerade im Aufbruch war, wurde eilig zurückgerufen, aber ihre Bemühungen wären vergebens gewesen, wenn nicht McKenzie geistesgegenwärtig gehandelt hätte. Binnen drei Minuten brachte er eine Unterwasserpumpe in Gang, mit der er das Feuer löschte. Trotz schwerer Brandschäden in den Werkstätten des Docks wurde das Bergungsgeschirr nur unwesentlich in Mitleidenschaft gezogen, und die Arbeit ging schon bald normal weiter.

Im Juni ereignete sich der erste tödliche Unfall. Einer der Arbeiter, *Donald Henderson*, kam beim Zubruchgehen eines elektrischen Kranes ums Leben, als der Ausleger auf ihn stürzte. Henderson hatte am Mittwoch 18 Stunden gearbeitet, 18 Stunden auch am Donnerstag, und hatte um 16 Uhr am Freitag, seinem Todestag, wieder angefangen zu arbeiten. Der Kran war ununterbrochen 35 Stunden in Betrieb gewesen, und dabei war kein Fehler daran bemerkt worden; alle regelmäßigen Untersuchungen waren durchgeführt worden, und ein Gericht konnte keinen Schuldvorwurf gegen irgendjemanden erheben.

Anfang 1925 waren sechs Zerstörer oder Torpedoboote gehoben, sieben lagen auf 20 Meter Wassertiefe auf der Seite, und einige weitere, die auf Grund gesetzt worden waren, lagen in senkrechter Lage auf dem Meeresgrunde. Es wurden bereits die Vorbereitungen für das Heben weiterer Schiffe getroffen. Dazu wurde ein zweites, größeres Schwimmdock angekauft. In diesem Dock mit über 12 Metern Seitenhöhe wurde eine große Öffnung von etwa 9 Metern Breite und 11 Metern Höhe in die Mitte der Endwand geschnitten, so daß der Bug eines Zerstörers hineinpaßte. Es war mit acht Unterwasserpumpen mit 15 cm Rohrstärke ausgestattet, die von der Firma Submersible Motors Ltd. von Southall (London) hergestellt waren. Der Strom wurde von einem dampfgetriebenen Bellis & Morcom-Generator mit 70 kW Leistung bei 220 Volt Spannung geliefert. Das Dock hatte fünf Hauptabteilungen, die entweder einzeln oder miteinander durch Schottventile verbunden ausgepumpt werden konnten. Am Donnerstag, den 27. August 1925, nahmen die Schlepper »Plover« und »Homer« von Lawson Batey Ltd. in Newcastle-upon-Tyne gegen 18.30 Uhr das Dock auf den Haken und legten bei Hochwasser von der Queensborough-Pier ab. Die Überfahrt nach Lyness dauerte zehn Tage.

Cox hatte vor, die beiden kleineren Pontons zum Einbringen der Zerstörer in das große Dock zu benutzen, das auf den Grund abgesenkt und dann zusammen mit dem Wrack gehoben werden sollte. Auf den oberen Teilen der Pontons wurden Handwinden im Abstand von etwa 6 Metern aufgestellt. An diesen befanden sich 100 t-Flaschenzüge, die mit runden Hebetrossen aus Draht mit 23 cm Stärke verbunden wurden. Um ein Schiff aufzurichten, wurden wiederum die beiden Pontons über das gesunkene Fahrzeug gebracht. Taucher nahmen die zehn Trossen von einem Ponton unter dem Bootskörper des Wracks durch und machten sie an den Taljen des anderen Pontons fest, so daß das Wrack in einer Art Korb von zehn Hebetrossen ruhte. Alles, was dann noch zu tun war, bestand darin, ein Gewicht von 370 t – ungefähr die Hälfte der Tonnage des Wracks – auf die Trossen zum Tragen zu bringen und dann auf der einen Seite an den Winden Lose zu geben und diese auf der anderen Seite einzuholen. Auf der Seite, auf der Lose gegeben wurde, waren die Scheiben der Blöcke am Anfang etwa 6 Meter, nach dem Aufrichten des Schiffes etwa 11 Meter auseinander. Die Reibung zwischen den Hebetrossen und der Außenhaut des Schiffes reichte aus, das Wrack nach und nach, etwa binnen sechs Stunden, in aufrechte Lage zu bringen, ohne noch irgendein Jolltau zu Hilfe nehmen zu müssen. (Ein Jolltau ist eine Talje mit einer einzelnen Leine – »Part« – an einem schweren Gegenstand, der auf eine andere Ebene gehoben oder gesenkt werden soll, wobei der Gegenstand selbst die Funktion eines beweglichen Blockes hat.)

Die Zerstörer und Torpedoboote, die im Päckchen aneinander festgemacht versenkt worden waren, bildeten jetzt ein einziges Gewirr von Leinen, Ketten, Geschützen, Schornsteinen und Masten. Diese Wracks mußten erst auseinandersortiert werden, bevor ein Versuch gemacht werden konnte, sie zu heben.

Die Deutschen hatten ihr Werk gründlich verrichtet. Eine Untersuchung von vier Zerstörern ergab, daß die Kondensatordeckel entfernt und alle übrigen Hilfsventile, Seewassereintritte in den Kesselräumen und Flutventile in den Munitionskammern geöffnet worden waren. Luken und wasserdichte Türen waren in geöffneter Stellung festgesetzt worden. Selbst die Abwasser- und Abortausgüsse hatten sie offengelassen und alle Schilder entfernt, die die Lage der von ihnen geöffneten verschiedenen Ventile bezeichneten.

Trotz der Erkenntnis, daß viele angesehene Fachleute ihm einen Fehlschlag prophezeiten, begann Cox mit dem Heben weiterer Zerstörer. Nach Ablauf von 20 Monaten waren 24 geborgen worden. Einmal waren im Zeitraum von 39 Wochen, und zwar ohne Sonntagsschichten, 14 gehoben worden, einer davon, »S 65«, in der Rekordzeit von nur vier Tagen ab Arbeitsbeginn. Zehn wurden so weit seefest gemacht, daß sie bis Mitte 1925 zum Abwracken nach Rosyth geschleppt werden konnten. Einige wurden an Abwrackfirmen verkauft, der Rest wurde von Cox & Danks in Lyness auseinandergeschnitten und verschrottet. Der Verdienst brachte Cox etwa die Hälfte seiner Unkosten wieder ein. Im Oktober 1926 waren in Mill Bay nur noch wenige nackte Schiffskörper zu sehen.

Während der Arbeiten am vierten Zerstörer hatte sich ein unangenehmer Unfall ereignet, als ein Taucher zwischen zwei Schiffe hinunterstieg, die aneinander festgemacht waren; er geriet in eine Falle, als ein Schornstein herabstürzte und seinen einzigen Ausweg versperrte. Seine Leine verfing sich und er konnte sich nicht bewegen. Er ließ aber den Mut nicht sinken und sang *Home, sweet home*, während es anderen Tauchern gelang, an dem Schornstein Leinen festzumachen, so daß er klargeholt werden konnte. Der Taucher wurde bald befreit und überstand das Erlebnis unversehrt.

Inzwischen war ein Versuch unternommen worden, den ersten der großen Zerstörer, »G 103«, in das große Schwimmdock zu manövrieren, aber die Öffnung zwischen den zwölf Meter hohen Seitenwänden war nicht breit genug, die beiden L-förmigen Pontons mit dem Zerstörer dazwischen hineinzubekommen. Darum wurde das große Dock auf Strand gesetzt, eine Seite wurde abgeschnitten, und dann wurde es wieder hinausgeschleppt. »G 103« wurde nochmals gehoben, dieses Mal auf den Boden des großen Docks gebracht und an seiner Seitenwand festgemacht. Aber das Dock bekam unter der Gewichtsbelastung starke Schlagseite, und »G 103« rutschte von dem überfluteten Deck ab, von dem eine Kante den Grund berührte. Die Bodentanks wurden geflutet, und das Dock wie der Zerstörer sanken auf den Grund. Das Wiederherstellen ihrer Schwimmfähigkeit stellte sich als eines der schwierigsten Vorhaben heraus, mit dem sich die Bergungsmannschaft zu

befassen hatte, und seitdem benutzte Cox das große Dock nur noch als Werkstatt und als Aufstellungsplattform für Kessel.
Die Schwimmpontons wurden am 12. Mai 1925 über dem 11. Torpedoboot, »S 65«, verankert, das in der Rekordzeit von vier Tagen bereits am Samstag, den 16. gehoben war.
Nachdem eins der Torpedoboote gehoben worden war, berichtete ein Taucher, daß er unten das Safe des Schiffes gefunden hätte. Cox rief ein paar Leute zusammen, die dabei sein sollten, wenn es an Deck geöffnet wurde. Alle drängten sich herum, neugierig, welche Wertgegenstände wohl in dem Safe verschlossen worden waren, bevor das Boot versenkt wurde. Cox war es alleine, der nicht lachte, als der einzige Gegenstand zum Vorschein kam, der sich darin befand – ein Nachttopf. Der wurde dann feierlich an Mrs. McKenzie überreicht, die einzige Dame, die sich zu dieser Zeit an Bord befand. War das ein Scherz eines jungen Offiziers in Übermutslaune gewesen, der damit rechnete, daß das Safe schließlich mal gefunden werden würde? Oder war das eine letzte Geste der Geringschätzung?
Das 13. Torpedoboot, »S 32«, nahm zweimal so viel Zeit in Anspruch wie seine Vorgänger und erforderte neun Tage Arbeitszeit, da ein Sturm herrschte fast von dem Zeitpunkt an, in dem die Schwimmpontons hinausgebracht wurden. Erst nachdem die ersten 18 geborgen worden waren, fing die Arbeit an den sieben großen, fast 100 Meter langen Zerstörern an.
Ein einfaches Instrument zur Anzeige, wie hoch die Männer ein Boot vom Meeresboden aufgewinscht hatten, war eine auf seinem Deck befestigte Eisenstange. Auf der Stange wurde markiert, wie weit sie aus dem Wasser ragte, wenn das Heben begann, und während sie beim Hochwinden höher aus dem Wasser kam, konnte mit einem Blick gesehen werden, wie hoch das Boot vom Boden angehoben worden war.
Fünf Boote schwammen zwischen Februar und April 1926 auf, das

letzte von ihnen, »G 104«, am letzten Tage dieses Monats. Damit waren in 20 Monaten 23 000 Tonnen gehoben worden.

Während der Hebung der Zerstörer und Torpedoboote waren die Positionen der großen Schiffe in die Karten eingetragen worden. Die ganz unter Wasser befindlichen waren mit Suchgeräten lokalisiert worden. Die ungefähre Lage der meisten Schiffe war bekannt, und eine Stunde Sucharbeit reichte gewöhnlich aus, um ein Schiff dieser Größenordnung genau nach seiner Lage zu bezeichnen. Dann stiegen Taucher hinunter und brachten Markierungsbojen vorn und achtern an, ein Schlepper wurde dann in einer Position über dem Wrack verankert. Als im späteren Verlauf des Bergungsunternehmens die »Bertha« hierzu verwendet wurde, brauchte man acht $7^1/_2$ t-Anker, um sie auf Position zu halten infolge des starken und in der Richtung oft wechselnden Windes, der in Scapa Flow anzutreffen ist.

## 7. »Hindenburg« setzt sich zur Wehr

Während die Torpedoboote und Zerstörer gehoben wurden, machten die Pläne zur Bergung des Schlachtkreuzers »Hindenburg«, der zwischen Juli 1913 und Mitte 1917 gebaut worden war, gute Fortschritte. Er war einer der drei Schlachtkreuzer der »Derfflinger«-Klasse, der einzigen Schlachtkreuzer, die zum Zeitpunkt ihrer Fertigstellung 30,5 cm-Geschütze, erhöhte Geschütztürme und Dreibeinmasten erhielten und ein glatt durchlaufendes Oberdeck hatten. Viele Fachleute hielten diese Klasse zu dieser Zeit für die besten Großkampfschiffe.

»Hindenburg«, das größte Schiff der Flotte, hatte an der Skagerrak-Schlacht noch nicht teilgenommen. Es lag vollkommen aufrecht eine halbe Meile westlich der Insel Cava auf einer Wassertiefe von etwas mehr als 20 Metern. Für Cox stellte es augenscheinlich kein schwieriges Problem dar, obgleich die Fachleute abermals einen Mißerfolg prophezeiten. Selbst in dieser Wassertiefe ragte der Dreibeinmast des Schiffes, seine Schornsteine und ein großer Teil der Aufbauten aus dem Wasser. Bei Springniedrigwasser war das Oberdeck eben überspült. Normalerweise war der Flaggenstock fast unter Wasser, und über der Schanz standen über 7 Meter Wasser. Die riesige Größe und das Gewicht des Schiffes schlossen ein Verfahren bei der Hebung, wie es sich bei den Torpedobooten und Zerstörern so erfolgreich bewährt hatte, völlig aus.

Cox hatte anfangs die Absicht, das Schiff aufschwimmen zu lassen und es als Ponton zur Bergung der Geschütze und Türme von »Seydlitz« und dann zum Heben anderer Fahrzeuge zu benutzen. Verschiedene Pläne für sein Aufschwimmen waren geprüft worden. Einer sah vor, es mittels Schwimmpontons zu heben; ein anderer, von einer deutschen Bergungsfirma ausgearbeiteter, beruhte darauf, alle Decksöffnungen durch Einfrieren zu verschließen und dann das im Schiff befindliche Wasser mit Preßluft herauszudrücken. Beide wurden verworfen zugunsten von Cox & Danks eigenen Plänen.

Das große Dock wurde wie das erste in zwei Teile zerschnitten, von denen jeder mit komplett mit Generatoren, Pumpen, Kompressoren und Tauchergerät ausgestatteten Werkstätten neben Küchen und Aufenthaltsräumen versehen wurde.

Cox und McKenzie stiegen selber in Taucheranzügen hinunter, um sich einen ersten Überblick über »Hindenburg« zu verschaffen. Es wurde beschlossen, alle Löcher in der Außenhaut dichtzuflicken, die beiden Dockteile beiderseits in eine geeignete Lage zu bringen, das Schiff durch Auspumpen des Wassers aus dem Schiffskörper zu heben, so daß es durch den eigenen Auftrieb aufschwimmen würde, und es dann mit den vier Teilen der Schwimmdocks zu vertäuen zum Abschleppen zur Verschrottung.

Es war ein glücklicher Zufall, als sie einige Pläne vom Schiff in der Zentrale fanden, obgleich einer der Taucher angab, das Schiff nur drei Wochen nach der Versenkung erfolglos nach Zeichnungen durchsucht zu haben. Unter den jetzt gefundenen Plänen befand sich der Lenzplan, der die Gesamtanordnung der Leitungen und die Lage der Bedienungsstelle jedes einzelnen Ventils zeigte. Damit wurden vier erfahrene Taucher in die Lage versetzt, die Bedienungsgestänge aller Ventile zu überprüfen, die nicht von außenbords zugänglich waren. Sie nahmen keine Unterwasserbeleuchtung mit sich, denn sie würde die vom Schlick und von ihren Be-

wegungen aufgerührten anderen Schwebstoffe, die eine tintenschwarze Finternis verursachten, doch nicht durchdrungen haben. Alles mußte deshalb rein nach Tastgefühl gemacht werden.
Sechzehn Taucher wurden eingesetzt, die paarweise arbeiteten. Zeitweise mußten auch diese in der Dunkelheit nach Tastgefühl arbeiten, zu anderen Zeiten mit Siebe-Gorman-Unterwasserlampen, die von den Docks mit Strom versorgt wurden. Sie berichteten, daß alle Seewasserventile der »Hindenburg« so beschädigt seien, daß sie nicht wieder geschlossen werden konnten. Ein Taucher erzählte, nachdem er in das Schiff eingedrungen war, daß es aussähe wie ein riesiger Wald unter Wasser wegen der Dichte des Pflanzenbewuchses. Eine Zeitlang wußte er nicht, wo er war. Er fand Gläser und herumliegende Sektflaschen sowie unbeschädigte Kojen, in denen noch die Matratzen lagen.
*William Hourston*, ein Fotograf aus dem Ort, der von der *Times* beauftragt war, Fotos des Schiffes aufzunehmen, hatte ein beängstigendes Erlebnis, als er, bei Niedrigwasser fünf Decks tief eingestiegen, feststellte, daß sein Kerzenlicht zum Beleuchten seines Rückweges bis auf einen Stummel von wenig mehr als einem Zentimeter heruntergebrannt war. Die Flamme erlosch gerade in dem Augenblick, als er einen schwachen Schimmer von Tageslicht weit über sich sah. Bei seinem nächsten Einsteigen nahm er, um sich gegen eine Wiederholung dieses Vorfalles zu wappnen, eine Rolle Bindfaden mit, die er während seines Herumgehens im Inneren abrollte.
Der interessanteste Gegenstand, der gefunden wurde, war ein sehr gut ausgearbeitetes Kriegsschiffmodell. Es war 60 cm lang und zeigte die gesamten Außenaufbauten, Deckseinrichtungen, Geschütztürme usw. Ein Raum wurde rein und trocken, ohne einen Tropfen Wasser darin, nach sieben Jahren unter Wasser entdeckt.
Im Sommer 1926 wurden die Bergungsarbeiten zeitweise durch den großen Generalstreik unterbrochen. Zweihundert Tonnen

Kohle wurden wöchentlich gebraucht für den Betrieb der Kessel, von denen so viel von dem Geschirr abhängig war. Der Kohlenpreis ging von 1 Pfund auf 4 Pfund 15 Shilling je Tonne in die Höhe und damit weit über Cox' zu der Zeit flüssige Mittel hinaus, da er jede Woche 1000 Pfund an Löhnen und Gehältern und weitere 1000 Pfund für flüssige Treibstoffe zu bezahlen hatte. Aber diesmal war das Glück auf seiner Seite, denn durch die freiliegenden Panzerplatten der »Seydlitz«, deren Bordwand über die 20 Meter Wassertiefe, in der sie lag, herausragte, war zu sehen, daß die Kohlenbunker voll waren. So konnte man während des Streiks diese Kohle benutzen.

Zur Dichtung der beschädigten Bodenventile von innen wurde schnell-bindender Zement benutzt, danach mußten die Öffnungen dichtgeflickt werden. Das war eine ungeheuer große Arbeit, da 800 Löcher mit Flicken verschlossen oder zugepfropft und wasserdicht gemacht werden mußten. Einige der kleinsten Flicken wurden für Ausgußrohre benötigt, und der größte Flicken war für ein Loch, das durch die Demontage eines völlig durchgerosteten Schornsteins entstanden war. Dazu bedurfte es einer etwa 12 Meter langen und 6,5 Meter breiten Abdeckplatte von 15 cm Dicke; sie wurde an Land angefertigt und wog 11 Tonnen. Dann wurde sie mit einem Schlepper hinausgebracht, mit einem Kran auf ein Dock abgesetzt, dann in die richtige Lage heruntergelassen und zum Dichten des klaffenden Loches verwendet. Fünf Monate vergingen mit dem Flicken und Dichtpfropfen. Außer an den Stellen, an denen Holzpfropfen benutzt werden konnten, wurden Holzbohlen unterschiedlicher Stärke von $2^1/_2$ bis 15 cm verwendet. Da die Turmdecke des zweiten Turmes bei Springtide noch eben über dem Hochwasserspiegel lag, begann das Vorhaben an dieser Stelle. Alle Einrichtungen wurden aus der Mitte des Turmes ausgebaut, und gleichlaufend mit dem Sinken des Wasserstandes beim Pumpen wurden alle hinderlichen Teile im Inneren weggeschnitten, um einen freien Zugang bis zum Boden des Schiffes hinunter zu schaffen, so daß die Aufstellung von Unterwasserpumpen an der tiefsten Stelle möglich war.

Die Reihenfolge der Pumpvorgänge war sorgfältig erwogen worden, als die Abdichtungsarbeiten schon weit vorgeschritten waren. Es waren zwei Arten von Pumpgeräten vorhanden, von denen die erste für sich eine vollständige Anlage war und von einem Dieselmotor angetrieben wurde. Dazu gehörten einige alte 30 cm-*Conqueror*-Anlagen mit Motorenantrieb, gebaut bei W. H. Allen, Sons & Co. Ltd. in Yoker, Glasgow und Lindsay, und bei Swan & Hunter Ltd. in Newcastle-upon-Tyne. Die zweite Art bestand in der Hauptsache aus einer Reihe von einigen 20 Unterwasserpumpen, die von Submersible Motors Ltd. in Southall gebaut worden waren. Die Pumpen waren mit von Autoreifen umhüllten Kabeln an die Stromerzeuger auf den Pontons angeschlossen, der Strom wurde von Wechselstromgeneratoren geliefert, die von Dampfmaschinen mittels Treibriemen getrieben wurden. Der Dampf wurde in zwei Wasserrohrkesseln erzeugt.

Die 18 zu verwendenden Pumpen wurden angeschlossen und erprobt. Am 6. August begann das Pumpen, aber viele der Flicken waren nicht wasserdicht. Das war kein Fehler der Arbeiter, denn Taucher stellten fest, daß kleine Fische, *Saith*, Geschmack an dem Talg gefunden hatten, der bei den Packungen zum Wasserdichtmachen der Flicken verwendet worden war. Deshalb wurde der Talg durch Beimischung von Zement für sie ungenießbar gemacht.

In der Nacht zum 24. August wurde »Hindenburg« von einem Sturm überspült, der den als Wellenbrecher benutzten Zerstörer »G 38« gegen das Ende eines der Schwimmpontons trieb und ihn so stark daraufsetzte, daß einige Platten eingedrückt wurden und ein Tank leckschlug. Der Zerstörer mußte sofort weggeschleppt und das beschädigte Dock repariert werden. Während dieser Zeit mußte »Hindenburg« wieder vollständig geflutet werden. Bis zum

119

Ende des Monats waren die Flicken neu verpackt worden, und das Pumpen fing von neuem an. Viel Zeit wurde dadurch gespart, daß man für jeden Flicken eine Schablone anfertigte, sie von Tauchern einpassen ließ und dann nach der Schablone den Flicken fertigte. Die Flicken wurden unverändert Bohle für Bohle an Land zusammengefügt und fertig zum Anbringen gemacht, bevor sie den Tauchern hinuntergegeben wurden. So erreichte man ein besseres Passen als es bei einer Anfertigung unter Wasser möglich gewesen wäre. Zwischen dem Flicken und der Schiffswand wurde ein puddingartiges Polster angebracht, das aus einer Segeltuchhülle bestand, die mit Werg ausgestopft war, dem »Pudding«, und leicht um den äußeren Rand des Flickens genagelt wurde. Es war etwa 7,5 cm breit und 6 bis 7,5 cm dick, aber wenn die Schrauben des Flickens fest angezogen waren, wurde es auf eine Dicke von knapp 1 cm zusammengepreßt.

Es war angenommen worden, daß das Heck von »Hindenburg« auf Sand und Kies auflag, in die es leicht hineingedrückt werden konnte, wenn der Bug gehoben und so für eine stabile Lage sorgen würde. Tatsächlich lagen aber die Propeller von 3 bis 3,5 Metern Höhe, auf denen das Schiff auflag, über blankem Fels und boten ihm nicht die erwartete Unterlage. Es zeigte sich später, daß sie stark davon in Anspruch genommen waren, »Hindenburg« in seiner ganzen Breite von fast 30 Metern auf einem knapp 1 Meter breiten Kiel im Gleichgewicht zu halten. Denn als die Zeit dahinging, bekam »Hindenburg« Schlagseite und fing an zu kentern, an welchem Ende er auch immer zuerst angehoben wurde. An einem Samstag zwischen 7 und 8 Uhr trieb das Schiff plötzlich um mehr als 6 Meter auf, sein Oberdeck kam weit über Wasser, und das Batteriedeck, der Flaggenstock am Heck und das Steuerbord-Achterschiff waren zu sehen. Alle Ratschläge in den Wind schlagend, beschloß Cox, die Masse von 25 000 t Stahl in aufrechter Lage zu halten, indem er zwei 13 cm-Stahlleinen von der Mast-

Herren der Geschäftsleitung von Metal Industries an Bord der »Bertha«. Von links nach rechts: T. McKenzie, der Haupt-Bergungsleiter, Commander Hughes, ein Schiffbauer, J. Robertson, Schiffbauer und technischer Sachverständiger, C. Cowan, Chemiker, und H. M. Taylor, Mitarbeiter des Bergungsleiters. (Associated Scottish Newspapers)

*Oben:* Eins der wenigen Fotos der Herren McCrone und Cox. (Associated Scottish Newspapers)
*Unten:* Eine Arbeitsgruppe, die nach Ende ihrer Schicht an Bord des Bergungsfahrzeuges »Bertha« gebracht worden ist. (Associated Scottish Newspapers)

*Oben:* Eine Schicht unter Überdruck arbeitender Männer beim Verlassen einer Luftschleuse. (Associated Scottish Newspapers)
*Unten:* Arbeitsgruppe beim Verlassen eines Schiffes bei Schichtwechsel. Sie mußte die Leitern im Inneren der Luftschleusen hinauf- und außen wieder hinuntersteigen. (Associated Scottish Newspapers)

*Rechts:* J. Robertson, Schiffbauer, in einem Schiff auf dem Meeresboden. Dieses ist eine Blitzlichtaufnahme, da sonst alles dunkel war. (Associated Scottish Newspapers)

*Unten:* Cowan, der Chemiker, an Bord des Bergungsfahrzeuges »Bertha« mit seinem Gerät zur Untersuchung der Luft. (Associated Scottish Newspapers)

spitze zu einem bei der Insel Cava gesunkenen Zerstörer scheren ließ. Wie zu erwarten gewesen war, brachen die Leinen wie Violinsaiten, und wieder einmal krängte »Hindenburg« weiter und ging auf Tiefe.

Insgesamt acht 30 cm- und dreißig 15 cm-Pumpen wurden an Bord gebracht, die 3600 t Wasser in der Stunde auspumpen konnten. Die Tauchermannschaft zurrte die Schottüren in der vorderen Abteilung fest, so daß das Wasser zum Heck und Bug entsprechend deren eigenem Auftrieb ablaufen konnte. Andernfalls wäre das Wasser in den Abteilungen festgehalten worden, hätte den Trimm des Schiffes verändert und unzulässige Belastung auf die Außenhaut ausgeübt. Taucher hatten bereits ihre Besorgnisse über die starken Durchbiegungen einiger Schotten infolge derartiger Belastungen geäußert. Als das Pumpen aber begann, fiel das Wasser in weit geringerem Maße als berechnet worden war: eine Folgewirkung der großen Zahl kleinerer Leckagen, die jetzt erst sichtbar wurden. Nach vier bis fünf Monaten harter Arbeit waren sie beseitigt und der Bug begann sich zu heben. Das Schiff mußte aber nochmals geflutet werden, um neue Löcher zu finden, durch die Absaugrohre eingeführt werden konnten.

Die Männer an Bord waren damit beschäftigt, die großen Pumpgeräte im Schiff nach unten zu schaffen, wenn der Wasserspiegel sich senkte. Um das möglich zu machen, mußten die stählernen Decks mit Azetylensauerstoff-Schneidbrennern aufgeschnitten werden – eine auf den glitschigen Stahlplatten gefährliche Arbeit. Die Pumpen wurden Tag und Nacht am Laufen gehalten, und am fünften Tag kam der Bug aus der Tiefe nach oben. Die Aufregung schaffte sich Luft in einem lauten Hurrageschrei, obwohl die Männer schon 25 Zerstörer vom Meeresgrund hatten heraufkommen sehen und das hier nur als »eben wieder ein Schiff« betrachtet haben könnten.

»Hindenburg« schwamm wieder oben, als am 2. September ein erheblicher Teil der Arbeit wieder zunichte gemacht wurde durch einen unbarmherzigen Nordweststurm, der die ganze Nacht andauerte, das Dock zum Schlingern und auch »Hindenburg« in Bewegung brachte. Es gab Ärger mit den Pumpen und den Dynamos, und die großen Wasserrohrkessel fielen aus. Durch ihren Ausfall waren die wichtigsten und brauchbarsten Pumpgeräte vollständig ohne Strom, während die restlichen Pumpen völlig unzureichend waren, das Schiff aufrecht zu halten. Cox versuchte, Dampf für die Maschinen der Generatoraggregate von dem starken Schlepper zu bekommen, der längsseits des Hebepontons festgemacht war. Wegen der geringen Qualität der fremden Kohle und des Festliegens des Schiffes konnte aber kein genügender Dampfdruck erreicht werden. Es waren schon so viele Flicken zerstört, daß »Hindenburg« rasch zu sinken begann. Weitere 10 000 Pfund waren verloren zusätzlich zu den 20 000, die bereits ausgegeben worden waren. Cox war nicht der Mann, der eine Niederlage hinnahm, aber die Umstände waren gegen ihn, und weitere Versuche, »Hindenburg« in diesem Jahre zu bergen, wurden aufgegeben, zum Teil auch, weil das Wetter in dieser Jahreszeit so unbeständig war.

# 8. »Moltke's« letzte Fahrt

Am Tage nach der zeitweiligen Aufgabe der Bergungsversuche mit »Hindenburg« kletterte Cox auf den Boden des Schlachtkreuzers »Moltke«, der bei Niedrigwasser eben überspült zwischen Little Rysa und Cava lag. Er lag kieloben auf 24 Meter Wasser und bildete von allen Schiffen in Scapa Flow die größte Gefahr für die Schiffahrt. Er lag auf ziemlich ebenem, aber weichem Grund mit einer Schlagseite von ungefähr 17 Grad.

»Moltke« war eine gegenüber »von der Tann« vergrößerte Klasse und hatte den gleichen Panzerschutz wie ein Linienschiff. Fünf Paar 28 cm-Geschütze waren in fünf Türmen in der Mittschiffslinie aufgestellt. Diese Anordnung der Türme entsprach der der Schiffe der »Kaiser«-Klasse, aber der geringere Freibord hatte zur Folge, daß die Back bei jedem schweren Seegang überspült wurde. Die Besatzungen hatten »Moltke« immer als ein glückliches Schiff angesehen.

Von den 100 000 Pfund, mit denen Cox sein Unternehmen begonnen hatte, waren nur noch 10 000 übrig geblieben, aber »Moltke« hatte einen beträchtlichen Schrottwert. Eine Untersuchungsmannschaft hatte berichtet, daß die Bodenventile und anderen Öffnungen von außen abgedichtet werden könnten. Auf der Bootsbarring befand sich noch ein großes Beiboot mit doppelter Eichenbeplankung in einem ausgezeichneten Zustand. Das Boot wurde heruntergenommen, an die Oberfläche geholt und gut erhalten an Land geschleppt. Das Wasser im Schiffskörper von »Moltke«

konnte nach Abdichten der Öffnungen durch Zufuhr von Preßluft herausgepumpt werden. Die Decksöffnungen waren geeignete Entlüftungen zum Ablassen der sich ausdehnenden Luft, wenn das Schiff an die Oberfläche kam. *Petersen,* Cox' Taucherchef, berichtete, es sei reichlich Platz vorhanden, um Schornsteine, den zusammengebrochenen vorderen Mast und alle anderen Hindernisse abzusprengen, die ein Aufschwimmen des Schiffes verhindern könnten. Auf diesem wie auch auf einigen anderen Schiffen waren die Bedienungseinrichtungen für die Panzertüren, die mehrere Tonnen wogen, zerstört worden und machten den Bergungsmannschaften viel zusätzliche Arbeit. 30,5 cm harter Stahl in Höhe der mittleren Abteilungen, der sich vorn und achtern bis auf 10 cm verjüngte, bildete den Gürtelpanzer und ein 30,5 cm-Panzer umgab den Hauptkommandostand. Algen und andere Unterwasserpflanzen auf dem Schiffsboden und an der Außenhaut waren so hoch wie ein Taucherhelm und so dick, daß sie nur mit Messern und Beilen entfernt werden konnten, wobei einige der Stiele so stark wie das Handgelenk eines Mannes waren. Dieser ganze Bewuchs mußte aus dem Wege geräumt werden, bevor die Bodenventile gefunden werden konnten.

Nach sorgsamer Erwägung aller Möglichkeiten entschloß sich Cox, Preßluft anzuwenden. Das war nichts Neues. Preßluft war schon 1909 benutzt worden, um den Dampfer »Fleswick« zu heben, der nach einer Kollision im Hafen Cork (Südirland) gesunken war. 1925 hatte Captain *John Iron* sie zum Heben des Monitors »Glatton« benutzt, der kieloben seit 1918 im Hafen von Dover gelegen hatte. General *Ferranti* und Major *Gianelli* hatten Preßluft verwendet, um »Leonardo da Vinci«, ein italienisches Linienschiff von 24 000 t mit 13–30,5 cm-Geschützen zu heben, die in der Nacht des 2. August 1916 mit einer Bombe, die heimlich in eine seiner Munitionskammern gelegt worden war, durch Sabotage gesprengt und im Hafen von Tarent gesunken war. Es hatte auf

11 Meter Wasser gelegen, und seine auf dem Meeresboden aufliegenden Geschütztürme und Schornsteine waren so weit in den Schiffskörper hineingedrückt worden, bis das Oberdeck auf dem Grund des Hafens lag. Als das Schiff etwa 10 Meter tief in den Schlamm eingesunken war, waren die Schornsteine auf eine Tonschicht gestoßen, die ein noch tieferes Absinken aufhielt.

Obwohl das allgemeine Prinzip der Verwendung von Preßluft damit außer Frage stand, war das Verfahren doch für Cox neu. Außerdem brachte jedes Schiff seine eigenen besonderen Probleme mit sich. Cox hatte einen Bericht über die Bergung in Tarent gelesen. Er erhielt weitere Hilfe durch Major Gianelli, der nach Scapa Flow kam, um sich die dortigen Arbeiten anzusehen und mit ihm Erfahrungen auszutauschen über die Art und Weise, in der sie beide an ihr Bergungsunternehmen herangingen. Der wesentliche Unterschied zwischen der Lage des italienischen Schiffes und der von »Moltke« lag darin, daß das erstere in ruhigem Wasser mit einer Schlagseite von nur acht Grad auf Grund lag, während »Moltke's« Schlagseite 17 Grad betrug und kieloben in einem Gewässer lag, das häufig durch Stürme zu einem wilden Seegang aufgepeitscht wurde. Ein Schiff mit geringerer Schlagseite würde sich beim Heben mit Preßluft von alleine aufrichten, das war aber bei viel stärkerer Schlagseite nicht der Fall.

Nach Ablauf einer Woche unfreundlichen, winterlichen Wetters mit Oktoberstürmen, die alle Arbeiten zum Erliegen brachten, wurde Zement zum Dichten der Bodenventile und der unteren Torpedorohre verwendet und Anschlüsse für Preßluftschläuche entlang der Außenhaut angebracht. Die Kompressoren liefen Tag und Nacht. Um das Schiffsgewicht zu vermindern, wurde der über Wasser liegende riesige Propeller gelöst, von der Welle abgezogen und aufgeheißt. Zehn Tage nach Beginn des Einpumpens von Luft durchbrach das Vorschiff die Wasseroberfläche, aber das Heck war noch unter Wasser. Das Schiff nahm überdies eine bedenkliche Schlagseite an. Nachdem festgestellt wurde, daß es nicht wasserdicht war, mußte es wohl oder übel wieder auf Grund abgesenkt werden.

Jetzt mußten Taucher unter Preßluft im Inneren des Schiffes arbeiten, um die Ventile der Querschotten zu dichten und auf diese Weise das Schiff in wasserdichte Abteilungen zu unterteilen. Zeichnungen waren nicht vorhanden, so daß keine andere Wahl blieb als die Außenhaut aufzuschneiden und eine Luftschleuse auf dem Teil des Schiffsbodens anzubringen, der bei Niedrigwasser herauskam. Die Taucher bemerkten dazu, daß bei dem trübgrauen Himmel des Nordens mit seinem schneidenden kalten Wind die Arbeit unter Wasser das beste wäre und sie sich dabei recht wohl fühlten. Oben gingen häufig die Seen über das Boot hinweg, von dem die Taucherarbeit geleitet wurde.

Eine Luftschleuse ist ein wasserdichter Hohlraum mit einer Stahlumwandung, der angewendet wird, um das Entweichen von Preßluft aus dem Schiffskörper zu verhindern, während Männer in ihm in dem Luftraum arbeiten, der von der Preßluft über dem Wasserspiegel geschaffen wird. Eine Luke oder Tür an jedem Ende der Schleuse macht den sicheren Zugang von Männern oder das Einbringen von Werkzeugen und Material möglich, wobei das äußere Luk geöffnet wird, während das andere, das zu dem unter Überdruck stehenden Raum führt, geschlossen bleibt. Wenn das zur Außenluft führende Luk geschlossen ist, muß ein Ventil geöffnet werden, das Druckluft in die Schleuse einläßt. Wenn der Druck in der Schleuse der gleiche ist wie der im Inneren des Schiffes, kann man das untere Luk öffnen und in den Schiffskörper einsteigen. Beim Aussteigen spielt sich der Druckausgleich in umgekehrter Reihenfolge ab. Das erste Einsteigen in eine Luftschleuse konnte zu einem schreckensreichen Erlebnis werden, denn beim Öffnen des Druckeinlaßventiles innen gab es ein Zischen, als ob sämtliche Dampfmaschinen der Welt Dampf abbliesen. Beim Hereinströmen komprimierter Luft aus dem Schiffsinneren wurde es dann so dick wie in einem der guten altbekannten Londoner Nebel, und man hatte das Gefühl, daß einem die Trommelfelle platzen würden.

Da Cox noch keine Preßluft angewandt hatte, besaß er auch noch keine Erfahrung mit Luftschleusen, obgleich sie schon seit über 70 Jahren in Gebrauch waren.

Der Anbringungsort für jede Luftschleuse wurde von Tauchern auf dem Schiffsboden markiert. Dann wurden um die Stelle herum unten Winkeleisen angebracht, um die Luftschleuse genau placieren zu können, wenn die Zeit zu ihrem Anpassen gekommen war. In der Zwischenzeit schweißten andere Taucher Halterungsaugen zur Befestigung der Haltestangen an.

Die erste von Cox angefertigte Luftschleuse war noch unausgereift, aber doch zufriedenstellend, dann wurden weitere gebaut. Die Röhren wurden aus nicht mehr gebrauchten Stahlkesseln gefertigt, die einen Durchmesser von 1,85 und eine Länge von 3,70 Metern hatten. Sie wurden in Sektionen hergestellt, aber in einem Stück zu dem Wrack hinausgeschafft, um die Taucherarbeiten in tiefem Wasser auf ein Minimum zu beschränken. Außen und innen wurden Eisenleitern angebracht. Dann wurde die Schleuse an den Anbringungsort gebracht, fest verschraubt und vollständig abgedichtet. Bei der Placierung der Luftschleusen mußte sehr sorgfältig vorgegangen werden, um von Spanten und Bändern an der Schiffsaußenhaut freizubleiben. Mit diesem Durchmesser von 1,85 m mußte dann ein Mann eine Öffnung mit einem Schneidebrenner in den Schiffsboden schneiden. Wegen der Möglichkeit des Auftretens besonderer Schwierigkeiten stieg McKenzie zusammen mit dem ersten Arbeiter, der mit den Schneidearbeiten anfangen sollte, in die Luftschleuse ein. Die dabei gemachten Erfahrungen waren sehr unerfreulich, denn beim Kentern des Schiffes war Heizöl und Bilgenwasser über alle Teile gelaufen. Die große Hitze beim Schweißen hatte einen widerlichen, erstickenden Qualm von verbrannter Mennige, Öl, Farbe und verschmutztem Bilgenwasser zur Folge, der in die Luftschleuse drang. Die beiden Männer kletterten in großer Eile wieder hinaus, erholten sich an der frischen Luft aber bald wieder.

Die erste Luftschleuse wurde über dem vorderen Kesselraum in

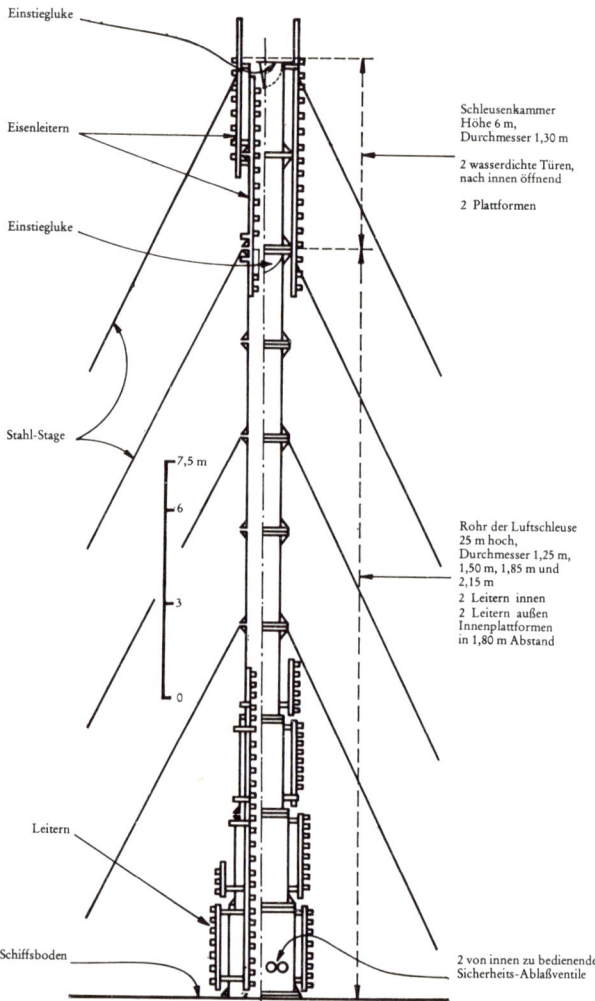

*Zeichnung 2* grundsätzlicher Aufbau einer 30-m-Luftschleuse

der Nähe des vorderen Querschotts angebracht. Nachdem eine zweite befestigt worden war, konnten die Männer innerhalb des Schiffskörpers ohne Störung durch schlechtes Wetter arbeiten, weil das Schiff noch ohne Auftrieb auf dem Grunde lag. Hunderte von kleinen Undichtigkeiten in der Außenhaut mußten beseitigt werden. Die Druckluft in der Abteilung half dabei mit, daß alles, was in ein Loch hineingepfropft wurde, dort haften blieb. Deshalb war das Abdichten leichter als es bei »Hindenburg« der Fall gewesen war. Die Arbeit mußte unterbrochen werden, wenn stürmisches Wetter den Transport der Arbeiter zwischen Schiff und Land unmöglich machte. Selbst unter besten Wetterbedingungen waren aber die Schwierigkeiten sehr groß, eine große Luftschleuse, die an einem Kran hing, unter Wasser bei Strom an einem steil abfallenden Kiel zu befestigen.

Innerhalb des Schiffskörpers fanden die Taucher ein unbeschreibliches Durcheinander von Maschinen, Rohrleitungen, und allem möglichen, was losgebrochen war, als »Moltke« gekentert war. Die meisten Metallteile waren verrostet, und alles war dick von Schlick, mit Kohlenstaub und Heizöl vermischt, überzogen. Die Taucher hatten zwar elektrische Unterwasserlampen und Telefone, aber es bestand stets die Gefahr von Kurzschlüssen, abgesehen von dem ständigen Risiko, daß die Luftleitungen durch scharfkantige Metallteile zerschnitten wurden. Sicherheitshalber arbeiteten sie zu zweit. Die Arbeitsbedingungen waren oftmals schrecklich, aber indem sie in Gruppen ober- und unterhalb der Wasserlinie arbeiteten, hatten sie schließlich drei wasserdichte Abteilungen im Schiff erreicht – im Vorschiff, am Heck und mittschiffs. Dann wurden Mannlöcher durch die Schotten, die die verschiedenen Abteilungen voneinander trennten, geschnitten und elektrische Kabel durch sie verlegt, so daß für die Arbeit elektrische Lampen angebracht werden konnten.

McKenzie beschrieb die gewaltige Arbeitsmenge, die geleistet werden mußte, bevor ein Schiff zum Heben fertig war: alle Rohrleitungen mit Durchmessern zwischen 1 und 45 cm mußten beiderseits der Schottwände abgeschnitten und mit besonders angefertigten Weichholzpfropfen abgedichtet werden. Die Pfropfen mit Mennigekitt wurden eingetrieben und, wenn sie mehr als 7,5 cm Durchmesser hatten, an einer passenden Stelle verstrebt. Zementflicken für alle Räume bis zu einer Größe von 5 mal 6 Metern für Kesselräume usw. wurden an ihren Anbringungsstellen festgehalten durch Verschlüsse und Querbalken, die Kanten mit Werg oder Talg abgedichtet. Die Gummidichtungsstreifen an vielen wasserdichten Türen waren verschwunden, und die Türen selber waren beim Wassereinbruch beim Kentern der Schiffe stark verbogen. Diese Türen mußten mit Gewalt geöffnet und mit Werg, Filz oder Schiemannsgarn, die mit Mennige getränkt waren, wieder verschlossen werden. Sülls mußten gereinigt und mit einer Feile zum Glätten von Unebenheiten bearbeitet werden. Danach mußten die Türen wieder geschlossen und abgestützt werden. Besonders stark verbeulte Türen waren ganz herauszunehmen und die entstehenden Öffnungen zu verschließen oder dichtzuzementieren oder aber mit eingepaßten und festen Holzflicken, die mit Dichtungsauflagen versehen waren, abgedichtet werden. Auch diese Flicken mußten besonders angefertigt werden. Für die Heizräume und Bunker mußten eigens Gerüste gebaut werden, um an die Türen heranzukommen, die zu verschließen waren: die Schiffe lagen ja kieloben und die Türen befanden sich bis zu 6 Metern *über* dem nächstgelegenen Deck. Eine große Zahl von Räumen war auf normalem Wege nicht zugänglich, deswegen war es nötig, Panzerplatten bis zu einer Stärke von 7,5 cm und Hunderte von Verschalungen zu durchbohren sowie neue Leitern anzufertigen, bevor die eigentlichen Bergungsvorbereitungen weitergehen konnte. Nachdem alle Querschotten wirksam abgedichtet worden waren, mußte das Längsschiff-Panzerschott, das auf beiden Seiten die Bunkerwände bildete, in ähnlicher Weise hergerichtet werden, so daß man die Schlagseite des Schiffes beherrschte, bevor es gehoben werden konnte. Nachdem die Schotten bis zu einem niedrigen Wasserspiegel hinunter abgedichtet worden waren, mußte besondere Vorsorge getroffen werden für den Fall, daß das Schiff vorzeitig hochkam; deswegen durften zur gleichen Zeit nie mehr als zwei Abteilungen ausgeblasen werden; die anderen Abteilungen wurden dann entlüftet, und man ließ den Wasserspiegel so weit ansteigen, daß ein Untertrieb bestehen blieb. A.S. Thomson, der seinerzeit das Versenken der Flotte von einem Hügel bei Lyness mitangesehen hatte, leitete diesen Teil der Arbeiten. Wenn er sich an diese Zeit erinnerte, erzählte er, daß keine besondere Schutzbekleidung getragen wurde, und daß das Schlimmste an der Arbeit gewesen sei, im Winterwetter aus dem Oberteil einer Luftschleuse herauszukommen und dann im schneidenden Wind an dem schrägen Schleusenrohr hinuntersteigen zu müssen.

McKenzie hatte die Aufsicht über die Gruppe, die im Inneren des Schiffes die Seitenbunker abdichtete. Einmal gab es beinahe eine Panik, als die Luft anfing dunstig zu werden, ein Anzeichen, daß ein Druckabfall eintrat und daß das Wasser im Schiffskörper steigen würde. McKenzie gab sofort Anweisung, die Arbeiten einzustellen und ordnete an, daß die Männer das Schiff verließen. Dazu mußten einige von ihnen durch vier Mannlöcher in den Schottwänden zurückklettern, bis sie, nach Ausfall des Lichtes ihren Weg abtastend, den Einstieg in die Luftschleuse erreichten. Die entweichende Luft blies ihnen dabei ihre Jacken mit Sturmstärke über die Köpfe. Dann stellte sich heraus, daß die Luft nur zum Vorderteil des Schiffes strömte, das höher gestiegen war. Das Ganze war durch Schließen eines Ventiles von einem Mann verursacht worden, der eine Anweisung mißverstanden hatte.

Im Mai 1927 war das Schiff wasserdicht und alle Abteilungen konnten einzeln oder gemeinsam mit Druckluft gefüllt werden. Es bot sich ein erregendes und lärmendes Schauspiel mit dem Dröhnen der Kompressoren auf dem Schlepper und »Moltke«, von Gummischläuchen aller Art umgeben, die sich in den Wellen der See wie große Seeschlangen wanden, während ein Labyrinth von elektrischen Kabeln die im Schiff aufgestellten Pumpen mit Strom versorgte. Bevor das Heben erfolgte, wurden die größten Abteilungen unter Druckluft gesetzt, so daß das Schiff in den Bereich von weniger als etwa 1000 t bis zum Erreichen des berechneten Wertes für einen Auftrieb kam. Zunächst wurde Druck auf die unteren Bunker gegeben, bis die Schlagseite geringer wurde, danach auf die oberen Seitenbunker bis zum Ausgleich des Drucks auf beiden Seiten und kurz bevor der Krängungsanzeiger Null anzeigte. Dann wurde je nach Bedarf in allen Abteilungen der Luftdruck erhöht. Hebungen wurden immer bei niedrigem Wasserstand vorgenommen. So wurde aus der geringeren Wassersäule über dem Schiff weitmöglich Vorteil gezogen, und umso größer war die Menge des aus seinem Inneren verdrängten Wassers.

Aber ob sich nun »Moltke« über den Bug oder über das Heck hob, immer hatte er eine starke Schlagseite. Deshalb wurden ein Zerstörer und ein Ponton an der Steuerbordseite festgemacht und abgesenkt, um diese unten festzuhalten, und die beiden größten Docks wurden an Backbordseite längsseit genommen. Die Tauchergruppe brachte dann zwanzig 23 cm-Stahlleinen aus und schäkelte ihre Enden an den Geschütztürmen an. Bei Niedrigwasser wurden die Leinen mit den Winschen auf den Docks eingeholt, bis sie steif gesetzt waren. Die vereinte Kraft der steigenden Tide, des Hebens mit mechanischer Energie und die Preßluft brachten das Schiff zum Steigen. Es hatte aber nicht nur immer noch Schlagseite, sondern eine der 23 cm-Stahlleinen brach, und danach folgte eine ganze Reihe von explosionsartigen Geräuschen, als weitere in einer Kettenreaktion losrissen. Die Hebung wurde abgebrochen. »Moltke« wurde wieder auf den Grund abgesenkt und Taucher gingen runter, um die Ursachen festzustellen. Sie berichteten, daß die Stahlleinen, obwohl sie den Zug ausgehalten hatten, an den scharfen Kanten des Decks zu Bruch gegangen waren. Deshalb wurden Eisenunterlagen angefertigt, über die die Trossen geführt wurden. Dann wurden neue ausgebracht und der Schiffskörper nochmals von innen und außen gründlich untersucht.

Alle Luftschleusen waren mit besonders geeichten Manometern mit 35 cm großen Skalenscheiben ausgestattet, so daß der Druck in jeder Abteilung auf das genaueste abgelesen werden konnte. Männer mit Schwimmwesten wurden oben auf allen Luftschleusen postiert, um den Druck auf Tafeln aufzuschreiben. Die Tafeln wurden hochgehoben, die Zahlen von den Bergungsleitern auf den Schleppern mit Doppelgläsern abgelesen und Anweisungen durch Megaphone zugerufen, so daß Lufteinlaß- und Auslaßventile so reguliert werden konnten, wie es nötig war. Die großen Auslaßventile am oberen Ende jeder Luftschleuse machten es möglich, den Luftdruck in den Abteilungen gleichmäßig zu regeln und so lange Untertrieb beizubehalten, bis alles zum letzten Hebevorgang fertig war.

Als der Auftrieb in den vorderen Abteilungen zunahm und das Haftmoment, mit der sich die Aufbauten im Schlick festgesaugt hatten, überwunden war, setzte eine langsame Aufwärtsbewegung von etwa $1/2$ m pro Minute ein. Und dann schoß »Moltke« infolge der Auftriebskraft der sich ausdehnenden Luft an die Oberfläche, als binnen weniger Sekunden über 40 000 cbm freiwerdender Luft sich plötzlich ausdehnten und richtige Wasserhosen aufwarfen. Das Schiff hatte immer noch Schlagseite, die aber auf nur zwei Grad abnahm, als der Schiffskörper über 6 Meter aus dem Wasser kam. Die Leute auf den Luftschleusen mußten sich gut festhalten, bis das Schiff in eine ruhige Lage kam, und einer von ihnen meinte bekümmert: »Ich verstehe nichts von Schwimmwesten. Leuchtende Fallschirme sind es, die wir hier oben brauchen.«

Ein Arbeiter in einem Boot hatte seine Vorleine an »Moltke« festgemacht und war gerade dabei, in eine Luftschleuse einzusteigen, als das Schiff nach oben kam. Er bemerkte die Aufwärtsbewegung, blickte nach unten und sah erstaunt, daß sein kleines Boot senkrecht an der Vorleine hing. Schlepper verteilten sich schnell um das Schiff und machten ihre Leinen fest. Die schweren Ketten, mit denen »Moltke« an den Docks festgemacht wurde, wurden aufgebojt und ausgefahren. Während der neunmonatigen Arbeit auf »Moltke« arbeiteten 30 Männer täglich acht Stunden im Schiff unter Luftdruck zwischen 1 und 1,6 kg/cm², und sechs Taucher arbeiteten sechs Stunden täglich unter einem Höchstdruck bis zu 2,5 kg/cm².

Wenn ein Schiff gehoben und in sicherem Schwimmzustand war, wurden natürlich die großen Luftschleusen nicht mehr gebraucht. Sie wurden deshalb nach Festmachen an der Kaimauer abmontiert und für die Verwendung auf anderen Wracks aufbewahrt. An ihrer Stelle wurden für die Fahrt in Schlepp kleine Luftschleusen von 6 Metern Höhe angebracht.

Cox erbat und erhielt die Erlaubnis der Admiralität, »Moltke« kieloben in ihr Dock in Rosyth zu bringen. (»Leonardo da Vinci« war auch auf diese Weise geschleppt worden, aber nur durch den Hafen von Tarent.) Dann mußte er eine 8000-Pfund-Versicherung in Höhe von zwei Dritteln des Schiffswertes finden, das restliche Drittel hatte er selber zu tragen. Außerdem hatte er »Moltke« der Admiralität zu übereignen für den Fall, daß möglicherweise das Dock in Rosyth beschädigt wurde.

Am 16. Juni begann das Abschleppen zur Pier von Lyness. Während das Schiff sich noch zwischen den beiden Schwimmdocks befand, kam es plötzlich zum Stehen und die Schlepptroß brach. Die Schlepper konnten es nicht wieder in Bewegung setzen. Taucher stiegen hinunter und stellten fest, daß eins der schweren 28 cm-Geschütze sich nach vorn gesenkt und mit der Rohrmündung auf

Grund gestoßen war; mit jedem neuen Versuch, das Schiff vorauszuschleppen, bohrte sie sich tiefer hinein. Am nächsten Tage wurde das Geschütz abgesprengt. Sechs neue Hebetrossen wurden unter dem Vorschiff durchgenommen und bei Niedrigwasser steifgesetzt. Als es mit der nächsten Flut aufschwamm, kam es über zwei Meter höher aus dem Wasser als vorher und wurde endlich mit Erfolg in der Nähe der Pier von Lyness auf Strand gesetzt. Die Oberkante war jetzt bei niedrigem Wasserstand 6 Meter über Wasser.

Am nächsten Morgen schickte Cox eine Arbeitsgruppe zum Beginn der Arbeit an der »Seydlitz« hinaus. Gleichzeitig wurde das Bergungsgerät von »Moltke« ausgebaut, der für das Schleppen nach Rosyth klargemacht wurde. Auch dieser Teil der Bergungsarbeiten war von Einfallsreichtum gekennzeichnet. »Moltke's« Schiffsboden, jetzt bei jedem Wasserstand hoch und trocken, wurde zu einer Nebenbahnstrecke, als das Gleis auf der Pier aufgenommen und auf der kieloben liegenden Außenhaut wieder ausgelegt wurde. Zwei Meter breite viereckige Öffnungen wurden über den Maschinen- und Kesselräumen, wo vorher die Luftschleusen gewesen waren, herausgeschnitten. Eine kleine Maschine zog einen Dreitonnen-Kran über das Gleis. Unten im Schiff wurde alles, was des Abmontierens wert war, mit Schneidbrennern in kleine Stücke zerteilt, so daß sie durch die Löcher im Boden hindurchgingen. Der Kran holte 3000 t Metall heraus. Dockabteilungen wurden längsseit gelegt, und ihre Zehntonnenkräne mit Auslegern hoben die Metallteile an Land. Die wesentlichen Bestandteile von »Moltke« waren: 1700 t Stahl sowie Schmiede- und Gußeisen-Schrott, 200 t Panzer und 312 t Nichteisenmetalle, die aus Kupfer, Messing, Manganbronze und Geschützmetall bestanden. Der Geschützstahl wurde wegen seines großen Gehaltes an Nickel und Chrom sehr geschätzt, die mit anderem Material zur Herstellung von Stahllegierungen verwertet werden konnten. Zu leichterem Transport wurden Platten zu Schmelzofengröße zerschnitten. Kesselwände und -rohre waren wertvoll wegen ihres geringen Phosphor- und Schwefelgehaltes, während die zur Befestigung von Panzerplatten verwendeten Schrauben und Nieten einen hohen Nickelgehalt besaßen.

Schließlich war »Moltke« klar zur Schleppfahrt. Die Schlepptroß des Kopfschleppers war eine halbe Meile lang, außer wenn sie beim Eintritt in ruhiges Fahrwasser gekürzt wurde. Eine Küche, Kojenaufbau und ein Aufenthaltsraum waren auf den breiten Schiffsboden aufgesetzt worden, ebenso ein Kraftwerk mit Kompressoren, die stark genug waren, während der 200 Seemeilen langen Schleppfahrt durch den Pentland Firth und die offene Nordsee zum Trockendock der Admiralität in Rosyth den Luftdruck im Schiffskörper aufrechtzuerhalten. Zusätzliche Schlepper wurden benötigt, aber britische und holländische Firmen lehnten den Auftrag ab, wenn Cox ihnen nicht Bezahlung auch bei einem Fehlschlag des Unternehmens garantierte. Schließlich wurde mit der Hamburger *Bugsier*-Reederei und Bergungs-A.G. Übereinkunft erzielt, deren starke Hochseeschlepper »Seefalke«, »Simson« und »Pontos« in Scapa Flow eintrafen. Der erste Versuch zum Abschleppen des Rumpfes schlug fehl, weil die Schlepperkapitäne sich nicht einigen konnten, aber am Freitag, den 18. Mai 1928 trat »Moltke« kieloben die letzte Fahrt an. Die Wettervorhersage war günstig, als der Schleppzug Lyness verließ. Die Cantic-Einfahrt wurde sicher passiert, und die Schlepper nahmen Swona voraus, wurden aber bei ihren Bemühungen, »Moltke« von den Felsen frei zu halten, auf eine harte Probe gestellt. Auf Westkurs gerieten sie in schlechtes Wetter, das sehr bald zu einem tobenden Sturm wurde. Umkehr war unmöglich, und so wurden nach kurzer Zeit die Schlepper von »Moltke« in die entgegengesetzte Richtung geschleppt, die sie mit äußerster Kraft steuerten. »Moltke« schlingerte in der hohen See, die die für die Besatzung angebrachten

*Oben:* Arbeiter in Schutzanzügen bei der Arbeit unter Überdruck im Inneren eines Wracks auf dem Grund. (Associated Scottish Newspapers)
*Unten:* Männer beim Einsteigen in die Druckkammer auf »Bertha« zur Behandlung gegen die Taucherkrankheit oder die Bildung von »Gasblasen«. (Associated Scottish Newspapers)

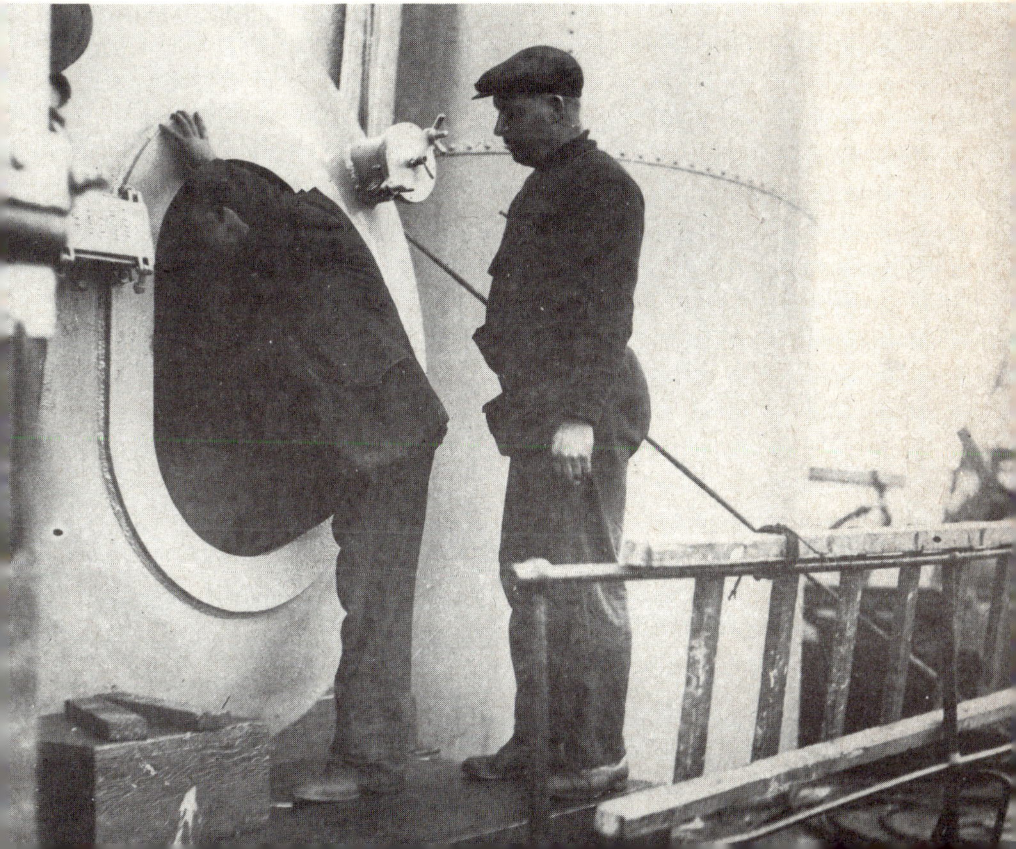

*Oben:* Taucher bei Außenarbeiten an einem Wrack. S. McKenzie an der Leiter und P. Taylor, der sich klarmacht zum Tauchen. (Associated Scottish Newspapers)

*Unten:* »Bayern« unmittelbar nach dem Heben. (Shipbreaking Industries)

*Links:* »Bayern« beim Passieren unter der Forth-Brücke auf dem Wege zum Abwracken.
(Shipbreaking Industries)

*Unten:* »Bayern« bei Ansteuerung der Forth-Brücke im Schlepp von drei starken holländischen Schleppern »Zwarte Zee«, »Witte Zee« und »Ganges«. (Shipbreaking Industries)

*Oben:* »Bayern« beim Eindocken in Rosyth am 30. April 1935. (Norval)
*Unten:* Schlepper bringen »Bayern« in den Firth of Forth. (Norval)

Decksaufbauten und Schutzwände für die Kompressoren überspülte. Zeitweilig war der rostige Schiffsrumpf überhaupt nicht zu sehen, das Wasser stand knietief im Deckshaus. Da Druckluft aus dem Schiffskörper in großen Blasen entwich, sank er um zwei Meter tiefer und schlingerte bis zu 12 Grad nach jeder Seite. Der Schleppzug trieb an Snelsetter, Aith Hope und Torness vorüber und kam dann in offene See. Dann ließ der Strom nach, der Wind flaute ab, und die Schlepper bekamen »Moltke« wieder in die Gewalt, so daß das Schlingern abnahm und der Luftverlust aufhörte. Der Himmel klarte auf, die Kompressoren stellten den verlorenen Auftrieb wieder her und die »Sidonia«, die längsseit gebracht worden war, um Luftleitungen wieder anzuschließen, konnte wieder ablegen. Noch vor 8 Uhr wurde Duncansby Head (Nordostspitze Schottlands) umrundet.

Aber man war nur einer Gefahr entronnen, um in eine andere zu geraten. Es war vorbereitet worden, daß ein Lotse der Admiralität den Schleppzug bei Inchkeith erwarten sollte. Jedoch war ein Lotse für den Firth of Forth zuerst an Bord, und als Cox mit dem Lotsen der Admiralität an Bord kam, weigerte sich der erste Lotse, der von dem Kapitän des deutschen Schleppers angefordert worden war, seinen Platz zu räumen. Während ihres Streites bemerkten die beiden Lotsen nicht, daß die Forth-Brücke schon in bedrohliche Nähe gekommen war, und daß der Strom mit einer Stärke von fünf Knoten die Schlepper auf die eine Seite des mittleren Brückenpfeilers getrieben hatte, während »Moltke« auf der anderen war. Die Schlepptroß verfing sich an der Insel Inchgarvie in der Mitte des Forth und riß das Schleppgeschirr am Heck eines der Schlepper ab. Ein Schlepper schrammte den vor dem Brückenpfeiler gelegenen Felsen, glücklicherweise ohne Schaden anzurichten. Schnell wurde die Schlepptroß geschlippt. Cox wagte gar nicht hinzusehen, denn wenn der Mittelteil der Brücke von diesem ungeheuren Gewicht getroffen würde, hätten ihn die Kosten des

145

dabei entstehenden Schadens ruinieren können. Aber kieloben, ohne Maschine und ohne Steuer trieb »Moltke« sicher unter der mittleren Brückenöffnung hindurch; die Schlepper, einer an jeder Seite und einer voraus als Kopfschlepper, nahmen ihn wieder auf den Haken und brachten ihn nach Rosyth.

Um in das Trockendock in Rosyth zu gelangen, mußte ein Fahrzeug im inneren Hafenbecken um 90 Grad gedreht werden, um dann in eines von drei Trockendocks einlaufen zu können. Die Begrenzung des Tiefganges eines Schiffes ist der Drempel der Dockgrube (ein Süll) an der Innenseite des Docktores. Dieser hatte eine Tiefe von etwas mehr als 12 Metern bei Hochwasser während normaler Springzeit. Nach Entfernung der Aufbauten hatten die Rümpfe selten mehr als 30 cm Spielraum bei einem Tiefgang von 11,9 m. Es bestand aber immer die Möglichkeit, daß nach einer bewegten Überfahrt von Scapa Flow irgendeine Strebe oder sonstiges Teil lose herunterhing und das Süll des Docktores beschädigen konnte. In einem Falle versicherten die Dockmeister, daß das Dock beschädigt worden sei, und bestanden darauf, daß es repariert werden müßte. Das Docktor mußte dazu leergepumpt werden. Da der Werft keine Kompressorpumpen zur Verfügung standen, mußten dazu die Pumpen an Bord der Bergungsschlepper benutzt werden. Das dauerte vierzehn Tage. Ein von Aberdeen herbeigeholter Friedhof-Steinmetz stellte fest, daß ein Stückchen Granit von der Größe einer Untertasse aus der Nut, in der das Docktor geführt wurde, herausgebrochen war. Er passte ein neues Stück genau ein, das nach Feststellung des Abnahmebeamten der Admiralität weniger als ein hundertstel Millimeter von dem ursprünglichen Stück abwich. Um solche Vorkommnisse künftig zu verhüten, wurden Klaviersaiten quer vor dem Eingangstor zum Dock gespannt, die 15 und 30 cm höher lagen als der Drempel, aber mehr als hundert Meter vor ihm. Die Saiten wurden seitwärts des Schleusentores hochgeführt und unter starker Spannung mit einer Feder mit Zeiger und einem großen Ausschlag verbunden. Jedes Hindernis, das den Draht berührte, wurde durch eine Bewegung des Zeigers angezeigt, wobei der Abstand der Drähte von dem Süll Zeit gab, das Fahrzeug zum Stoppen zu bringen, bevor ein Schaden angerichtet wurde. Allerdings bedeutete die Notwendigkeit, 25 000 t sofort zum Stehen zu bringen, daß ein Schiff nur im Schneckentempo eingedockt werden konnte. Wenn sich ein Hindernis zeigte, mußte ein Taucher hinunter, um es abzuschneiden. Als zusätzliche Sicherung bewaffnete sich einer der Dockmeister mit einem Instrument von der Größe eines übergroßen Alpenhornes. Ein Ende legte er auf die Klaviersaite, das andere an sein Ohr. Es dauerte nicht lange, und er rief aufgeregt, daß alles zum Stoppen gebracht werden müßte. Es folgte ein großes Gebrüll, bis die Verholleinen das alte Schlachtschiff zum Stehen gebracht hatten. Und dann folgte die einfältige Entschuldigung eines Beamten, der mit rotem Kopf erklärte, daß ein Dockarbeiter auf dem Draht am Rande des Docks mit dem Fuß den Takt zu einer vor sich hingepfiffenen Melodie geschlagen hätte – nun konnte das Eindocken fortgesetzt werden! Als »Moltke« als erstes Schiff sicher eingedockt war, warf Cox mit einem Aufschrei der Erleichterung sein Megaphon in die Luft. Dann sah man ihn im Sturmschritt über den Kiel des Schiffes eilen, von dem aus er das Eindocken dirigiert hatte, um jedem der beiden Taucher einen Geldschein in die Hand zu drücken – für eine Wette mit ihnen, daß das Wrack beim Einschleppen das Süll beschädigen würde, die er nun verloren hatte. Der Schlepper »Sidonian« hatte fünf Stunden während des Eindockens unentwegt bereitgelegen und warf jetzt los. Seine heisere Sirene posaunte die Neuigkeit hinaus, daß »Moltke« sicher eingedockt war. Die Bordwände von »Moltke« waren von wurmartigen Röhren, den Behausungen von kleinen Seelebewesen, bedeckt, und der Rumpf schillerte in allen Regenbogenfarben von Muschel- und Schwammgewächsen, dem Blau der Miesmuscheln und den verschiedenen Farben – rot, orange und bläulich-gelb – von See-Anemonen. Eine große Menge von Geschirr und Gläsern wurde von der Abwrackfirma, der Alloa Shipbreaking Co. Ltd., zutage gefördert, der unheimlichste Fund aber war eine neunschwänzige Katze mit einem kurzen Griff und einem Bündel von Peitschenriemen.[17]

## 9. Die großen Schiffe

Es wurde Januar 1930, bis der nächste Versuch unternommen wurde, »Hindenburg« zu heben. In den ersten drei Monaten des Jahres wurden die Docks klargemacht, neue Maschinen eingebaut, die ganze Ausrüstung überholt und auf viele andere Dinge Aufmerksamkeit verwendet. Inzwischen hatte man mit den anderen Fahrzeugen viele Erfahrungen gesammelt. Als die Taucher »Hindenburg« untersuchten, berichteten sie, daß noch über 500 Flicken wasserdicht waren. Die restlichen 300 wurden entweder neu angefertigt oder instandgesetzt. Ein einziger solcher Flicken kostete 500 Pfund, da die Arbeiten unter Wasser durchgeführt werden mußten.

Um die Stabilität des Schiffes zu verbessern, wurden der schwere vordere Geschützturm, der Dreibeinmast und die Aufbauten von großem Gewicht entfernt. Um ein Kentern des Schiffes beim Anheben des Bugs zu verhindern, wurde ein riesiger Betonkeil von etwa 12 Metern Länge und 9 Metern Breite angefertigt, der an Backbordseite unter das Heck gebracht werden sollte, der Seite, nach der das Schiff Krängung hatte. Er wurde aus dem Maschinenraum eines Zerstörers hergestellt, hinausgeschleppt und mit 600 t Zement für einen Gesamtpreis von 2000 Pfund gefüllt.

Bis Ende Juni war alles fertiggestellt, was möglich war. Große Teile der Aufbauten einschließlich der Geschütztürme waren weggeschnitten worden. Um sicherzustellen, daß die Pumpen an den richtigen Stellen aufgestellt wurden, brachte man vier runde Stahlzylinder von über 2 Metern Durchmesser und einer Länge von 6 Metern über den Luken des Schiffes an und verschraubte sie fest mit dem Deck. Durch die Bodenflansche der Zylinder und durch das Deck des Schiffes wurden Löcher gebohrt. Taucher im Inneren des Schiffes steckten dann Schraubbolzen durch die Löcher, die von an Deck arbeitenden Tauchern angezogen wurden. Nachdem die Zylinder abgedichtet und wasserdicht gemacht worden waren, übten sie die Wirkung von vier Kofferdämmen (wasserdichten Kästen) aus, in die Unterwasserpumpen hinuntergebracht und durch die alles, was von den Pumpen gefördert wurde, nach außen geleitet werden konnte. Diese Kofferdämme erlaubten außerdem einen leichten Zugang zum Schiff oder schufen einen Weg zum Aussteigen, wenn das Pumpen begann. Die beiden vorderen Pumpstellen befanden sich unter der Brücke, und die Eingänge zur Brücke bildeten ihrerseits einen Kofferdamm und einen Weg zum Ein- oder Aussteigen.

Als man mit dem Pumpen anfing und »Hindenburg« zu steigen begann, war das Schiff zunächst stabil. Als aber der Bug 5 Meter höher gekommen war, krängte es von neuem und sank wiederum. Man hielt die Pumpen am Laufen; obwohl aber der Zementblock an der Backbordseite verhinderte, daß es nach dieser Seite umkippte, wies Cox den Bergungsleiter an, noch einen zweiten Block an der Steuerbordseite anzubringen. Dann kehrte er verärgert Scapa Flow den Rücken zu und verschwand erst mal zu einem dreiwöchigen Urlaub.

Während seiner Abwesenheit fanden die Taucher heraus, daß der ganze Verdruß dadurch verursacht wurde, daß die Austritte der Ablaufrohre der Pumpen unter Wasser lagen. Verbesserungen wurden ausgeführt, und dann ging ein Taucher hinunter, um die Arbeiten zu überprüfen. In der Dunkelheit in über 10 m Wassertiefe wurde sein Arm bis zur Schulter in eine 20 cm-Ventilöffnung hineingesogen. Mit 400 Pfund entstehender Kosten mußte wieder

Wasser in das Schiff gelassen werden, um den Außendruck zu verringern. Dann kam der Taucher frei, er hatte nur einen leichten Schock erlitten bei einem Vorgang, der sehr ernste Folgen hätte haben können. Dann wurde wieder weitergepumpt, und am 23. Juli begann das Schiff zu steigen. Es blieb auf ebenem Kiel, aber jetzt fing das Deck an, sich unter der Beanspruchung durchzubiegen. Das Schiff kam weiter in die Höhe und bekam leichte Schlagseite.

Während des Pumpvorganges stellte Cox einen Mann mit Schwimmweste auf das Oberdeck von »Hindenburg«. Er war nicht sehr gefährdet, da genügend Boote bereitlagen für den Fall, daß das Schiff kenterte. Er hatte die Aufgabe, den Krängungswinkel auszurufen, den er auf einem besonderen Anzeiger auf der Brücke ablas. Eine kurze Zeit lang stieg der Winkel in halben Graden von $2^1/_2$ bis auf 6 Grad an, und es sah so aus, als ob die ganze Arbeit wiederum vergebens gewesen wäre. Aber plötzlich kam das Wachsen der Krängung zum Stehen. Nach 15 Minuten war sie bis $6^1/_4$ Grad gestiegen, dann ging sie wieder auf 6 Grad zurück – die Gefahr war vorüber.

Noch war das Oberdeck von dem nicht abgelaufenen Wasser überspült, da war Cox schon der erste an Bord, um die Hebung des größten Schiffes zu feiern, das bisher geborgen worden war. Man sagte, daß er für dieses Unternehmen 30 000 Pfund ausgegeben hatte.

Während das Wasser aus dem Schiffskörper gepumpt wurde, stellte man fest, daß sich das Deck infolge des Druckes verbogen hatte, das Heck war vom Wassergewicht eingedrückt, und die Berichte der Taucher lauteten erschreckend. Cox ging selber hinunter und entschied, daß die Arbeit ohne Gefahr weitergeführt werden könnte.

Am folgenden Tage wurde »Hindenburg« in der Mill Bay auf Grund gesetzt. Mrs. McKenzie, die Frau des Bergungsleiters, hielt das Krähennest des Schiffes für einen herrlichen Platz zum Lesen und Stricken, den sie an einem warmen Sommer-Nachmittag für sich mit Beschlag belegte. Nachdem aber der Ausleger eines Kranes gefährlich gegen den Mast geschwungen war, untersagte ihr Mann ihr eine weitere Benutzung dieser luftigen Plattform.[18]

Am 23. August, 11 Jahre nachdem »Hindenburg« versenkt worden war, nahmen ihn drei Schlepper auf den Haken. Es machte fast den Eindruck, als ob seine Kampfeslust nun endlich gebrochen war, denn er kam nach einem 280 Meilen-Schlepp drei Tage später nach einer Überfahrt ohne Ereignisse in Rosyth im Firth of Forth zum Abwracken an. Interessant war, daß die Firma Metal Industries Ltd. beim Abwracken auf ein Kurbelgehäuse aus Bronze oder möglicherweise Geschützmetall stieß, das vermutlich in einer Zeit hergestellt worden war, als in Deutschland größter Mangel an Kupferlegierungen bestanden hatte.

Inzwischen waren die Arbeiten an der »Seydlitz« wieder aufgenommen worden, die an der Beschießung von Scarborough teilgenommen hatte. »Seydlitz« hatte in dem Rufe gestanden, ein Schiff mit hervorragenden See-Eigenschaften zu sein. Sie war mit einer besonderen Schnellbekohlungsanlage ausgerüstet und hatte sehr günstig angebrachte Bunkerdeckel. Beim Skagerrak war sie öfter als jedes andere überlebende Großkampfschiff getroffen worden und hatte den Hafen nur mit einem unter Wasser stehenden Vorschiff erreicht. Im Grunde genommen war sie eine größere Version von »Moltke« mit größerem Freibord. Sie lag auf der Seite in einer Wassertiefe von 22 Metern, mit der Backbordseite 7 Meter über Wasser, so daß Ortsunkundige, die nach Scapa Flow einliefen, sie häufig für eine kleine Insel hielten. Im großen und ganzen plante Cox, sie auf die gleiche Art zu heben, wie er es mit »Moltke« gemacht hatte. Er überging jedoch den Rat seiner Bergungsleiter und entschloß sich, das Schiff seitlich an die Oberfläche zu holen. Er begann damit, von der Backbordseite über dem

Wasserspiegel 1800 t von 30,5 cm starken Panzerplatten abzumontieren, um den Gewichtsschwerpunkt nach unten zu verlagern. Dadurch entstand eine fast ebene Fläche, auf der er Kräne, Deck-Schutzhütten und Kompressor-Aggregate aufstellte, außerdem acht Luftschleusen von je 1,8 m Durchmesser und 1,8 m Höhe.

Infolge der Absicht, das Schiff seitlich zu heben, mußten mehr Öffnungen verschlossen werden als auf »Moltke«, von denen einige erheblich größer waren. Flüssiger Zement wurde benutzt, der nach Bedarf mit Holz und Eisen verstärkt wurde. Eine Decksöffnung für einen Schornstein war 14 mal 9 m groß, die Abdeckplatte wurde aus 30 cm starken Balken, verstärkt mit Stahlträgern, hergestellt. Die Flicken für Lüfterschächte hatten eine Größe von 9 mal 4,5 m. Sie wurden wasserdicht gemacht und waren stark genug, sowohl einem starken Sturm als auch einem Wasserdruck von innen von 1,4 kg/cm$^2$ standzuhalten. In dieser Zeit betrugen die Kosten für Löhne mehr als 1000 Pfund in der Woche.

Bis Juni 1928 waren acht wasserdichte Abteilungen im Schiffskörper der »Seydlitz« fertiggestellt, von denen jede einzeln unter Druck gesetzt werden konnte. Entgegen den Warnungen und Besorgnissen seiner Bergungsfachleute war Cox zuversichtlich, daß der Schlachtkreuzer jetzt aufschwimmen könnte. Alle Aufbauten mit Ausnahme des Schutzraumes an Deck wurden von dem Schiff entfernt, die Kompressoren begannen zu arbeiten, und »Seydlitz« kam hoch – aber aufrecht, und nicht, wie Cox es anfänglich erwartet hatte, seitwärts. Als der Erfolg sicher zu sein schien, war aus dem Vorschiff ein dumpfes Geräusch zu hören, dem eine Erschütterung wie eine schwache Explosion folgte, als infolge unerwarteten Herausbrechens eines großen Dichtungsflickens ein Schott brach. Das brachte auch das nächste Schott zum Nachgeben und die übrigen Schotten brachen eines nach dem anderen. Das war eine verhängnisvolle Situation und Cox hieß alle Männer in

Eile das Schiff verlassen. Heulend strömte die Druckluft aus den beschädigten Abteilungen ins Vorschiff und veränderte den Gewichtsschwerpunkt. Der Bug überschwemmte die kleinen Fahrzeuge längsseit mit Tonnen grünen Wassers, als er sich höher und höher aufrichtete. Dann holte das Schiff bis 48 Grad über, so daß der Kiel sichtbar wurde. Das Geräusch zerreißenden Stahls war schrecklich, als es fast kieloben die Poller aus den Seiten des Schwimmdocks herausriß und in einem gewaltigen Schwall von Wasser und Gischt versank; alle Trossen brachen, und mit dem Schiff verschwanden die Luftschleusen und anderen Aufbauten vollständig unter der Wasseroberfläche. Das Unglück war durch den Abbau der 1800 t Stahl hervorgerufen worden. Es ist möglich, daß er von Cox dazu benutzt worden war, wieder Kapital zu bekommen, denn er hatte keine Zeit verloren, ihn nach Amerika zu verkaufen, obwohl zur damaligen Zeit andere Gründe für seine Demontage genannt worden waren. Jetzt hatten seine Leute sich wegen seines Mangels an Vorsicht damit abzuplacken, am Strande von Lyness Sandsäcke zu füllen, bis das entsprechende Gewicht, das ausgebaut worden war, wieder ersetzt war, um Stabilität für das Abschleppen nach Rosyth sicherzustellen.

Als die Taucher wieder hinuntergehen konnten, stellten sie fest, daß die Brücke, die Reste des Mastes und die ganzen Aufbauten von dem gewaltigen Gewicht, das auf ihnen lag, zermalmt waren. Teure Flicken waren zerstört; Kompressoren und die Tauchergeräte auf der Außenhaut waren mit untergegangen, und neun Monate Arbeit und Unkosten waren vergeudet, denn der Rumpf lag mit einer Schlagseite von 48 Grad sogar tiefer als vorher. Das vollständige Kentern des Schiffes war nur durch die beiden Schornsteine und einen der Masten, die noch auf ihm waren, verhindert worden. Die Arbeit mußte wieder ganz von vorne beginnen, wozu neue und höhere Luftschleusen auf dem Schiffsboden, der jetzt am höchsten herauslag, angebracht werden mußten.

Während der nächsten vier Monate schnitten die Taucher, jetzt in 21 Meter Tiefe, alle Aufbauten des Schiffes ab, um ein gänzliches Kentern zu verhindern. Endlich entschloß man sich, es wie »Moltke« kieloben zu heben. Auf diese Weise bedurfte es keiner wasserdichten Abteilungen wie vorher, denn nun konnte das Schiff voll Luft gepumpt und wie ein riesiger Tank gehoben werden. Die Seitenwände und der Schiffsboden wurden untersucht, um sicherzugehen, daß sie wasserdicht waren. Anfang Oktober begannen die Kompressoren, wieder einen Überdruck im Schiff aufzubauen. Diesmal war die Schlagseite beim Steigen geringer, aber plötzlich holte das Schiff ohne erkennbaren Grund über und krängte auf 50 Grad, mehr als zuvor. Wieder einmal wurde Druck abgelassen, so daß »Seydlitz« wieder auf Grund ging. Im nächsten Monat wurden 40 mal Hebeversuche über den Bug und das Heck durchgeführt, bis schließlich alle der Ansicht des Schiffes überdrüssig waren. Jedesmal, wenn der Boden klar war, hatte das Schiff eine derartige Schlagseite, daß es offenbar noch völlig unstabil war. Die verschiedensten Methoden wurden ausprobiert, alle ohne Erfolg – einschließlich der, einen Zerstörer an der Außenhaut festzumachen und vollaufen zu lassen, um ein größeres Aufrichtmoment zu erhalten. Schließlich wurde es so weit gehoben, daß die Taucher in der Lage waren, einige auf einer Seite offene Kessel aus dem Schrottlager in Lyness unter der unteren Seite des Schiffes aufzustellen. Sie wurden mit schnell bindendem Zement gefüllt und dann »Seydlitz« vorsichtig darauf abgesenkt, bis sie so weit gedreht wurde, daß sie in die benötigte aufrechte Lage kam. Das war für sich ein mühseliges und teures Unternehmen, das viele Tausend Pfund kostete. Als Versuchshebungen unternommen wurden, hatte sie immer noch etwas Schlagseite, war aber jetzt stabil. Nachdem sie abermals abgesenkt worden war, wurde das große Schwimmdock längsseit gebracht und »Seydlitz« mit 22 Trossen von 23 cm Stärke an ihm festgemacht.

Alle Kollegen von Cox stimmten überein, daß er ein großartiger und wagemutiger Bergungsunternehmer war. Aber wie alle Menschen hatte er auch Schwächen, und eine davon war sein Verlangen nach Beifall der Öffentlichkeit. »Seydlitz« war jetzt nahezu klar zur Bergung. Alle sorgfältig ausgetüftelten Vorbereitungen waren zum Abschluß gebracht. Cox bestimmte den Tag und sorgte für die Anwesenheit von Reportern der Presse aus ganz Großbritannien und von Kamerateams der Wochenschauen *Pathé* und *Movietone News*. Er gab Anweisungen, daß sein Zeitplan genauestens befolgt würde, und sagte, daß er nach einem kurzen Urlaub in der Schweiz zu dem großen Tage wieder da sein würde. Dann vermasselte irgendjemand die Sache. Bei einem sehr tiefen Niedrigwasser wurde zu viel Luft in das Schiff gepumpt, und schon kam es hoch in einem vollendeten Hebungsablauf. Cox in der Schweiz wurde unterrichtet. Mit Telegramm kam seine wütende Antwort, daß »Seydlitz« wieder zu versenken wäre – und sie wurde versenkt, so daß Cox am festgesetzten Tage dabei sein und im Vordergrunde vor den Kameras auftreten konnte.

Am 1. November stieg sie Zentimeter um Zentimeter ohne Schlagseite empor und blieb auf ebenem Kiel. Dann brachen unter einer betäubenden Reihe von berstenden Explosionen zehn Hebetrossen, aber der Rest hielt, denn »Seydlitz« war endlich stabil in ihrem eigenen Auftrieb.

Innerhalb einer Stunde brachten sie die Schlepper »Sidonian«, »Ferrodanks« und »Lyness« an die nur fünf Meilen entfernte Pier in Lyness, wo sie auf 14,5 m Wasser auf Grund gelegt wurde. Auf dem Schiffsboden wurde ein Gleis ausgelegt, die schweren Maschinenteile wurden ausgebaut und der vordere Geschützturm zur Gewichtsverminderung abgesprengt, obgleich damit ein beträchtlicher Verlust an Stabilität verbunden war. Der weite Schlepp nach Rosyth begann am 29. Mai. Zwar lag eine gute Wettervorhersage vor, aber um Mitternacht schlingerte »Seydlitz« schwer in Starkwindwetter. Beim Martello-Turm bei Crockness, North Walls, brach die Troß zum Kopfschlepper, und bevor sie wieder in die Gewalt gebracht werden konnte, hatte sie Grundberührung mit dem Geschützturm und saß für drei Stunden fest, bis sie wieder freigebracht und zur Longhope-Ausfahrt am Pentland Firth geschleppt werden konnte. In der Longhope-Bucht geriet sie wieder auf Grund, da man vor dem Auslaufen aus Lyness eine Menge Druckluft hatte entweichen lassen. Das letzte Pech ereignete sich, als die 275 m lange Schlepptroß der »Sidonia« *James Sutherland*, einen der 11 Männer, die sich eine Schutzhütte auf dem Kiel ihrer zeitweiligen Unterkunft gebaut hatten, über Bord riß. Glücklicherweise wurde Sutherland gerettet, und sein Untertauchen hatte ihm nicht geschadet. Der Unfall erwies sich aber als ein Segen, denn der zweite Bootsführer des Longhope-Rettungsbootes, *Mowat*, der Lotse auf dem deutschen Schlepper war, konnte sich in dieser Zeit die Lotleine ansehen, mit der die Deutschen auf dem Schlepper gelotet hatten. Er bemerkte, daß sie in Meter und nicht in Faden unterteilt war, worauf er zurückführte, daß er vom Kurs abgekommen war. Nach einem erregten Streit mit dem deutschen Schlepperkapitän machte er sich eine eigene Lotleine und hatte nun keine Schwierigkeiten mehr.

McKenzie, der in einer auf dem Schiffskörper aufgeschraubten Schutzhütte aus Stahlplatten Unterkunft genommen hatte, kam in dieser ganzen Nacht nicht zur Ruhe. Bei Tagesanbruch schlingerte und stampfe »Seydlitz« heftig in einem Querwind von Sturmstärke und verlor Luft. McKenzie gab den Schleppern Anweisung, in den Wind zu drehen. Jetzt gingen hohe Seen vom Bug zum Heck über den Rumpf hinweg und rissen ein Rettungsfloß fort, daß die Hauptluftleitung zum vorderen Teil des Schiffes durchschlug. Metallfässer mit Benzin und Öl rissen aus den Halterungen und fegten über Deck, bis die meisten von ihnen außenbords gespült wurden. Als das Heck sich aufbäumte, wurde eine Kiste mit zwei

Tonnen Ersatzteilen losgerissen und gegen die Stahlwände des Деckshauses geschleudert, wo die Besatzung ihre Unterkunft hatte. Ein großes Loch wurde in die Eisenwände geschlagen, durch das sich die über den Rumpf waschenden Seen ergossen. Das Feuer in den Öfen wurde ausgelöscht und die Küchenvorräte durchnäßt. Schließlich bekam man die Kompressoren wieder in Gang, obwohl die Schlepper auf halbe Fahrt gehen mußten. Statt der normalen $3^1/_2$ bis 4 Tage dauerte es 7 Tage, bis das Trockendock der Admiralität erreicht wurde. Am schlimmsten Tage kam man nur 17 Seemeilen in 24 Stunden voran, wovon vier Stunden lang das Wrack ständig von schweren Seen überspült wurde. In einer besonders schlechten Periode fand McKenzie in drei Tagen nur zwei Stunden Schlaf, dann steckte er den Kopf in einen Eimer Wasser und ging erfrischt wieder an Deck.

Zur gleichen Zeit machten die Arbeiten am Linienschiff »Kaiser« Fortschritte, das der Taucher *Hunt* und sein Gehilfe *Miller* in 45 Metern Wassertiefe untersuchten. Alle Schiffe der »Kaiser«-Klasse waren zwischen 1912 und 1913 fertiggestellt worden, sie waren die ersten deutschen Linienschiffe mit erhöhten Geschütztürmen und Turbinenantrieb. Schon vor einigen Monaten waren die Arbeiten an diesem 24 500 t-Linienschiff in Angriff genommen worden, das bei Niedrigwasser nur etwas über 6 Meter unter Wasser lag. Die Arbeit nahm im allgemeinen den gleichen Verlauf wie zuvor; Luftschleusen mit Innenleitern wurden angebracht und mit Haltestagen auf dem Schiffskörper verstrebt; Bodenventile und andere Öffnungen wurden mit Zement abgedichtet; die notwendigen Flicken wurden angefertigt und Kompressoraggregate längsseit gebracht.

»Kaiser« war ebenfalls beim Sinken gekentert, obwohl die Schlagseite nur acht Grad betrug. Die Arbeit der Taucher im Inneren war sehr beschwerlich wegen des Heizöldunstes. Der vorhandene Kohlenstaub, der bei Trockenheit die Gefahr einer Explosion darstellte, schloß aus, eine Heizung irgendeiner Art für sie zu schaffen. Das Wetter war zu schlecht, um einen Schwimmponton in der Nähe zu verankern. Das bedeutete, daß den Männern, wenn sie verfroren und durchnäßt von ihrer Schicht kamen, keinerlei Bequemlichkeit geboten werden konnte. Der Aufstieg in der Luftschleuse im Dunkeln, das Heraussteigen in einen heulenden Sturm und der Abstieg an der Außenseite der Luftschleuse in ein stark schlingerndes Versetzboot verursachte häufige kleinere Unfälle und brachte es mit sich, daß die Männer ins Wasser fielen und untertauchten. Es war erstaunlich, daß dabei niemand ums Leben kam oder auch nur ernstlich verletzt wurde.

Um ein weiteres Zunehmen der Schlagseite zu verhindern, bauten die Taucher zwei 30 t-Betonstützen auf dem Grunde unter der Unterkante der Panzerplatten auf der tiefer liegenden Seite. Sie wurden aber nicht gebraucht. Die 200 t-Geschütztürme wurden herausgesprengt, und als das Schiff am 30. März gehoben wurde, stellte es sich heraus, daß diese Bergung die leichteste von allen war. Es war eine streng eingehaltene Vorschrift, daß bei der Hebung eines Wracks alle Mann von Bord zu sein hatten, aber als »Kaiser« an die Oberfläche kam, erschien völlig unerwartet A.S. Thomson aus einer der Luken mit einem Beutel voll elektrischer Glühbirnen; die waren knapp geworden, und er hatte sich im letzten Augenblick daran erinnert und war noch mal an Bord gegangen. Cox' Zornesausbruch wurde etwas gemildert durch seine muntere Entgegnung, daß er noch mal eingestiegen wäre, um dem Schiff noch einen Stoß nach oben zu geben.

Das Problem, »Kaiser« von einem mit Zement gefüllten Kessel, der einige Zeit vorher auf dem Meeresboden aufgestellt, aber nicht benutzt worden war und jetzt ein Hindernis darstellte, freizubekommen, war bald gelöst. Der Kommandoturm des kieloben schwimmenden Schiffes wurde von den Schleppern genau über den Kessel gebracht. Dann wurde das Linienschiff so weit abgesenkt, daß es mit seinem gesamten Gewicht auf dem einen Punkt auflag. Das von Tauchern vorher durchgeschnittene Oberdeck gab nach, der Kommandoturm wurde in den Schiffskörper hineingedrückt, dann pumpten drei Kompressoren wieder Luft hinein, und das Hindernis war kein Problem mehr.

Am nächsten Morgen wurde »Kaiser« an die Pier von Lyness geschleppt und wie vorher »Seydlitz« ausgeschlachtet. Bei bestem Wetter wurde das Schiff ohne irgendeinen störenden Zwischenfall dann nach Rosyth geschleppt und zum Abwracken an die Alloa Shipbreaking Company abgeliefert.

Es hatte jedoch einen tödlichen Unfall gegeben, der die Freude über die glückliche Hebung beeinträchtigte. *Herbert Samson Hall*, ein Taucher mit über 20jähriger Erfahrung, der in den letzten fünf Jahren für Cox & Danks gearbeitet hatte, war hinuntergegangen, um eine wasserdichte Tür zu schließen. Er arbeitete in einer Wassertiefe von nur knapp 2 Metern und hatte Signal gegeben, daß er auftauchen wollte. Als er durch die Tür ging, stolperte er, fiel hin und kam nicht wieder auf die Füße. Er wurde schnell an die Oberfläche geholt, wo sofort sein Sichtfenster aufgeschraubt und sein Taucheranzug aufgeschnitten wurde. Aus seinen Ohren floß Blut und er war im Sterben. Bald war sein Leben erloschen. Er war 45 Jahre alt. Entgegen McKenzie's Anweisungen hatte Hall ohne Rettungsleine getaucht, obgleich diese ihn wohl auch nicht gerettet hätte. Zwei Tage darauf tauchte McKenzie selber, um das Gerät zu überprüfen. Unter Cox' Aufsicht ließ er absichtlich den Luftkompressor abstellen und stellte fest, daß noch nach $4^{1}/_{2}$ Minuten eine gut ausreichende Luftzufuhr durch den Schlauch kam und die Luft in seinem Taucheranzug noch für weitere zwei Minuten gereicht haben würde. Die Leichenschau ergab, daß Hall an Erstickung gestorben war, und daß diese möglicherweise durch das Brustgewicht und das Zusammenpressen seiner Lungen zwischen dem Brustschild und dem Bleigewicht auf seinem Rücken

*Oben:* Die Unterkunftsbaracke für die Überführungsmannschaften von Wracks im Schlepp nach Rosyth. In der Mitte steht Baker, ein Mechaniker, der sich für den Fotografen angezogen hat. Ganz rechts, sitzend, A. S. Thomson, von dem in diesem Buch öfter die Rede ist. (A. S. Thomson)

*Unten:* Überdruckarbeiter beim Einsteigen in die Luftschleusen von »König Albert«. Links ein aufsteigender Taucher. (Illustrated London News)

»König Albert« nach dem Heben. Längsseit das Bergungsfahrzeug »Bertha«. Unter dem Rumpf herabhängende Wrackteile mußten jetzt entfernt werden. Die Luftschleusen waren bei diesem Schiff 30 m hoch. (Illustrated London News)

*Oben:* »König Albert« mit Schleppern längsseit beim Passieren unter der Forth-Brücke auf dem Wege zum Abwracken in Rosyth. (Star Photos)
*Unten:* »König Albert« beim Eindocken in Dock 2 in Rosyth. (Planet News)

Zustand von »Bayern« einige Zeit nach Beginn des Abwrackens. (Norval)

Das Ende der »Bayern«. (Norval)

*Oben:* Holländische Schlepper in Lyness beim Vorbereiten von »König Albert« zum Abschleppen nach Rosyth. (Associated Scottish Newspapers)
*Unten:* Der Bug von »Friedrich der Große« kieloben beim Durchbrechen durch die Wasseroberfläche in einem Schwall von Wasser und mit der Druckminderung aus dem Inneren des Schiffes ausströmender Luft. Die Männer oben auf den Luftschleusen erlebten einige schwindelerregende Augenblicke, bis das Schiff zur Ruhe kam. (Fox Photos)

*Oben:* Nach schnellem Regulieren des Druckes im Schiffsinneren bricht danach das Heck von »Friedrich der Große« durch die Wasseroberfläche. (Associated Scottish Newspapers)
*Unten:* Die großen drei Schrauben von »Friedrich der Große« kommen über die Wasseroberfläche. (Fox Photos)

*Oben:* »Friedrich der Große« in sicherem Schwimmzustand. Das Ausmaß der Taucherarbeiten wird erkennbar an dem dichten Gewebe von tangüberzogenen Stagen, die die Luftschleusen abstützen. Links vom Wrack einer der Pontons mit Kran, die während des Unternehmens benutzt wurden. (Associated Scottish Newspapers)

*Unten:* »Friedrich der Große« kieloben in sicherem Schwimmzustand mit Bergungsschleppern, klar zum Abschleppen nach Rosyth. Die Baracke auf dem Kiel dient zur Unterbringung der Bedienungsmannschaft während der Schleppfahrt. Die großen Luftschleusen sind durch kurze ersetzt worden. (Associated Scottish Newspapers)

verursacht worden war. Einer der Taucher sagte in seiner Zeugenaussage, daß er sich, solange er aufrecht stand, so leicht wie eine Feder fühlte, daß aber ein erheblicher Druck auf die Lungen fühlbar gewesen wäre, wenn er wie Hall hingefallen wäre. Der amtliche Leichenbeschauer stellte fest, daß es sich um einen Unfall handelte, der jedem hätte passieren können, und daß es keinen Verdacht auf Fahrlässigkeit gebe.

Glück sowohl als Unglück hatte die Bergung von »Kaiser« begleitet, aber Glück von einer ganz anderen Art zeigte sich bei »Bremse«, einem als Minenleger gebauten kleinen Kreuzer. »Brummer«, eins der weinigen Schiffe, die nicht gehoben wurden, und »Bremse« waren die ersten als Minenleger konstruierten schnellen Kreuzer. Ihre Hauptmasten konnten verkürzt werden, um ihnen im Bedarfsfalle jede Möglichkeit der Tarnung zu bieten. Zum Zeitpunkt der Versenkung hatte eine Gruppe der britischen Marine versucht, »Bremse« südlich von Cava auf Strand zu setzen. Dort war sie gekentert und auf 23 Metern Wasser gesunken, der Bug ragte aus dem Wasser. Sie saß sehr unsicher auf einem Felsen auf, der fast senkrecht abfiel und befürchten ließ, daß sie abrutschte. Jetzt wurden ihre Schotten abgedichtet und der Rumpf in wasserdichte Abteilungen unterteilt. Das Flicken wurde vorgenommen und eine Luftschleuse angebracht. Im Schiff war alles von einer Heizölschicht bedeckt, in weit stärkerem Maße als das bei irgendeinem anderen Schiff festgestellt worden war. Die drei mit Azetylen-Sauerstoffbrennern arbeitenden Männer waren schon an Rauch und Gestank gewöhnt, aber plötzlich gab es eine Explosion und die ganze Abteilung stand in Flammen. Rauchgeschwärzt und erschrocken kamen die Leute noch sicher heraus, ohne ernstlich verletzt zu sein. Als eine Nachprüfung erfolgte, war das Feuer aus, aber während der zweimonatigen Arbeiten gab es immer wieder Explosionen von Heizölgasen. Wiederholt mußten sich die Leute in die Luftschleuse mit Flammen hinter sich retten. –

Ende Juli waren die gesamten Aufbauten abgesprengt. Das Schiff wurde nach der bei den Zerstörern angewendeten Methode in eine Kieloben-Lage gebracht und die Kompressoren in Gang gesetzt. Man näherte sich dem Zeitpunkt des Hebens, als das Schiff kurz davor nach Backbordseite umkippte und während der Nachschicht langsam weiter überholte und auf den Felsen dicht unter der Küste festkam. Da es unstabil war, nahm die Hebung zwei Tage in Anspruch. Von den Muscheln und Seepocken angezogen, umgaben zahllose Fischschwärme den Kreuzer. Tausende kamen im Heizöl um und trieben an der Oberfläche. Diese zogen wiederum Seemöwen in großer Zahl an, ebenso aber auch Seehunde, die ganz nahe an die Bergungsfahrzeuge herankamen. Die Heizölbunker der »Bremse« wurden leergemacht und das Öl als einfachste Methode, es loszuwerden, angezündet; aber das Feuer breitete sich aus, und obgleich es eingedämmt werden konnte, bot das Wrack einen eindrucksvollen Anblick, als der dichte Rauch aus den vielen Öffnungen auf der Backbordseite und an Steuerbordseite nahe dem Kiel und sogar aus den Nietverbindungen der Stahlplatten hervorquoll. Man hielt es schließlich für so unsicher, daß es, statt nach Rosyth geschleppt zu werden, am 30. November 1929 nach Lyness eingebracht und dort abgewrackt wurde.

Während die Arbeiten in Scapa Flow ihren Fortgang nahmen, lief am 10. Dezember 1928 der Passagierdampfer »Celtic« der White Star-Linie beim Einlaufen nach Queenstown in Irland[19] bei Roche's Point auf Grund. Das kostete keine Menschenleben, aber Schlepper bekamen das Schiff nicht wieder frei, und Cox lieh einige seiner Leute von Scapa Flow aus für den Versuch, das Wrack zu bergen. Unter ihnen war Malcolm Carmichael, einer seiner zuverlässigsten Taucher. Bis zum 27. November 1930 waren die Löcher abgedichtet und es wurde Luft eingepumpt, um ihre Wirksamkeit zu erproben. Aber Getreide in der Ladung des Schiffes war in Gärung geraten und strömte ein Gas aus, das Wasser in eine giftige Flüssigkeit verwandelte, die den Maschinenraum ausfüllte und den Laderaum infolge Bruchs eines Ansaugerohrs durchtränkte. Ein in den Laderaum einsteigender Mann verlor das Bewußtsein, fiel von der Leiter und starb. Carmichael ging hinunter, um ihn zu retten und starb ebenfalls. Dieser eine Versuch kostete außer diesen beiden zwei weitere Männer das Leben, 16 andere erlitten Gasvergiftungen.

Bevor »Hindenburg« Scapa Flow verlassen hatte, waren die Arbeiten an dem Schlachtkreuzer »von der Tann« in Angriff genommen worden, der 1910 nach weniger als zwei Jahren Bauzeit fertiggestellt worden war, der kürzesten Zeit für eines der deutschen Großkampfschiffe. Er war der erste deutsche Schlachtkreuzer und überhaupt das erste große deutsche Schiff, das Turbinenantrieb und vier Schrauben erhielt. Er hatte einen wesentlich stärkeren Schutz als alle zeitgenössischen britischen Schlachtkreuzer. Jetzt lag er kieloben auf 27,5 Metern Wasser mit einer Schlagseite von 17 Grad. Bei Niedrigwasser standen noch $7^1/_2$ m Wasser über seiner Backbordseite. Im allgemeinen ging die Bergungsarbeit in der gleichen Weise vonstatten wie bei »Kaiser«; da aber das Wetter schlechter wurde, wurde es unmöglich, die Docks längsseit zu legen, und die Arbeit mußte von den Schleppern übernommen werden. Auch dann noch vergingen manchmal mehrere Stunden, bevor Schlepper längsseit gehen konnten, um die Arbeiter abzuholen, die oft in Kälte und Dunkelheit den größten Teil der Nacht abzuwarten hatten.

Im Schiffsinneren von »von der Tann« war eine stickige Luft, und es entstanden explosive Gase von vermoderndem Material. Das Ausbrechen kleiner Brände beim Azetylen-Sauerstoff-Schneiden war alltäglich, bis Chemiker einen Flüssigkeitszerstäuber beschafften, der die Brandgefahr beseitigte. Diese Arbeit wurde sechs Wochen lang fortgesetzt. Dann wurde der Bug gehoben, um den Gleichgewichtszustand zu prüfen, einige Schotten dichten zu können und das Schiff durch Ausblasen der Luft durchzulüften, bevor es wieder abgesenkt wurde. Einige Tage später arbeiteten drei Männer – *Sutherland, McKenzie* (nicht verwandt mit dem Bergungsleiter) und *Keldie* – in Gummianzügen in knietiefem Schlamm in einem kleinen Raum. Er war nicht mit dem an anderen Stellen so bewährten chemischen Mittel ausgesprüht worden. McKenzie stieg eine Leiter hinab und hatte gerade die unterste Stufe erreicht, als Keldie's Schneidbrenner durch ein Rohr schnitt. Eine heftige Explosion schleuderte McKenzie mit solcher Gewalt wieder die Leiter hinauf, daß er das Bewußtsein verlor, als sein Kopf gegen das Lukensüll schlug. Der Schlamm stieg in dem zertrümmerten Raum sehr rasch an, und McKenzie kam wieder zu sich, als er Wasser in den Mund bekam und schluckte. Keldie meinte, daß McKenzie's Rückgrat gebrochen wäre. Der Ausgang aus dem Raum war versperrt, und das Wasser reichte Sutherland bis an die Achselhöhlen. Er half den beiden anderen in die oberste Ecke des schräg liegenden Raumes. Sie konnten Männer auf das darüberliegende Deck klopfen hören, hatten aber nichts, mit dem sie als Antwort hätten klopfen können. Als das Wasser ihnen bis an die Schulter stand, schien eine Rettung hoffnungslos. Aber Thomson auf dem Deck darüber sah, daß sich eine Schlauchverbindung bewegte. Sie kam aus der versperrten Tür, und als er an dem Schlauch zog, fühlte er einen Gegenzug als Antwort, den Beweis, daß noch jemand am Leben war. Wenn sie jetzt einen Schneidbrenner benutzten, um in den abgeschlossenen Raum zu gelangen, konnte das wieder eine Explosion auslösen, aber es gab keine andere Wahl. Glücklicherweise war das Gas in dem Raum schon verbraucht. Sie fanden die drei Männer hoch oben in der Ecke, denen das Wasser schon bis zum Kinn stand. Die eingeschlossene Luft hatte sie vor dem Ersticken bewahrt. Sie wurden mit größter Eile ins Krankenhaus gebracht, wo ihre Verbrennungen und schweren Prellungen behandelt wurden. Erstaunlicherweise war keiner schwer verletzt, und selbst McKenzie, dessen Kopfverletzung die schwerste Wunde war, erschien acht Wochen später wieder zur Arbeit – um zu erfahren, daß »von der Tann« am 5. Februar 1931 auf Cava auf Strand gesetzt worden war. Als sich das Wetter besserte, wurde er nach Lyness geschleppt.

Fähnrich z.S. *Martin Keith-Roach*, der dort an Bord des Schiffes ging, fand einige Nummern einer Zeitschrift für Alkoholenthaltsamkeit in einem wasserdichten Spind, die nach 15 Jahren noch lesbar waren. Manche Orkney-Insulaner haben noch geborgene Gegenstände in ihren Wohnnungen: Rasiertöpfe, Vasen, Aschbecher, Teller, Karaffen, Tassen und Untertassen, sogar Musikinstrumente und Fernrohre. Es überrascht nicht, daß nur wenige der gefundenen Privatsachen von Wert waren, da die Restbesatzungen nicht mit einer langen Zeit an Bord gerechnet hatten und es sehr unwahrscheinlich ist, daß sie irgendwelche Wertgegenstände unter diesen Bedingungen in ein feindliches Land mitgenommen hätten. Ein Erinnerungsstück aber, das von *Mr. McCrone*, dem damaligen Direktor von Metal Industries Ltd., der Firma, die die Bergung der Linienschiffe weiterführte, nachdem Cox & Danks ihre Arbeiten in Scapa Flow eingestellt hatten, hoch geschätzt wird, ist eine Punschbowle auf einem verzierten Silberteller. Sie befand sich nicht auf einem Schiff, sondern wurde längsseit von einem Taucher gefunden. Es ist anzunehmen, daß sie entweder von einem deutschen Seemann mitgenommen wurde, der sie beim Verlassen des Schiffes über Bord warf, oder daß irgendjemand sie während der Bergungsarbeiten weggeworfen hatte – aus welchen Gründen, läßt sich nur ahnen. Mehrere Bündel von Banknoten wurden im Safe der »Emden« gefunden: sie waren außer den Rändern, die vom Salzwasser ihre Farbe verloren hatten, in ausgezeichnetem Zustand. Das Geld war natürlich zu dieser Zeit wegen der deutschen Nachkriegsinflation und der darauf folgenden Währungsumstellung völlig wertlos. Es gab außerdem eine Anzahl von kleinen Münzen, die nach der Zeit unter Wasser stark zerfressen waren. Eine Grammophonplatte der Sängerin *Nellie Melba* war beim Abspielen noch gut zu erkennen. Eine Schreibtischlampe aus Messing ist mit neuen Drähten und nach Einschrauben einer neuen Glühbirne immer noch in Gebrauch, ebenso ein Paar Karaffen aus geschliffenem Glas mit Silberrand aus der Messe von »König Albert«. Die Aufschrift mit dem Datum 1913–1916 war beim Auffinden noch lesbar. Mehrere Schiffsglocken wurden wiedergefunden. Die von »König Albert« hängt vor dem aus dem 11. Jahrhundert stammenden Haus von Mr. McCrone; »Derfflinger's« Schiffssiegel und -glocke und die Schiffsglocke von »Friedrich der Große« wurden mit großer Feierlichkeit in den späten 60er Jahren als eine Geste des Wohlwollens im Gebäude von Metal Industries, Faslane Port, an Deutschland zurückgegeben, als eine deutsche Fregatte in einem NATO-Verband mit großem Flaggenschmuck zum Zwecke der Entgegennahme dort eigens zum Besuch einlief. Vielleicht aber ist das eindrucksvollste Erinnerungsstück die große weiße Flagge mit dem Reichsadler im schwarzen Kreuz und dem Eisernen Kreuz, die Mr. McCrone als Familienerbstück weiterzugeben beabsichtigt. Sie wurde an die Oberfläche gebracht, so gut verpackt, daß das Wasser während der langen Jahre des Unterwasserliegens nicht in ihre Falten eingedrungen war, und ihr Zustand ist so gut, als wenn sie kürzlich noch geweht hätte. *Diese* Flagge zumindest wurde nicht mit einer Geste des Trotzes gehißt, als ihr Schiff unterging. Sie wurde an ins Auge fallender Stelle bei Feiern an dem ursprünglich Waffenstillstandstag genannten Tage gesetzt, der später als Trafalgartag bezeichnet wurde, da der frühere Name einen ehemaligen Gegner verletzt haben würde. Die Teilnehmer an dieser Wiedersehensfeier werden bei jedem Treffen weniger, aber einmal im Jahr ruft die Flagge in den Gedanken der Überlebenden der denkwürdigen Übergabe die Erinnerung wach. Ein Gegenstand von größerem

Wert, der geborgen wurde, war ein Dieselmotor mit mehreren hundert Pferdestärken. Obwohl er viele Jahre unter Wasser gelegen hatte, bedurfte es nur weniger Aufmerksamkeit, ihn wieder betriebsfähig zu machen. Was in der Hauptsache beachtet werden mußte, war die Ventilsteuerung. Nach Neuwickeln des elektrischen Generators und einer Grundüberholung des Motors wurde er die Antriebsmaschine in der Sauerstofferzeugungsanlage, mit der Metal Industries ihre eigene Elektrizitätsversorgung betrieb. Über viele Jahre erzeugte er fortgesetzt Energie und bestärkte zweifellos den Direktor der Gesellschaft in seinem Glauben, daß deutsche Anlagen und Panzerplatten besser waren als die britischen und daß die Deutschen mehr Denkarbeit in ihre Konstruktionen steckten.

*Oben:* Der Geschützturm von »König Albert«. Das Schiff liegt ebenso wie alle anderen außer »Hindenburg«, kieloben, abgestützt mit Balkenstapeln. (Norval)

*Unten:* Diese acht Luftschleusen von 27 m Höhe wurden von Tauchern an »Kaiserin« angebracht. Das Schiff ist klar zum Heben. (Illustrated London News)

Der Bug von »König Albert« nach dem Eindocken in Rosyth. (Norval)

»Kaiserin« nach erfolgreicher Hebung mit den acht Luftschleusen, die von einem Geflecht von Draht-Stagen abgestützt werden. (Fox Photos)

*Oben:* »Friedrich der Große« im Dock in Rosyth beim Abmontieren einer Panzerplatte. (Norval)
*Rechts:* Zerschneiden des Panzers von »Prinzregent Luitpold« (Shipbreaking Industries)
*Unten:* »Friedrich der Große«, in fortgeschrittenem Zustand des Abwrackens vom Dockboden gesehen. (Norval)

## 10. Cox tritt ab

Cox' Bergungsunternehmen in Scapa Flow gingen ihrem Ende entgegen. Vom Gesichtspunkt des Geschäftes seiner Firma hatte er mehrere tausend Pfund Verlust gemacht und wahrscheinlich nur deshalb so lange beharrlich weitergemacht, weil er halsstarrig entschlossen war, wenigstens quitt zu werden und die Propheten zu widerlegen, die ihm vorausgesagt hatten, daß er ein Verlustgeschäft machen und nicht imstande sein würde, die Schiffe zu heben.

Er wandte sich jetzt dem »Prinzregent Luitpold« zu. Der Kiel dieses großartigen Linienschiffes war im Januar 1911 auf der Germaniawerft in Kiel gelegt worden, und es war im Dezember 1913 fertiggestellt worden. Es war beim Sinken gekentert und lag kieloben auf 32 Meter Wasser mit einer Schlagseite von 20 Grad mit 11 m Wasser über dem Kiel.

Deshalb waren abermals Luftschleusen erforderlich, von denen insgesamt 14 angebracht wurden. Die Arbeiter bahnten sich mit Schneidebrennern ihren Weg durch den Schiffsboden. Jede Sektion einer Luftschleuse war 3 m hoch. Die unterste wurde von Tauchern auf dem Schiffsboden verschraubt, die nächste darauf geschraubt und so weiter, bis schließlich die Wasseroberfläche erreicht wurde und das ganze eine Art »Schornstein« bildete, der sich von 2,5 m Durchmesser im Unterteil auf 1,25 m an der Oberfläche verjüngte. Dieser »Schornstein« wurde dann mit so vielen Drahtstagen abgestützt, daß er einem riesigen Spinnengewebe glich. Das Schiff wurde in Abteilungen unterteilt, um es besser kontrollierbar zu machen. Jede Abteilung wurde mit einer Luftschleuse versehen, die auf der Backbordseite 18 m hoch waren, um bei Hochwasser über Wasser zu sein. Die Schwierigkeiten, mit denen man fertigwerden mußte, waren weitgehend die gleichen wie vorher.

Üble Abgase quollen bald aus den Schleusen hervor, aber sie bereitete niemandem Sorge, da angeordnet worden war, keine Schweißbrenner oder offenes Licht aller Art zu verwenden, bevor das Schiff nicht zweimal durchgeblasen und die Luft geprüft worden war. Das Schiff hatte jedoch volle Kohlenbunker, und das Wasser innerhalb des Schiffskörpers war wie schwarze Tinte. Als die Schneidebrenner erstmals benutzt wurden, verursachte der entstehende Qualm keine Beunruhigung, und obgleich kleine Brände ausbrachen, konnten sie leicht gelöscht werden. Sobald Männer im Schiff arbeiteten, drückte Preßluft den Wasserspiegel nach unten, und es war möglich, mit dem Abdichten und der Beseitigung von Leckagen anzufangen, wo sie erkennbar waren. Wenn nötig, arbeiteten Taucher innerhalb des Schiffes. Für einen Neuling war es anfangs unheimlich und unangenehm, in vielen Metern Wassertiefe bei elektrischem Licht auf dem Boden eines gekenterten Fahrzeuges zu arbeiten unter einem Druck, der Nasenbluten, schmerzende Trommelfelle und ein Gefühl verursachte, als ob der Kopf wie ein Ballon anschwölle. Ein Problem war immer noch der Qualm. Ein Taucher erzählte, daß sie sich so an entzündete Gase, die wie Irrwische aussahen, gewöhnt hätten, daß sie ihnen eher Spaß gemacht als Schrecken eingejagt hätten, bis sich eine schwere Explosion ereignete.

In einer besonders schlechten Abteilung mußten die Arbeiter Rauchmasken tragen. Am 27. Mai 1931 wurde »Prinzregent Luitpold« nochmals durchgeblasen und danach die Luft erneut überprüft. Eine Gruppe von vier Mann stieg ein, um die Abdichtung der vorderen Schottwand des Torpedoraumes fertigzustellen. Die Luft war erneuert worden, und sie hatten elektrisches Licht von einem Generator eines längsseit liegenden Schleppers. Das erste Anzeichen, daß irgendetwas unklar war, machte sich durch Schwingungen im Schiff und durch einen starken »Blubber« im Wasser an der Steuerbordseite bemerkbar, der darauf schließen ließ, daß irgendwo Luft austrat. McKenzie und sein erster Mitarbeiter McAusland waren gerade aus einer anderen Abteilung ausgestiegen, als die Explosion sich ereignete. Sie begaben sich sofort zu der Luftschleuse der betroffenen Abteilung und sahen, daß der Druck um 0,18 bis 0,21 kg/cm$^2$ abgefallen war. Die vier Mann im Vorschiff waren plötzlich im Dunkeln, eine schreckliche Explosion warf sie von den Füßen, und um sie herum strudelte das Wasser. Ein Schott war gebrochen und ließ den Luftdruck sinken, so daß der Wasserspiegel automatisch anstieg. Nietlöcher waren ausgerissen aus den Seitenplatten, und Seewasser strömte ein. Zum Glück hatten die Männer Taschenlampen bei sich, aber die Luft war völlig verqualmt, und bald stand das Wasser über 1$^1/_2$ Meter hoch. Auch in die Luftschleuse, durch die sie so schnell sie konnten, auszusteigen hatten, drang Wasser ein. *Tait*, ein Zimmermann, kam nicht mehr heraus. Ein Notsignal alarmierte die übrigen Leute im Schiff, es so schnell wie möglich zu verlassen. Zusätzliche Luftschläuche und Druckluft wurden eiligst in die Abteilung eingeführt. Taucher und freiwillige Helfer stiegen ein. Zwei Mann, Hunt und Mowat, hatten schwere Verbrennungen und standen unter Schockwirkung. Es war unmöglich, in dem Schiff wegen der Dichte der Rauchschwaden mehr als einige Schritte voranzukommen, daher kehrte die Rettungsmannschaft um, um Geräte zu holen. Bei Rückkehr war der Druck von 1,6 auf 1,4 kg/cm$^2$ gefallen, was bedeutete, daß das Wasser in einem vorher trockenen Raum 3$^1/_2$ m gestiegen sein mußte. Als die Rettungsmannschaft drei Stunden später zum dritten Mal hinunterging, fand sie Tait's Leichnam am Ort der Explosion. Er hatte durch den Schlag das Bewußtsein verloren und war ertrunken. Seine Aufgabe war nur gewesen, den Wasserstand zu beobachten, als die Abluft durch ein Loch von 2,2 cm Durchmesser abgezogen war, das er gebohrt hatte. Hunt war 2 Meter weit durch einen Gang geschleudert worden, bevor er in den Torpedoraum fiel. Auf eine Weise hatte er Glück gehabt, denn wenn er auf der anderen Seite gewesen wäre, wo das Schott eingedrückt wurde, wäre er entweder zu Tode gequetscht oder eingeschlossen worden. Peterson, der Taucher, der Tait's Leichnam fand, war auf der Suche nach ihm zweimal hinabgestiegen, ohne auf eine Rauchmaske zu warten, obwohl er sich des Risikos bewußt war, das er einging. Die Ursache der Explosion wurde niemals sicher geklärt. Nach der Untersuchung nahm das Gericht einen Kurzschluß im Beleuchtungsstromkreis als Anlaß an, aber McKenzie hielt ebenso eine Selbstentzündung oder eine brennende Zigarette für möglich – obgleich Rauchen streng verboten war.

Mit Ausnahme der vorderen und achteren Abteilungen war die Dichtigkeit der Schotten unterhalb des Panzerdecks nicht hergestellt. Sobald eine Gefahr bestand, daß das Schiff auftrieb, wurden bestimmte Abteilungen geflutet, und Cox gab Anweisung, daß alle Mann von Bord und außerhalb seiner Luftschleusen zu sein hatten, bevor die Hebung stattfand. Als das Schiff am Vormittag des 11. Juni 1931 gehoben wurde, frischte der Wind auf und es regnete in Strömen. Cox ließ die Arbeiten unterbrechen, um sie nicht später bei dem miserabelen Wetter am Abend fortführen zu müssen. Es war immer noch bedeckt und unsichtig, als am nächsten Morgen um 06.30 Uhr das Pumpen begann. Kurz nach Mittag begann der Bug zu steigen, und eine Nietenreihe nach der anderen erschien über Wasser, dann Muscheln und die langen Schichten des Bewuchses. Gegen 12.40 Uhr gab es Wassersäulen und Luftblasen, die Luftschleusen stiegen höher und höher, und in einem starken Wasserstrudel durchbrach die rostige Unterseite des Vorschiffes die Oberfläche. Binnen zehn Minuten waren über 30 Meter des Schiffsbodens sichtbar, rot vom Rost und mit dichtem Behang von Seetang. Der Reporter des *Orcadian* war beeindruckt von den teilnahmslosen Mienen der Männer, die herumstanden und das Auftauchen des Achterschiffes abwarteten. Er bemerkte, daß sie sich mit Nebensächlichkeiten beschäftigten. Der Taucher Peterson, der ein neues Messer für Arbeiten unter Wasser haben wollte, zeichnete seine Form auf das Blatt einer alten, verrosteten Zweihandsäge. Der Schweißer Sutherland schnitt sie mit einem Schneidbrenner aus, und der Schlosser Wilson befestigte die Klinge an einem abgenutztem Messinggriff: so hatte Peterson sein Messer, während er wartete. Während dieser Zeit schlug sich außerdem ein Ruderboot ein Loch in die Seite, das repariert und für den weiteren Gebrauch klargemacht wurde. Auf »Sidonia« wurde ein Ersatzkessel eingebaut. So wurden Hunderte von kleineren Arbeiten erledigt.

Nachdem das Schiff jetzt kieloben aufgeschwommen war, sprengten Taucher von außen auf tiefem Wasser die Schornsteinreste ab. Die Geschütztürme waren noch an ihrem Platz und der Tiefgang war so, daß das Schiff, ohne sie zu entfernen, eingedockt werden konnte. Aber der Kommandoturm war höher als die Geschütztürme und verhinderte das Eindocken. Deshalb wurde das Wrack auf flaches Wasser mit felsigem Grund geschleppt und dort teilweise so weit abgesenkt, bis es nur auf dem Kommandoturm auflag, der durch das Gewicht auf ihm so weit in den Schiffskörper hineingedrückt wurde, bis das Schiff nur auf den Türmen auflag.

Als man den Versuch machte, das Schiff wieder aufschwimmen zu lassen, schien der Kommandoturm wieder herauszufallen, deshalb wurde beschlossen, ihn festzusetzen. Drei direkte Zugänge wurden vom Boden des Schiffes bis zum Kommandoturm herausgeschnitten durch alle Decks hindurch. Der obere Block einer 6fachen Talje von 8,5 cm-Stahldraht mit 100 t Tragfähigkeit wurde an einem Tragbalken festgemacht, der über einer Öffnung lag, die in den oben liegenden Schiffsboden geschnitten wurde. Um diesen Tragbalken fest aufliegen zu lassen, wurde der Doppelboden darunter mit Zement ausgefüllt. Um den unteren Block festzumachen, wurde ein Loch in den 25 cm-Panzer der Außenseite des Kommandoturmes zur Aufnahme des Bolzens eines 14 cm-Schäkels geschnitten. Soweit nötig, wurden dabei Spanten und Eisenteile weggeschnitten.

Drei solcher Flaschenzüge wurden benutzt und angebracht, während das Schiff noch auf dem Kommandostand auflag. Das Herausbrennen eines Loches für den unteren Schäkel mußte unter Verwendung von Preßluft erfolgen, da die Stelle ziemlich weit unter dem Wasserspiegel lag.

Der Marine-Hafenmeister, der das Schiff in Lyness besichtigte, stellte in seinem Bericht fest: »Der vordere Kommandostand wäre herausgefallen, wenn die Wassertiefe ausgereicht hätte. Das Schiff mußte darum nochmals auf ihn abgesenkt werden. Dann wurde er mit einer starken Stahldrahttalje beigefangen. Auf diese Weise hing der Kommandoturm wie ein Pendel unter dem Schiff.«

Um Haltepunkte für das Schleppen zu schaffen, wurden vier 25 cm starke Rohre ganz vorne durch den Kiel in den Doppelboden eingelassen, der dann mit Zement ausgefüllt wurde. Die Rohre selber wurden mit Eisenbahnschienen zur Verstärkung versehen, die mit Zement umgeben wurden. Etwa 20 Meter hinter den Angriffspunkten wurden auf jeder Seite zwei große Poller auf dem Schiffsboden verschraubt, zwei weitere etwa 50 Meter achteraus von diesen. Achteraus von den Pollern wurden zwei 2 t-Handwinschen befestigt, um die Stahlleinen je nach Bedarf handhaben zu können. Dann wurden zwei hüttenartige Wellblechbaracken mittschiffs auf dem umgekehrten Boden errichtet. Die vordere war eine Kraftstation mit zwei Kompressoren, die von Benzinmotoren angetrieben wurden, einem Dynamo zur Erzeugung von Lichtstrom und einem Wechselstromgenerator für die Pumpen, die für die Kompressormotoren einen Wasserkreislauf versorgten. Die andere Baracke wurde mit hölzernen Kojengestellen zur Unterbringung der 14 Mann ausgestattet, die während der Überfahrt an Bord waren. Die Besatzung ließ sich noch mit dem Koch in der Mitte mit frisch gewaschener weißer Jacke und der großen Mütze eines Küchenchefs fotografieren. Für Signalzwecke und Anbringen einer Antenne wurden zwei kleine Masten aufgestellt, und auf einer Seite wurde ein großer Tank mit einem Durchmesser von 2,5 und einer Länge von 4,5 m zur Aufnahme des Kühlwassers für die Kompressoren und Motoren angebracht.

Eine fest ausgebrachte Luftleitung lief den Kiel entlang nach vorn und achtern mit Anschluß an jede Abteilung, so daß jederzeit sofort an allen Stellen Druckluft zugeführt werden konnte. Vorlich von den Baracken wurde zu ihrem Schutz bei Schlechtwetter ein Wellenbrecher aus Stahlblech aufgebaut. Zwei Boote und ein Rettungsfloß, auf dem Kiel angelascht, vervollständigten die Ausrüstung. Azetylen-Sauerstoffbrenner und alle Arten von Werkzeugen, die im Notfalle gebraucht werden könnten, wurden an Bord genommen.

Das Schiff, das nach der Hebung nach Lyness geschleppt worden war, lag längsseits »von der Tann«, aber für das Schleppen nach Rosyth wurden drei deutsche Hochseeschlepper verwendet: »Seefalke«, 4000 PS mit Dieselantrieb, der von Fachleuten als »ein besonders imposantes Fahrzeug« bezeichnet wurde, »Seeteufel« mit 1500 und »Parnaß« mit 700 PS.

Nach dem Ablegen von der Pier in Lyness dienten »Seefalke« und »Seeteufel« als Kopfschlepper mit einer Schlepptroß von 220 Metern Länge. »Parnaß« ging an die Steuerbord- und

Cox' kleiner Schlepper »Ferrodanks« an die Backbordseite. Der Rumpf war äußerst schwierig zu schleppen und gierte ständig über 45 Grad nach beiden Seiten vom Kurs. Von Cantock Head kam man nur sehr schwer frei, und nur die Schleppkraft von »Seefalke« bewahrte den Schleppzug davor, vom Strom bei der Springtide auf das dortige Kap gestrieben zu werden. Als er aus den wechselnden Strömungen des Pentland Firth heraus war, wurde für die Fahrt über See Schlepptroß gesteckt und die Schlepper neu verteilt: »Seefalke« backbord voraus, »Seeteufel« steuerbod voraus und »Parnaß« vor »Seeteufel« gespannt.

Als Schleppgeschirr benutzte »Seefalke« eine 45 cm starke Manilaleine von 165 m Länge, eine 15 cm-Stahltrosse von 220 m Länge und eine 5 cm starke Stegkette von 80 m Länge, die auf dem Rumpf festgemacht wurde. Nachdem diese lange Schleppverbindung gessteckt worden war, gierte der Rumpf immer noch fast ebenso wie vorher, er blieb aber für längere Zeit jeweils nach einer Seite ausgeschoren. Der Schleppzug machte etwa $2^1/_2$ Knoten Fahrt.

Schlechtes Wetter und Nebel verzögerten die Überfahrt. Die Forth-Brücke wurde am Nachmittag des 11. Mai 1932 gegen 15.50 Uhr erreicht, 75 Minuten später erfolgte die Ankunft vor dem Docktor in der Werft von Rosyth, als »Prinzregent Luitpold« bei Hochwasser eingedockt wurde. Das Schiff hatte aufgeschwommen einen Freibord von 5,50 bis 6,10 Metern und wurde nach der stürmischen Überfahrt bemerkenswert wasserdicht befunden. Dann wurde festgestellt, daß es noch um weitere 45 cm angehoben werden mußte, bevor es das innere Süll, den Drempel, der Dockgrube passieren und in das Dock gebracht werden konnte. Damit war die Arbeit des Eindockens aber noch keineswegs beendet.

Um das Wrack aufsetzen zu lassen, mußten vier Dockstapel errichtet werden. Diese bestanden aus einer Menge fester Holzbalken mit eisernen Abdeckplatten, die so angeordnet wurden, daß beim Absenken des Rumpfes vier Geschütztürme auf ihnen auflagen. Dann mußten Taucher weitere Stapel errichten, um das Schiff in ganzer Länge abzustützen. Das war eine zeitraubende Arbeit, da an manchen Stellen die Stapel bis zu 5 m Höhe errichtet werden mußten. Im Trockendock herrschte ein entsetzlicher Gestank von vermodernden Unterwasserpflanzen und toten Fischen aus dem Schiff, und immer wieder stießen Möwen auf die von der Außenhaut abgeschabten Muscheln herunter.

Das war das letzte Schiff der deutschen Flotte, das von Cox gehoben wurde, und es war das größte Schiff, das je unter Verwendung von Preßluft aus einer solchen Wassertiefe geborgen wurde. Ein Fachmann aus der Redaktion der Zeitschrift »The Engineer«, der das Schiff nach seiner sicheren Ankunft besichtigte, sagte in seinem Bericht: »Wir waren besonders beeindruckt von der hervorragenden Zusammenarbeit, von der wir glauben, daß sie keinen geringen Anteil an dem Erfolg dieser Bergungsunternehmen gehabt hat und weiterhin haben wird.«

Cox' achtjährige Bergungsarbeit hatte ihm einen Verlust von 10 000 Pfund eingetragen, obwohl der Anteil des Schrotthandels an seinem Geschäft äußerst einträglich gewesen war. Insgesamt hatte er 26 Torpedoboote und Zerstörer, sechs Großkampfschiffe und einen kleinen Kreuzer gehoben. Nachdem er abgetreten war, verbrachte er einen Großteil seiner Zeit mit Vorlesungen über sein Werk zugunsten von Wohlfahrtseinrichtungen. Aber allmählich ließen seine Gesundheit und seine körperlichen Kräfte nach; er war indessen 76 Jahre alt, als er 1959 starb.

Lange Zeit vorher hatte *Hitler* angeordnet, daß die deutschen Schlepper nicht mehr für die schändliche Aufgabe zu verwenden seien, deutsche Schiffe zum Verschrotten zu bergen. Sie wurden deshalb zurückgezogen. An ihre Stelle traten holländische Schlepper, und nun war Kapitän *Vet*, ein erfahrener Seemann mit großen Fähigkeiten, der leitende Schlepperkapitän.

## 11. Metal Industries Ltd. übernehmen

**Die Firma,** die weitermachte wo Cox aufgehört hatte, war *Metal Industries Ltd.*, die bisher die von Cox & Danks gehobenen Schiffe angekauft und verschrottet hatte. Es mag verwundern, warum sie in Kenntnis der hohen Unkosten, die für Cox entstanden waren, sich auf die Bergung sogar noch schwieriger Wracks einlassen konnte. Aber *Robert W. McCrone,* der geschäftsführende Direktor dieser Gesellschaft, war ein Mann von gleicher Entschlußkraft und ebensolchem Schwung wie Cox, den jedoch weit bessere geistige wie auch technische Veranlagung auszeichneten. Er sowohl als auch sein Vorsitzender, *Sir Donald Pollock,* waren Organisatoren mit hervorragenden Fähigkeiten auf einem Gewerbezweig, den Cox nicht so besonders gut beachtet und gepflegt hatte, obwohl er doch immer beherzt, einfallsreich und verantwortungsbereit gewesen war.

McCrone hatte nur geringes Bedürfnis nach persönlichem Ansehen in der Öffentlichkeit oder öffentlicher Anerkennung. Er unterschied sich darin von Cox, von dem allgemein bekannt war, daß er anstrebte, in den Ritterstand erhoben zu werden und damit Adelswürden zu erhalten. Robert McCrone wurde 1893 geboren und besuchte die Merchester Castle School in Edinburgh, bevor er am Royal Technical College in Glasgow studierte. Er hatte gerade seinen Lehrabschnitt beendet, als der Erste Weltkrieg ausbrach. Er wurde als Ingenieur in die Field Company 400 der *Royal Engineers* eingestellt und diente von 1915 bis zum Ende des Krieges in Frankreich und erwarb das Militärkreuz, außerdem wurde er amtlich belobigt. Als Hauptmann eine Zeitlang dem französischen Hauptquartier an der Marne zugeteilt, wurde er mit dem *Croix de Guerre* ausgezeichnet. Nach dem Kriege war er längere Zeit im Konstruktionsbüro bei Vickers Armstrong tätig und bearbeitete hier Aufgaben im Zusammenhang mit der Abrüstung veralteter Schiffe der britischen Flotte. Danach folgte eine zweijährige Beschäftigung bei der Granton Shipbuilding Company mit dem Entwurf von Werftanlagen usw. Noch nicht 30 Jahre alt, hatte er sich doch schon gründliche praktische und theoretische Kenntnisse erworben und war mit der Führung von Menschen vertraut.

Zusammen mit zwei anderen Kriegsteilnehmern gründete er die Alloa Shipbreaking Company. Einer seiner Gesellschafter war *Stephen Hardie*, ein geprüfter Bücherrevisor, der später der erste Vorsitzende des Steel Board wurde, als diese Industrie verstaatlicht wurde. Der andere war *Dr. Donald Pollock*, Flottenarzt der RNVR (Königlich Britische Freiwillige Marine-Reserve), der über gute Verbindungen zur Harley Street (Londoner Wohnviertel angesehener und wohlhabender Ärzte) verfügte und später Sir Donald Pollock wurde. Pollock hatte wertvolle Beziehungen zu hohen Stellen in der Admiralität aus seiner Kriegsdienstzeit. Diese drei Männer wurden in ihrem Betrieb respektlos als »Die Drei Musketiere« bezeichnet. McCrone drückte der Belegschaft sehr bald den Stempel seiner Persönlichkeit auf, ihm wurde die Fähigkeit zugeschrieben, in einer Werkstatt sofort die einzige Maschine zu erkennen, die vielleicht nicht zu 100 % ausgelastet sein könnte.

Aus verschiedenen Gründen, die in der Hauptsache mit der Wassertiefe in Alloa (am innersten Teil des Firth of Forth) zusammenhingen, verlegte die Firma nach Charleston weiter außen im

Firth of Forth und übernahm die Rosyth Shipbreaking Company, die über Gelände in der Marinewerft in Rosyth verfügte. Dieses Gelände und andere Anlagen wurden beträchtlich erweitert und die zeitweilige Verpachtung eines Trockendocks von der Admiralität erwirkt, um die von Cox & Danks gehobenen großen Schiffe zu verschrotten.

Metal Industries Ltd. wurde 1923 als eine Gesellschaft gegründet, deren geschäftsführender Direktor McCrone und Vorsitzender Pollock war. 1950 zog sich Pollock zurück, und McCrone wurde an seiner Stelle Vorsitzender, eine Position, die er bis zu seinem Ausscheiden im Jahre 1955 beibehielt. Er wurde dann Direktor von British Oxygen Ltd., Mitglied des Electricity Board von Südschottland, Mitglied von Lloyd's, Präsident des Royal College of Science and Technology, an dem er außerdem außerordentliches Mitglied war, ein Bachelor of Science an der Universität Glasgow, Mitglied des Institute of Engineers, MICE, und Vorsitzender mehrerer anderer Industriekonzerne. Heute ist er noch im Aufsichtsrat verschiedener Gesellschaften tätig und befaßt sich mit verschiedenen weitreichenden und beachtenswerten Angelegenheiten von öffentlichem und privatem Interesse.

Für Cox war es verhängnisvoll, als allgemein ein Preissturz für Metallschrott eintrat; die neue Gesellschaft erzielte das Doppelte seiner Preise. McCrone war sich schnell darüber im Klaren, daß auch andere Faktoren zu den mageren finanziellen Ergebnissen von Cox' Bergungsarbeiten beigetragen hatten. Ein großer Teil seiner Maschinenausstattung war abgenutzt und veraltet; seine Bergungsfahrzeuge waren nicht mehr geeignet; seine Preßluftpumpen waren den Anforderungen nicht gewachsen; seine Belegschaft wurde wegen des veralteten Materials und der unwirtschaftlichen Methoden nicht rationell eingesetzt. Die neue Firma übernahm zunächst Cox' Anteile und danach seine Geräte, von denen das Schwimmdock den größten Wert besaß. Sie übernahm außerdem sein Personal, insbesondere den unentbehrlichen Mann, McKenzie. Cox hatte etwas mehr als 200 Mann beschäftigt, die neue Firma erhöhte den Personalbestand um 50 %, als die Arbeiten weitergingen.

Zu keiner Zeit gab es Schwierigkeiten bei der Personalbeschaffung, besonders in den 30er Hungerjahren, als es anderswo beträchtliche Arbeitslosigkeit gab. Verglichen mit den allgemeinen Löhnen in der Industrie war die Bezahlung nicht besonders hoch, aber die Aussicht auf langfristige Beschäftigung mit einem Stundenlohn von $11^1/_2$ Pence bei einer 48-Stunden-Woche mit freier Unterkunft bildete doch einen Anreiz. In der Praxis gab es keine feste Arbeitszeit, Überstunden wurden je nach Bedarf gerne geleistet. Zusätzlich wurde die Hälfte der Beträge, die bei Arbeiten in einer Abteilung des Schiffes gegenüber dem Kostenanschlag eingespart wurden, der betreffenden Arbeitsgruppe als Prämie ausgezahlt. McKenzie, als Mann mit seinen Fähigkeiten für ein verhältnismäßig geringes Gehalt angestellt, erhielt für jedes gehobene Schiff ebenfalls einen großzügigen Bonus von 5000 Pfund. Er verursachte aber doch bei der Gesellschaft ein Stirnrunzeln, als er einmal innerhalb eines Jahres zwei Schiffe hob.

Die Arbeit hatte über die Garantie eines Arbeitsplatzes hinaus aber auch noch andere Anziehungskraft: die durch langjähriges gemeinsames Arbeiten und Zusammenleben entstehende Kameradschaft; den Umstand, daß jeder Mann sein Mitwirken vom Anfang bis zu Ende übersehen konnte; die tiefe Befriedigung, wenn der Bug eines versenkten Schiffes in einem eindrucksvollen Strudel von Wasser, Öl und ausströmender Luft durch die Oberfläche brach. Ein Mann konnte den erfolgreichen Abschluß einer schweren Arbeit miterleben, und bei jeder Bergung gab es wieder die gleiche Erregung. Die immer präsenten Gefahren würzten die langen Stunden schwerer Arbeit. Die Arbeitsverhältnisse waren ausgezeichnet: während der ganzen Dauer der Bergungsunterneh-

mungen gab es nur einmal einen Streik für bessere Arbeitsbedingungen – und er dauerte genau zehn Minuten.
Die neue Firma fing tatkräftig an. Der Betrieb wurde vollständig reorganisiert. Sauerstoff hatte Cox mit erheblichen Kosten belastet. Die neue Firma stellte ihn selber her, aber in flüssiger Form. So war er leichter zu transportieren, war billiger und in jeder Beziehung einfacher zu verwenden. Zum Beispiel konnte er jetzt nach Bedarf durch Rohrleitungen direkt den Schiffen zugeführt werden, die 100 Rohre von Metal Industries lieferten alles Gas, das gebraucht wurde; die neuen Azetylen-Sauerstoff-Brenner wurden von nur zwei Mann im Unterschied zu der Gruppe von 25 Mann bedient, die früher dazu benötigt worden waren. Flüssiger Sauerstoff wurde auch an andere Firmen verkauft und dadurch zur Herabsetzung der laufenden Unkosten beigetragen. Der robuste »Ferrodanks«-Schlepper wurde, nachdem sein nutzvolles Leben als beendet befunden wurde, ausrangiert und verschrottet. Ein Drifter, »Mary Cowie«, und das weiße Motorboot »Doris« wurden angekauft, um die Männer zu und von ihrer Arbeit zu bringen.
Auch Pollock war ein gewiefter Geschätsmann. Er besuchte zum Beispiel Stahlwerke in Deutschland und traf Verkaufsvereinbarungen für Metallschrott, der zu Stücken passender Größe, die für ihre Schmelzöfen verwendbar war, zurechtgeschnitten war. Er war es auch gewesen, der entschieden hatte, daß die von Cox gehobenen Schiffe erst nach ihrem sicheren Eindocken angekauft wurden und damit Cox die kostspielige Versicherung während des langen Schlepps tragen ließ. Auch er hatte zahlreiche Interessen, eine davon war die des zweiten Rektors der Universität Edinburgh.
Allgemein wurde gesagt, daß da, wo Cox Fehlschläge erlitten hatte, Metal Industries keine Hoffnung auf Erfolg haben könnte. Mit ihren modernen Methoden und Maschinenausstattungen so-

wie besserer Organisation waren sie jedoch in der Lage, je Schiff einen durchschnittlichen Verdienst von 50 000 Pfund zu erzielen.
»Bertha«, die von der Grangemouth Dockyard Company zu einem Bergungsfahrzeug umgebaut wurde, war von der Southern Railway-Gesellschaft gekauft worden. In sie wurden vier Kompressoren mit einer Pumpleistung von 70 cbm pro Minute eingebaut. Sie wurde außerdem mit Dynamos, Werkstätten und allem anderen, was für die schwere ihr bevorstehende Arbeit benötigt wurde, ausgestattet. Ihre Hebebäume und Trossen konnten 25 t heben.

Dann sprach McCrone bei der Admiralität vor und kaufte die »Bayern« für 1000 Pfund. Die nachfolgenden Schiffe kosteten die Gesellschaft je 2000 Pfund. »Baden«, die in sinkendem Zustand auf Strand gesetzt worden war, und »Bayern« von der gleichen Schiffsklasse waren beide von Deutschland im Jahre 1916 fertiggestellt worden. Sie waren die Entgegnung auf Englands »Queen Elizabeth«-Klasse. Sie waren die ersten deutschen Linienschiffe mit 38 cm-Geschützen mit einem Geschoßgewicht von 750 kg. Sie unterschieden sich in gewisser Weise von der »König«-Klasse: zum Beispiel war der Gürtelpanzer tiefer heruntergezogen und die Lage des achteren Kesselraumes mit dem hinteren Maschinenraum ausgewechselt worden. »Baden« war ursprünglich nicht für die Auslieferung vorgesehen gewesen, sondern wurde als Ersatz für »Mackensen« entsandt, den Schlachtkreuzer, der tatsächlich nie zu Ende gebaut wurde.

Als die Arbeiten an der »Bayern« aufgenommen wurden, begegnete man einigen Schwierigkeiten, und ein Schiffbauer aus Glasgow, Dr. Douglas, wurde zur Beratung hinzugezogen. Später, als die Arbeiten an »Großer Kurfürst« in die Hand genommen wurden, entschloß sich Metal Industries, ständig ein Mitglied mit Schiffbauerfahrungen in die Direktion aufzunehmen, und Mr. *J. Robertson,* der 1933 aus Canada zurückkehrte, wurde eingestellt. Da diese Aufgabe ihn nicht die ganze Zeit hindurch voll ausfüllte, arbeitete er im Inneren der Schiffe mit, solange sie noch auf dem Grund lagen. Als McKenzie anregte, daß Robertson im Tauchen ausgebildet würde, fand er in ihm einen bereitwilligen Schüler. Bei Beschreibung seines ersten Tauchens erzählte Robertson, wie er in dem Taucherboot in der Nähe von »Großer Kurfürst«, der an der Pier in Lyness lag, seinen Anzug angezogen hatte. Mit den schweren Stiefeln und Brustschild stolperte er zu der Leiter, an deren Fuß ein erfahrener Taucher an der Leine auf ihn wartete, die von der Leiter zum Grunde 12 m tiefer führte. Die Gewichte wurden angelegt, dann der Helm aufgesetzt. Die Luft wurde angestellt und das Schauglas festgeschraubt, er war jetzt in seiner eigenen Welt und fühlte sich etwas ängstlich. Das Vertrauen kam wieder, als er beim Anblick des wartenden Tauchers die Leiter verließ und sich zu der Leine schwingen ließ. Danach machte ihm das neue Erleben immer mehr Freude. Das Wasser war klar und die Sicht gut. Er wurde unter das Schiff geführt, wo es vollkommen dunkel war. Das Sehen wurde ihm etwas schwer, weil seine Luftzufuhr absichtlich etwas knapp gehalten wurde, damit er nicht nach oben »schoß« (zu viel Luft konnte einen Taucher an die Oberfläche reißen). Unerwartet berührte er ein Stück Leine zwischen den Rohren des Turmes »A« und fiel prompt hin. Er erfuhr später, daß der andere Taucher ihn am Arme ergriffen hatte und, nachdem er Luft in seinen Helm eingelassen hatte, sie beide sicher auf den Grund brachte. Als er später gelernt hatte, wie er sich unter Wasser herumbewegen konnte, wurde er mit hinausgenommen in die Bucht von Scapa Flow. Aber die Gewandtheit eines erfahrenen Tauchers hat er nie erreicht.

Robertson zollt, wie auch andere, der Geschicklichkeit und Ausdauer der Taucher großen Respekt, die sowohl als Taucher als auch als Vorarbeiter innerhalb der Schiffe arbeiteten. Außerhalb arbeiteten sie mit normalen Taucheranzügen in Wassertiefen bis zu 60 Metern. Das übliche Vorgehen einer Tauchergruppe war es, das nächste zu hebende Schiff zu untersuchen, während das vorherige zum Abschleppen nach Rosyth klargemacht wurde. Wenn sie die Lage des Schiffes festgestellt hatten, markierten sie nach seiner Untersuchung die Abteilungen. Nach vorbereiteten Zeichnungen wurden dann die Anbringungsorte der Luftschleusen festgelegt und die Vorbereitungen zum Befestigen der Stage getroffen. Sobald die erste Luftschleuse angebracht und benutzbar war, begann die Arbeit innerhalb des Schiffes, wobei der Taucher jetzt als Vorarbeiter der unter Luftüberdruck arbeitenden Männer fungierte. Hierbei trug er langschäftige Seestiefel und Ölzeug. Inzwischen brachten andere Taucher die übrigen Luftschleusen an und befestigten sie mit Stagen.

Wenn ein »Ausbläser« in einer Abteilung eintrat, oder ein Leck, mußte der Taucher erneut seinen Taucheranzug anziehen und in das Schiff einsteigen, um es abzudichten. Wenn das Schiff angehoben und dichter unter Land gebracht worden war, waren es wiederum die Taucher, die die Geschütztürme, den Mast und Teile der Aufbauten mit Sprengladungen zu entfernen hatten, bevor das Wrack so nahe an die Lyness-Pier herangebracht werden konnte, wie es gewünscht wurde. Sie mußten außerdem die Überführungsbesatzung begleiten, die auf dem Rumpf während des Schleppens nach Rosyth lebte, wo die Taucher an Land gingen und das Schiff im Trockendock zum Abwracken herrichteten. In Scapa Flow die ersten am Werk, waren sie die letzten, die in Rosyth damit aufhörten.

Wie so viele der Schiffe, lag »Bayern« kieloben auf 37 m Wasser. Sie hatte eine Schlagseite von neun Grad, und man kam zu dem Entschluß, daß sie auch nur unter Verwendung von Preßluft gehoben werden könnte. Bei normaler Springtide standen 20 m Wasser über dem Vorschiff und 26 m über dem Achterschiff.

Um Zugang zum Schiffskörper zu schaffen, wurden sieben Luftschleusen auf dem Schiffsboden angebracht. Es waren riesige turmartige Zylinder von 21 bis 27 m Höhe, die sich vom Unterteil, das einen Durchmesser von über 2 m hatte, nach oben verjüngten. Der längste wog 20 t, was die Taucher vor eine schwere

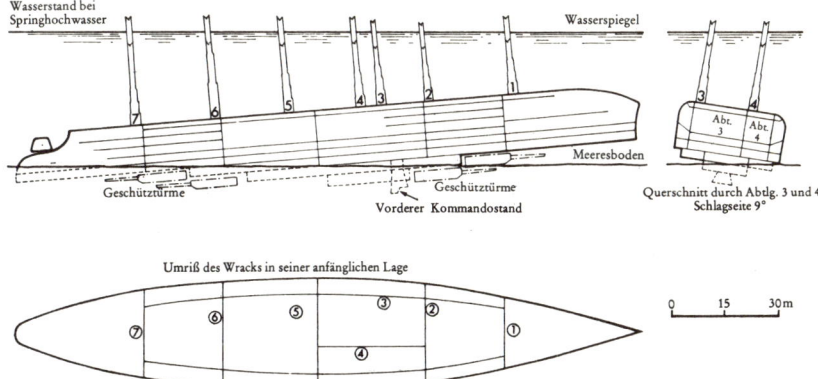

*Zeichnung 3* »Bayern« – Unterteilung und Aufstellung der Lufschleusen

Aufgabe stellte. Sie wurden in 3 m-Stücken aufgebaut mit »Rast«-Plattformen alle 6 m, sowie Leitern sowohl auf der Innen- als auch auf der Außenseite. Nachdem sie in Lyness unter einem Druck von 6,4 kg/cm² getestet worden waren, wurden sie zur »Bayern« hinausgeschleppt, und zwar in einem Stück, um die Montagearbeit durch Taucher in tiefem Wasser möglichst gering zu halten. Die sieben Abteilungen, in die das Schiff unterteilt worden war, erlaubten es, Trimmlage und Stabilität aufrechtzuerhalten.
Die Taucher hatten es in der Zeit, in der die Luftschleusen angebracht wurden, besonders schwer. Zwei Dutzend Klampen, oder Halterungsaugen waren als erstes auf der Außenhaut zu verschrauben zur Befestigung der Stage. Ein Kreis provisorischer Löcher wurde nach einer Schablone genau gebohrt, alle Löcher mit Schraubgewinde versehen und Dichtungsscheiben zur Aufnahme des Bodenflansches der Luftschleuse befestigt. Sobald diese ab-

gelassen wurde, verschraubten zwei Taucher den unteren Flansch mit den Dichtungsscheiben. Inzwischen holten andere Taucher die Drahtstage herauf zu Männern oben auf der Luftschleuse. In fieberhafter Arbeit setzten diese die Stahldrahtstage mit Spann- oder Flaschenschrauben absolut steif. Diese Schrauben vereinigen in sich zwei Spindeln, eine mit einem rechtsgängigen, die andere mit einem linksgängigen Gewinde. Beide sind in einer gemeinsamen Einfassung, und wenn die Schraube gedreht wird, setzt sie nach Bedarf die mit ihr verbundene Leine entweder steif oder gibt ihr Lose. Dann bohrten die Taucher endgültige Löcher durch den Schiffsboden, wobei der Bodenflansch als Schablone diente. Wenn diese Arbeit beendet war – sie mußte an allen sieben Luftschleusen gemacht werden –, wurde das Wasser in den Luftschleusen und in den darunter liegenden Arbeitsräumen mit Preßluft ausgedrückt. Dann wurde ein Mannloch durch die Außenhaut und ein ähnliches durch die Oberseite der Tanks gebohrt. Azetylen-Sauerstoffbrenner konnten dazu wegen der entzündlichen Gase nicht benutzt werden.

Die sieben Abteilungen, über deren jeder sich eine Luftschleuse befand, mußten dann wasserdicht gemacht werden. Eine unheimliche Arbeit machte das Abdichten der Schottwände. Hunderte von Rohrleitungen der verschiedensten Stärke waren abzuschneiden und blindzuflanschen. Luftleitungen von wenigen Zentimetern bis zu mehr als einem Meter Querschnitt mußten von Hand abgeschnitten werden, Öffnungen in den Schotten dicht gesetzt und Ventile verschiedenster Art ausgebaut werden, so daß man ihre Undichtigkeit beseitigen konnte; Türen wurden versteift. Diese ganze Arbeit wurde unter einem Überdruck von 2,8 bis 3,9 kg/cm$^2$ durchgeführt, und die Männer standen in ihren Schutzanzügen oft bis zum Hals im Wasser. Besondere Vorsorge mußte gegen die stickige Luft getroffen werden, weil der Luftsauerstoff von mikroskopisch kleinen Lebewesen verbraucht worden war.

Im Endabschnitt der Arbeiten waren die Bedingungen so schlimm, daß man die schlechte Luft nur durch Herabsetzen des Luftdruckes in einigen Abteilungen auf atmosphärischen Druck beseitigen konnte. Man hielt das bemerkenswerte Ausbleiben von Unfällen während des Bergungsvorganges der hauptamtlichen Tätigkeit eines qualifizierten Chemikers zugute. Das war *Cowan*, eine gesellige Seele von einem Menschen, beliebt bei jedermann, besonders bei den Feiern, die Metal Industries als Regel bei jeder erfolgreichen Bergung zu veranstalten pflegte. Er war Mitglied des Tanzkommittée's und produzierte während der Tanzveranstaltungen als Cocktail eine umwerfende Getränkezusammenstellung, die er »Nelsons Blut« nannte. Noch heute genügt es, den Namen Cowan's zu nennen, um alle, die mit ihm arbeiteten, zum Lächeln zu bringen. Cowan nahm täglich eine Luftprobe aller Abteilungen des Wracks, in denen Männer arbeiteten, und prüfte, ob sie irgendwelche Spuren des hochexplosiven Gases Methan enthielten, das sich beim Vermodern pflanzlicher Stoffe bildete, wenn Luft eingepumpt wurde. Das Prüfgerät, das er mit nach unten nahm, hätte nicht einfacher sein können – ein paar billige Luftballons und eine Fahrradpumpe, mit der er sie zu einem Teil aufblies. Damit bestieg er die Luftschleuse, um die Druckverminderung in gleicher Weise mitzumachen wie die Schicht, die aus dem Wrack heraufkam. Das dauerte zwischen $^3/_4$ und $1^1/_2$ Stunden. Beim Druckabfall in der Luftschleuse wurden die Ballons größer, und Cowan pflegte dabei den Männern einen Einführungsunterricht zu erteilen über die Notwendigkeit, sich der ganzen Druckausgleichsprozedur zu unterziehen, indem er ihnen in blumenreichen Worten erklärte, daß das, was mit den Luftballons passierte, sich in genau der gleichen Weise in ihrem Inneren während der Zeit der Druckanpassung abspielte.
Cowan war 60 und stand in dem Ruf beachtlichen Scharfsinns. Zur Illustration dieser Eigenschaft wurde eine Geschichte erzählt,

daß er einmal, als er aus irgendeinem Grunde nicht selber eine Luftprobe holen konnte, einen Feuerwehrmann bat, ihm eine mitzubringen. Der Mann tat das, hatte aber irgendwie beim Verlassen der Luftschleuse das Pech, daß ein Loch in den Ballon kam. Statt das zuzugeben oder umzukehren und eine neue Probe zu holen, blies er einen anderen Ballon auf, den er dann Cowan übergab. Schon kurz nach dem Beginn der Analyse ließ Cowan den Feuerwehrmann zu sich rufen und sagte ihm: »Es wäre gut, wenn Sie etwas für Ihren Atem täten! Er ist sehr stickig.« Man erzählt, daß seiner Aufmerksamkeit nie etwas entging. Nie hatte er etwas dagegen, in einen Druck von 3,5 kg/cm² hinunterzusteigen, um seine Proben zu entnehmen. Es gibt keinen Bericht über einen Fall, daß er das Vorhandensein gefährlicher Luft in einer Abteilung nicht rechtzeitig bemerkt hätte.

Wenn ein Mensch unter Überdruck arbeitet, vermehrt sich die Luft in Lunge, Nase, Mund und Ohren in dem Maße, in dem der Luftdruck steigt. Der Luftdruck muß deshalb über die Trommelfelle ausgeglichen werden. Wenn die Eustachischen Röhren verschlossen sind, treten aller Wahrscheinlichkeit nach erhebliche Schmerzen mit Nasenbluten und Ohrenbluten auf, und es muß mit bleibenden Trommelfellschäden gerechnet werden. Bei hohem Druck werden die Gewebezellen des Körpers sehr schnell mit Stickstoff[20] gesättigt. Wenn ein Arbeiter lange Zeit hohem Druck ausgesetzt war, bedarf es unbedingt einer langsamen Anpassung an den niedrigeren Luftdruck, wenn er wieder unter normalen atmosphärischen Druck gebracht werden soll, ohne daß Stickstoff in gefährlicher Menge aus seinem Blutkreislauf und den Gewebezellen frei wird. Für diese Druckanpassung sind Tabellen ausgearbeitet worden, die ungefähre Zeiten angeben, die ein Mensch in Druckminderungskammern verbleiben muß, so daß der Stickstoff ohne Gefährdung aus dem Blut ausgeschieden werden kann und keine Blasen von einer Größe entstehen, die nicht die Kapillargefäße passieren können. Die Dauer der Druckminderung richtet sich nach der Länge der Zeit, die ein Taucher unter Überdruck gewesen ist.

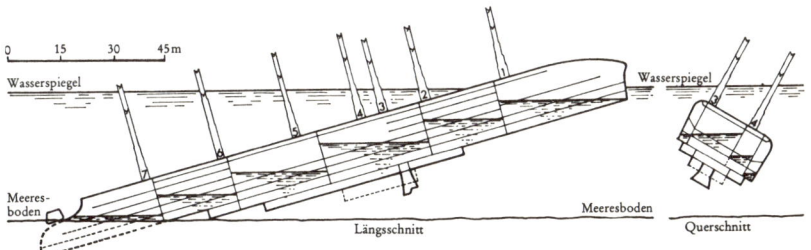

*Zeichnung 4* »Bayern«

Wenn eine neue Abteilung aufgemacht wurde, war Cowan der erste Mann, der sie betrat. Seine Theorie war, daß das giftige Gas von verfaulenden Segeltuchpersennings ausgeschieden wurde. Als ein Mann einmal wegen des Giftgasrisikos Abneigung zeigte einzusteigen, bot ihm Cowan den Beweis an, daß keine Gefahr einer Entzündung bestand, indem er sich in den Raum setzte und eine Zigarre rauchte.

Am 18. Juli brach eine Hauptlenzleitung und ließ die Preßluft in das Vorschiff strömen, während die Kompressoren noch liefen. Das Wrack kam dadurch vom Grunde los, und der Bug stieg vorzeitig über 3 Meter aus dem Wasser heraus. Die erschreckende Luftausdehnung, die dabei auftrat, brachte auch das Heck zum Steigen, und das Schiff rollte eine Zeitlang an der Oberfläche, während die ausströmende Luft hohe Wasserfontänen aufsteigen ließ. Um Haaresbreite wäre es unter dem Bergungsfahrzeug »Bertha« aufgeschwommen, das in der Nähe zu Anker lag. Dann verlor das Wrack seinen Auftrieb wieder und versank langsam. Taucher stellten fest, daß beim Aufschwimmen vier Geschütztürme mit einem Gewicht von 2.500 t herausgefallen waren. Das hatte den Gewichtsschwerpunkt verlagert, und es mußten viele zusätzliche Arbeiten vorgenommen werden, bevor ein neuer Versuch der Hebung unternommen werden konnte. So entschloß man sich zum Beispiel, den vorderen Kommandoturm nach oben in das Schiff hineinzudrücken. Der Kommandoturm hatte zwei Teile, die einmal aus dem schwer gepanzerten Kommandostand selber, zum anderen aus einem viereckigen gepanzerten Kabelschacht bestanden, der im Schiff durch vier Decks reichte. Wenn dieser letztere weit genug nach oben in das Schiff hineingedrückt war, wurden Halteknebel als Riegel durch eingeschnittene Löcher hindurchgeschoben, um den ganzen Turm in der hineingedrückten Lage festzuhalten.

In diesem Monat schlug das Schicksal zu, als John (»Busy«) Bee aus Portsmouth kurz nach dem Auftauchen auf der »Bertha« starb, nachdem er zu früh die Druckminderungskammer verlassen hatte. Er war kein junger Mann mehr, und die Belastung war für sein Herz zu stark gewesen.

Es war beabsichtigt gewesen, den nächsten Vesuch zur Hebung der »Bayern« am darauffolgenden Tage zu unternehmen, das Wetter war aber sehr ungünstig. Außerdem hatte sich ohne einen erkennbaren Grund die Schlagseite der »Bayern« nach Backbord auf 42 Grad erhöht, und es sah so aus, als wenn sie sich ganz auf die Seite legen würde. Als sie wieder auf Grund lag, waren drei Luftschleusen völlig unter Wasser und nicht mehr benutzbar. Auf ihnen wurden Verlängerungen angebracht, die Schlagseite um drei Grad verringert und an mehreren Tagen Stabilitätsversuche gemacht.

Am 1. September, nach achtmonatiger Arbeit, wurde der Entschluß gefaßt, einen neuen Hebeversuch zu unternehmen, und alle Kompressoren auf Volleistung gebracht. Alle Männer waren

Abbau einer Luftschleuse von »Derfflinger« vor dem Abschleppen zur Abwrackwerft. Wegen Ausbruchs des Zweiten Weltkrieges vergingen sieben Jahre, bis dies erfolgen konnte. (Conway Picture Library)

*Oben:* Arbeit an einer der vier gewaltigen Schrauben von »Derfflinger«, die zusammen ein Gewicht von über 36 t Nicht-Eisenmetall hatten. (Conway Picture Library)

*Unten:* Ein Druckluftarbeiter in »Derfflinger's« *Weinkeller*, der natürlich ebenfalls auf dem Kopf steht. Die Flaschen sind leer, da der zum Heben der Schiffe benutzte Luftüberdruck auch die Korken hineingedrückt hat. (Conway Picture Library)

*Oben:* »Derfflinger« im Schlepp nach Faslane Port (am oberen Rande des Bildes) am Clyde-Fluß. (J. Robertson)
*Unten:* »Derfflinger« im Schwimmdock in Faslane Port am Clyde-Fluß. Das Abwracken ist schon weit fortgeschritten, und die Art des Abstützens der Außenhaut, um das Schiff in aufrechter Stellung zu halten, ist deutlich zu erkennen. (J. Robertson)

Commodore T. McKenzie, CB, CBE, RNVR, der sowohl bei Cox & Danks als auch bei Metal Industries Ltd. Haupt-Bergungsleiter war, (Mrs. McKenzie)

auf ihren Stationen, als der »Klar-zum«-Befehl gegeben wurde. Fünf Minuten später kam die Anweisung »Luftschläuche abschlagen«. Nach weiteren zwei Minuten bewegte sich das Schiff und begann zu steigen. Die achteren Luftschleusen hatten sich etwas bewegt, als das Heck vom Grunde freikam. Jeder halbe Meter ließ beim Höherkommen den Wasserdruck um $1/20$ kg/cm² abnehmen. Die sich ausdehnende Luft im Inneren erreichte die Gewalt einer Explosion und »Bayern« schoß binnen 30 Sekunden an die Oberfläche, wobei der entweichende Luftüberdruck riesige Luft- und Wassersäulen 50 Meter hoch in die Luft schleuderte. Das Hochkommen ging mit einer solchen Geschwindigkeit vonstatten, daß selbst als das Schiff 3 m über Wasser war, immer noch das 2 m hoch über dem Schiffsboden stehende Wasser in Kaskaden herunterstürzte und die Bergungsdampfer in dem entstehenden Schwall heftig zum Schlingern brachte. Über 55.000 Kubikmeter überschüssiger Luft mußten ausströmen, wenn das Schiff nicht bersten sollte unter einem Druck von 3,5 kg/cm² am Boden des Rumpfes und 0,7 kg/cm² an seiner Oberfläche. Wassersäulen schossen in die Höhe, als die Luft entwich und innerhalb von etwa 40 Sekunden wurden die Männer auf den Luftschleusen um 12 bis über 20 Meter in die Luft gehoben und schwangen mit ihnen hin und her, bis das Schiff zur Ruhe gekommen war.
Das größte Schiff, das je aus dieser Wassertiefe gehoben worden war, war jetzt reif zum Abwracken.
McKenzie hielt dies für die beste Bergung, die die Firma unternommen hatte, obgleich sie durch einen schlechten Sommer, starke Winde und entsetzliches Wetter behindert worden war.
Am 2. September, 24 Stunden nach dem Heben, wurde das Schiff vier Meilen abgeschleppt und etwa eine Meile von dem Hafen von Lyness entfernt in flachem Wasser auf Grund gesetzt. Wenige Tage danach wurde es bei Springhochwasser nach Lyness gebracht und für den Schlepp nach Rosyth zur Abwrackwerft klargemacht.

Die nächsten beiden in Frage kommenden Schiffe waren »König Albert« und »Kaiserin«. Beide lagen auf tieferem Wasser, »König Albert« wurde als erstes der beiden ausgewählt. Er war im Juli 1910 bei der Schichau-Werft in Danzig auf Kiel gelegt und 1913 fertiggestellt worden. Die Schiffe der »König«-Klasse waren die ersten deutschen Linienschiffe mit allen Geschütztürmen in Mittschiffsaufstellung. Ihre größere Breite gab ihnen einen guten Unterwasserschutz, einen weit besseren, als ihn je ein britisches Schlachtschiff besaß. »König Albert« hatte an der Skagerrak-Schlacht nicht teilgenommen, da er zu dieser Zeit in der Werft zur Überholung gelegen hatte.

Im Oktober 1934 führten vier der besten Taucher der Firma eine gründliche Untersuchung des Wracks durch. Sie stellten fest, daß der Bug in 38 m und das Heck in 42 m Wasser lag. Es hatte eine Backbordschlagseite von etwa 9 Grad und lag kieloben, alle Geschütztürme und Aufbauten in weichen Schlick eingegraben. Man war sich darüber im Klaren, daß die Bergung äußerst schwierig werden und daß die einzig mögliche Methode des Hebens wiederum die Verwendung von Preßluft sein würde. Die Bergungsmannschaft hatte aber jetzt schon reiche Erfahrungen, ihr erster Schritt war die Feststellung und Abdichtung aller Bodenventile, Kühlwassereintritte, Unterwasser-Torpedorohre usw. mit schnellbindendem Zement. Das Schiff wurde in sechs Abteilungen unterteilt, die Luftschleusen wurden wieder an Land in Sektionen hergestellt und dann wie üblich hinausgeschleppt. Da die geringste Wassertiefe über dem Wrack 26 m betrug, mußten die Luftschleusen 30 m lang sein. Das waren die längsten, die bisher angefertigt worden waren, und die Anbringung dieser 25 t-Zylinder in kabbeliger See, während sie an einem 21 m langen Kranausleger eines Schwimmpontons schwangen, war entsprechend schwierig. Für diese Arbeit mußten einigermaßen ruhige Tage ausgesucht werden; im Winter, noch dazu in Scapa Flow, waren solche Tage selten. Die erste Luftschleuse wurde am 29. November angebracht. Bis Ende April 1935 waren acht Luftschleusen an Ort und Stelle, und die Innenarbeiten wurden von etwas über 40 Mann in Angriff genommen, die schichtweise unter einem Überdruck von 3,1 bis 3,9 kg/cm² arbeiteten.

Monate schwieriger und gefährlicher Arbeiten gingen darüber hin, die Schäden zu reparieren, die die deutschen Offiziere und Besatzungen vor dem Versenken des Schiffes ihm beigebracht hatten, sowie die weitaus schwereren Schäden, die der ungeheure Wassereinbruch an den Schotten verursacht hatte, als das Schiff kenterte. Wiederum mußten Türen versteift, starke Rohrleitungen aufgeschnitten und dichtgeflanscht, hunderte von Kabel- und Rohrleitungen durchgeschnitten und alle Durchbrüche verschlossen werden, bevor die Schottwände wasserdicht gemacht werden konnten. Häufig gab es Verzögerungen infolge von Sturm oder anderen schlechten Wetterbedingungen, wenn das Versetzen zwischen den Luftschleusen und den Bergungsdampfern schwierig und oft gefährlich wurde. Manchmal wurden die Arbeiter an den Luftschleusen von plötzlichem Sturm überrascht und waren dort für Stunden quasi ausgesetzt, bevor die Bergungsfahrzeuge sie abholen konnten. Es gab auch infolge der Arbeit unter Preßluft öfter Erkrankungen, obgleich sofortige Behandlung immer auf den Bergungsdampfern und an Land sichergestellt war.

In der dritten Woche des Juli waren alle Schottwände abgedichtet, und die letzten Vorbereitungen für die Hebung begannen. Es wurde beschlossen, vor dem tatsächlichen Stattfinden der Hebung sich nicht um eine Korrektur der Schlagseite zu bemühen; die beste und sicherste Methode würde sein, das Vorschiff zuerst zu heben, dann soweit nötig die Schlagseite zu verändern und zum Schluß das Heck zu heben. Am 27. Juli standen die vorderen Abteilungen nahezu unter dem zum Heben erforderlichen Druck, als ein Südoststurm die Vorbereitungen vorübergehend unter-

211

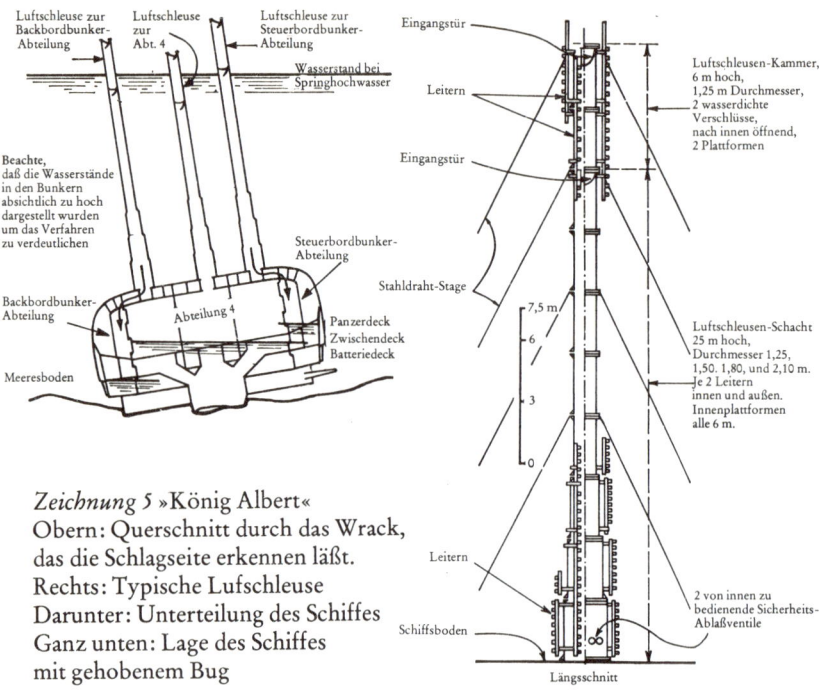

*Zeichnung 5* »König Albert«
Obern: Querschnitt durch das Wrack,
das die Schlagseite erkennen läßt.
Rechts: Typische Lufschleuse
Darunter: Unterteilung des Schiffes
Ganz unten: Lage des Schiffes
mit gehobenem Bug

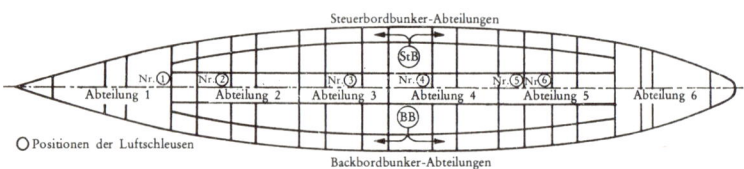

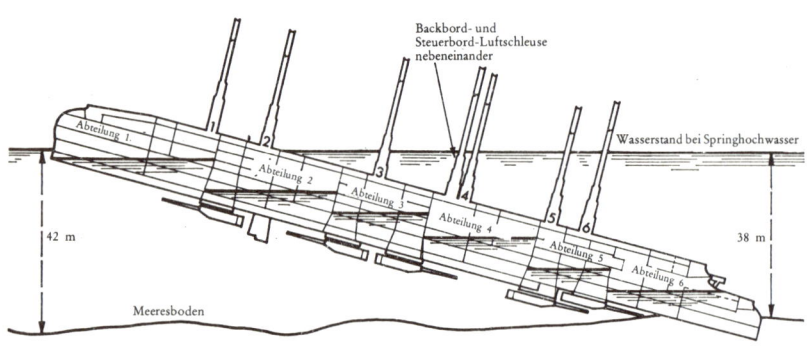

brach. Der neue Bergungsdampfer »Metinda« mußte Anker und Kette schlippen, um eine Beschädigung zu vermeiden. »Bertha« konnte aber weitermachen und den Luftdruck im Wrack halten. Es dauerte 48 Stunden, bis der Sturm vorüber war und »Metinda« ihre Position wieder einnehmen und das Pumpen fortsetzen konnte. Am nächsten Tage fing der Bug von »König Albert« an, sich vom Grunde loszureißen. Es war berechnet worden, daß ein Mehrauftrieb von etwa 3.500 bis 4.000 t benötigt werden würde, um die Saugkraft am Grunde zu überwinden und die Geschütztürme, die Aufbauten usw. aus dem Schlick herauszuzerren. Das Auftauchen stellte sogar das eindrucksvolle Durchbrechen der vorhergehenden Schiffe in den Schatten. Den ersten halben oder $^3/_4$ Meter kam der Bug sehr langsam heraus, dann brachte die gewaltige Ausdehnung der Luft das Schiff an die Oberfläche. Der Bug hob sich immer höher und höher, bis er binnen einer halben Minute über 6 Meter aus dem Wasser ragte. Ein riesiger Schwall von Luft, Wasser, Öl und Gischt ließ die vorderen Luftschleusen völlig verschwinden, als 30.000 Kubikmeter überschüssige Luft ausbrachen.

Die Backbordschlagseite nahm etwas zu, als der Bug herauskam, aber die sich ausdehnende Luft im Backbordbunker verringerte sie wieder auf sieben Grad, wo sie zum Stehen kam. Jetzt hing alles von schneller und richtiger Ausführung der Anordnungen ab. Es gab keine Störung, und binnen weniger Sekunden wurden 22 flexible Schlauchleitungen und sechs Ankertrossen auf Kommando abgeschlagen oder steif geholt. Zwei Stunden, nachdem der Bug hochgekommen war, wurden die Kompressoren wieder angeschlossen und in drei Abteilungen der Druck fast wieder auf den Überdruck zum Heben erhöht. Die Arbeit ging weiter bis 22 Uhr, dann wurde eine Unterbrechung bis früh am nächsten Morgen eingelegt. Dann wurden die Kompressoren mit einer Leistung von über 85 cbm Preßluft in der Minute an das Achterschiff angeschlossen. Kurz vor 10 Uhr wurde das »Klar-zum!«-Signal gegeben. Wenige Minuten später kam das Heck vom Grund frei und schoß an die Oberfläche; die Bergungsfahrzeuge schlingerten in dem Schwall und wurden von ihm aus ihrer Lage geworfen, aber alle Leinen hielten und die Schlagseite verschwand. Gegen Mittag hatte das Schiff vorn und achtern einen Freibord von $4^{1}/_{2}$ m, und die 30 m-Luftschleusen standen wie die Schornsteine einer Ziegelei gegen die Kimm.

Am nächsten Tag wurde es zwei Meilen auf flacheres Wasser geschleppt und auf Grund gesetzt, wobei die Schornsteine, die Brücke und die Aufbauten auf dem Meeresboden auflagen. Später wurden die vorspringenden Teile abgesprengt und das Schiff zu seinem Endschicksal nach Rosyth geschleppt.

Geschäftsführer der Werften von Shipbreaking Industries Ltd. in Charleston und Rosyth, einer Tochterfirma von Metal Industries, war *R.R.Drysdale*. Eine seiner vielen Aufgaben war die Aufstellung von Voranschlägen für den Verkaufswert des aus jedem Schiff gewonnen Schrotts. Das Gewicht des Schiffes wurde aus den Größenangaben in *Jane's Fighting Ships* errechnet. Dem Schrottgewicht wurden die von der Bergung erwarteten Teile des vollständigen ursprünglichen Schiffes zugrunde gelegt, da keine Unterlagen verfügbar waren, aus denen zu entnehmen war, ob zum Zeitpunkt des Ankaufes etwas von der Tonnage fehlte. So wurde zum Beispiel das Gewicht der »Bayern« nach Abzug verschiedener Werte für Wasser in den Kesseln und eines Sicherheitsfaktors von 10 % für unvorhergesehene Verlustumstände und -ursachen auf 23.520 t geschätzt. Die tatsächliche, auf die Verteilung des Schiffsgewichtes gegründete Menge waren 22.012 t. Beim Verschrotten des Schiffes wurden insgesamt 20.835 t Metallschrott gewonnen. Der Verkaufswert wurde auf 118.463 Pfund geschätzt, und nach Abzug der Transportkosten wurden tatsächlich 112.784 Pfund eingenommen. Gewinn: ca. 50.000 Pfund.

»Hindenburg«, durch Metal Industries Ltd. von Cox & Danks angekauft, trug 21.557 t Metall ein, die größte Menge. Die kleinste Menge, 16.172 t, wurde von »Moltke« erzielt. Von den fünf Linienschiffen »Bayern«, »König Albert«, »Kaiserin«, »Friedrich der Große« und »Großer Kurfürst« wurden 99.439 t Metall gewonnen, bestehend aus 95.598 t Eisen- und 3.841 t Nichteisenmetallen. Diese brachten 629.670 Pfund ein, eine Zahl, die eine Differenz von nur 3,9 % gegenüber Drysdale's Schätzung darstellte. Es war diese peinlich genaue Beachtung des Details in allen Dingen bei der Gesamtorganisation aller Unternehmungen von McCrone, die es Metal Industries möglich machte, gute Gewinne zu erzielen, wo Cox & Danks Verluste gemacht hatten. Für Wißbegierige sind die übriggebliebenen Reste von »Friedrich der Große« nach den Arbeitsunterlagen von Drysdale im Anhang 3 zusammengestellt. Der Genauigkeitsgrad in der Schätzung des Verkaufswertes ist erstaunlich.

In dieser Zeit wurde Panzerstahl der geborgenen Schiffe auf den Weltmärkten aufgekauft. Beträchtliche Mengen davon wurden nach Essen für Deutschlands neue Flotte verkauft, ironischerweise zu einer Zeit, als Englands eigenes Flotten-Neubauprogramm durch einen Mangel an erstklassigem Panzerplattenstahl ähnlich dem, der an Deutschland verkauft wurde, verzögert wurde. Dann fing Hitlers Regierung an, Erkundigungen nach den schweren Geschützen einzuziehen mit der Begründung, daß sie für Zwecke der Küstenverteidigung benötigt würden. Da jedoch geargwöhnt wurde, daß die Geschütze für Schiffe der zweiten Linie, etwa Monitore, vorgesehen waren, wurde die britische Admiralität wegen der Exportlizenz zu Rate gezogen. Eines Morgens traf ein Fernschreiben von der Admiralität ein, daß die schweren Geschütze nicht ausgeführt werden dürften. Daraufhin lief der Geschäftsführer der Werft eilig hinüber zum Trockendock und gab dem Werkmeister Anweisung, sofort die Rohre und Verschlüsse

215

aller schweren Geschütze unbrauchbar zu machen und für den Fall, daß die Admiralität etwa ihr Veto erweiterte, mit der Mittelartillerie das gleiche zu tun.

Zum Zerkleinern der Metallteile wurden verschiedene Methoden angewendet, von denen eine wie die »fallende Kugel« bereits seit einem dreiviertel Jahrhundert in Gebrauch war. Sie wurde in der Hauptsache bei Gußeisen benutzt. Eine schwere Kugel wurde mit der Drahtleine eines Kranauslegers mit Dampfantrieb in größtmögliche Höhe gehoben. An der obersten Stelle löste sie einen Abzug aus, der eine Windentrommel auskuppelte und die Kugel auf das Metallstück darunter niederfallen ließ. Große Elektromotoren wurden benutzt, bis zu fünf cm starke harte Stahlplatten durchzusägen. Platten bis zu $2^{1}/_{2}$ m Länge und 2,5 cm Stärke konnten von großen Metallscheren zerteilt werden. Die Stahlplatten wurden in ganzen Stücken aus der Außenhaut herausgeschnitten und mit Kränen in die Werft hinübergeschwenkt, um in handliche Stücke zerteilt zu werden. 30 cm starke Panzerplatten konnten in einer Länge von 2,5 bis 3 m in der Stunde und dünne Platten von 15 m stündlich zerschnitten werden. Zwischen dem Panzer und der Außenhaut von Großkampfschiffen befand sich eine Schicht Teakholz von 7,5 cm Dicke. Leider bestand damals nur eine geringe Nachfrage nach Teakholz, es war aber nützlich für McCrones Gewächshäuser, Gartenmöbel und seine Haustüren, wo es haltbar genug aussieht, eine Ewigkeit zu überdauern.

Bald nach dem Eindocken von »König Albert« erhielten Metal Industries ein Fernschreiben vom Sekretariat des Admirals für die Werftbetriebe, daß seine Ankunft im Dock mit einer starken Zunahme der Ratten auf *HMS Caledonia*, dem Ausbildungsschiff der Mechanikerlehrlinge, zeitlich zusammengetroffen sei, und daß um geeignete Maßnahmen gebeten würde, sie zu beseitigen. Der Geschäftsführer von Metal Industries rief sofort den Sekretär an und fragte ihn, ob dieses Fernschreiben ernst zu nehmen wäre. »Aber sicher«, war die Antwort. »Dann«, sagte der Geschäftsführer, »sind unsere Ratten leicht zu erkennen. Nach fünfzehn Jahren unter Wasser haben sie alle Schwimmhäute, viele von ihnen tragen ein deutsches Mützenband SMS König Albert um den Hals.« Die Angelegenheit wurde schnell mit Humor geregelt: »Um Gottes Willen, reißen Sie das Ding durch und schmeißen Sie es in den Papierkorb!«

## 12. Die letzten der Großen

Das nächste Schiff, das in Angriff genommen werden sollte, die »Kaiserin«, war ein Linienschiff, das im Jahre 1913 fertiggestellt und in Dienst gestellt worden war. Die genaue Lage war nicht bekannt, sie wurde aber mit Suchleinen binnen einer Stunde gefunden. Das Schiff lag in einer Tiefe von 42 Metern, etwa $^3/_4$ Meilen von der Insel Cava und $3^1/_2$ Meilen vom Stützpunkt von Metal Industries in Lyness entfernt. Taucher befestigten Markierungsbojen am Bug und am Heck. »Bertha« wurde auf einer Position über dem Schiff verankert, und die besten Taucher der Gesellschaft nahmen eine Untersuchung vor. Sie berichteten, daß es kieloben mit einer Steuerbord-Schlagseite von 11 Grad lag. Die Wassertiefe über dem Bug betrug 43 und über dem Heck 38,5 Meter. Wie erwartet, waren die Aufbauten und Schornsteine stark eingedrückt, aber der Schiffskörper war unversehrt. »Kaiserin« gehörte zur selben Klasse wie »König Albert«, deshalb waren alle Einzelheiten ihrer Bauart bekannt.

Zum Heben wurde das gleiche Verfahren angewandt wie zuvor, und auch die Luftschleusen hatten ungefähr die gleiche Höhe; die Zeit zum Anbringen einer Luftschleuse schwankte zwischen einer und mehreren Stunden. Die hauptsächliche Schwierigkeit stellte dabei das Wetter dar, da eine 25 t-Luftschleuse, die an einem 30 m-Ladebaum pendelte, auch bei geringster Bewegung infolge Seeganges oder Dünung zu einer tödlichen Gefahr wurde. Mehr als einmal mußte die Bergungsmannschaft beim Aufkommen plötzlichen Sturmes auf den Pontons Zuflucht suchen, bevor eine Luftschleuse angebracht werden konnte. Die erste wurde im Juli 1935 festgemacht, die anderen in Zwischenräumen von etwa zwei Wochen. Vor Ende Oktober waren alle an den vorgesehenen Stellen angebracht und abgestützt.

Wiederum schloß eine sehr gefährliche Mischung entzündbarer Gase im Schiff den Gebrauch von Azetylen-Sauerstoff- oder Wasserstoff-Sauerstoff-Schneidebrennern aus, abgesehen von der Tatsache, daß nur 1,1 % Sauerstoff darin enthalten war. Cowan führte ständig Analysen durch. Aber jede Abteilung wurde bis auf atmosphärischen Druck leergepumpt und zu wiederholten Malen mit Frischluft aufgefüllt. Dann konnten die Männer ohne allzu große Beschwerden arbeiten.

Die Schichten konnten nur kurze Zeiträume arbeiten, die täglich zwischen $1^1/_2$ und $3^1/_2$ Stunden varrierten und lange Stunden zur Druckanpassung in den beengten Verhältnissen der Luftschleusen zur Folge hatten. Zu den üblichen Schwierigkeiten des Abdichtens der Schottwände und der Arbeit in Schlamm, Öl und Schlick kam hinzu, daß die Schotten durch den Wassereinbruch beim Versenken des Schiffes und dem dabei vor 17 Jahren erfolgten Kentern stark verformt worden waren.

Nach Versuchen und den letzten Vorbereitungen war am 11. Mai alles klar zum Heben. Um 11.30 Uhr fing der Bug an, sich zu heben und setzte das über zwei Stunden sehr langsam fort. Nach dieser Zeit war er etwa 4,5 m frei vom Grund. Dann konnte sich die ausdehende Luft voll entfalten, und der Bug schoß in weniger als 30 Sekunden mit der üblichen eindrucksvollen Wirkung an die Oberfläche. Die größte Gefahr bestand dabei für die Männer oben auf den Luftschleusen, die den Druck, die Schlagseite usw. in nur geringer Höhe über Wasser notiert hatten und sich nun über 35 m hoch in der Luft sahen und sich an ihren unsicheren Sitzen festklammerten: »Bertha« dröhnte vor Betriebsamkeit, als Leinen

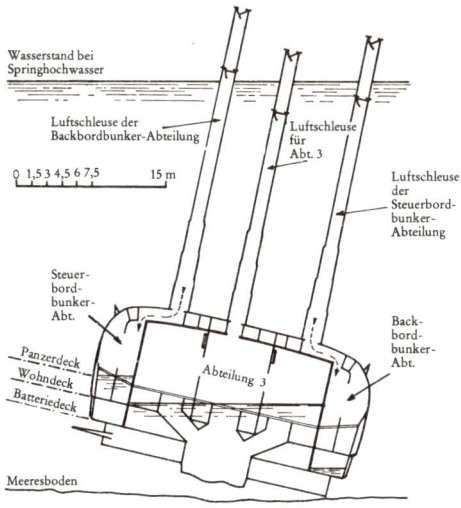

Querschnitt durch die Hauptabteilung 3

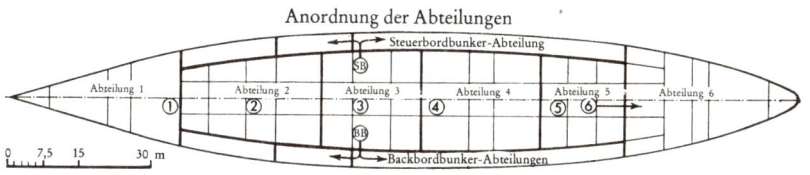

*Zeichnung 6* »Kaiserin«

gefiert oder eingehievt, Schläuche abgeschlagen und Kompressoren je nach Notwendigkeit an andere Abteilungen angeschlossen wurden. Alles war so gut organisiert worden, daß das Schiff weniger als eine Minute nach dem Durchbrechen des Bugs durch die Wasseroberfläche in stabilem Schwimmzustand war. Die Schottwände waren jedoch von den raschen Veränderungen des Druckes und der gewaltigen Luftausdehnung schwer beansprucht worden, während das nur langsame Ansteigen des Druckes, das die Kompressoren erreichten, Luftverluste infolge von Undichtigkeiten vermuten ließ. Der Ausgleich dieses Druckabfalls nahm den ganzen nächsten Tag in Anspruch. Zwei Tage danach folgte dann nach einer geringen Bewegung des Schiffes um 13 Uhr plötzlich und unerwartet das Hochkommen des Hecks an die Oberfläche. »Kaiserin« pendelte sich in horizontale Lage ein, hatte binnen zwei Stunden vorn und achtern einen Freibord von 4,30 m und stabilen Auftrieb. Am folgenden Tag wurde sie in 22 m Wassertiefe auf Grund gelegt, die Aufbauten, Schornsteine und Geschütztürme abgesprengt und das Schiff wenige Tage darauf nach Lyness gebracht, um es für den Schlepp kieloben nach Rosyth vorzubereiten, wo es neben den Überresten von »König Albert« eingedockt wurde.

Neun Monate harter Arbeit an »Friedrich der Große« begannen im Juni 1936. Er war während der Internierungszeit anfänglich das Flaggschiff Konteradmiral von Reuter's gewesen. Vor der Versenkung waren auf ihm besonders gründliche Maßnahmen getroffen worden. Von den übrigen Schiffen seiner Klasse war er durch den höheren Vormast zu unterscheiden.

Seine Position nach Seekarte war bekannt und wurde schnell gefunden, er lag auf ziemlich weichem Grund in 42 m Wasser mit starker Backbordschlagseite von 16 Grad. Das Ausmaß der Schlagseite und die Tatsache, daß das Heck mit einem Trimm von 4 Grad tiefer lag, brachten zahlreiche technische Schwierigkeiten mit sich. Von Anfang an war es klar, daß die einzig mögliche Methode zum Heben wiederum in der Verwendung von Preßluft bestand. Die erste von 10 Luftschleusen war Anfang Juli an der vorgesehenen Stelle angebracht. Ihre Bauart war genau die gleiche wie zuvor, nur daß die größere Anzahl es Metal Industries erlaubte, die Bunkerabteilungen in mehrere Räume zu unterteilen und dadurch eine bessere Kontrolle von Schlagseite und Stabilität zu gewinnen. Die Luftschleusen hatten eine Höhe zwischen 25 und 30 Metern.

Die beträchtliche Schlagseite hatte Probleme bei der Anbringung der Luftschleusen zur Folge. Häufig wurden die Arbeiten durch das Wetter unterbrochen, und selbst bei ruhigem Wetter mußten sich die Taucher oftmals an ihrem Arbeitsort festbinden, um nicht von dem starken Gezeitenstrom, der bei dem Wrack setzte, fortgerissen zu werden. Trotz aller Erschwernisse, waren sämtliche zehn Luftschleusen befestigt, eben bevor die Winterstürme einsetzten.

Dann vergingen Monate schwieriger Arbeiten im Schiffsinneren, um die Schotten abzudichten. Die Taucher stellten fest, daß aber auch jedes Ventil im Schiff geöffnet war. In manchen Fällen waren Ventilspindeln mit Stopfbuchsen fluchtend abgesägt worden, so daß die Ventile nicht geschlossen werden konnten. Ebenso waren allzu oft die Vorreiber an wasserdichten Türen abgesägt

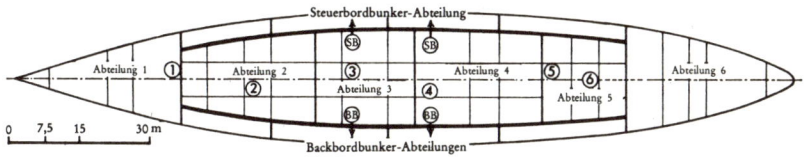

*Zeichnung 7* »Friedrich der Große«, Anordnung der Abteilungen

worden. Viele Türen fehlten überhaupt und wurden nie wiedergefunden, woraus zu schließen war, daß sie entfernt und bei der Versenkung über Bord geworfen worden waren.

Einer der Männer, der im Schiff arbeitete, *Davie Bell,* kam mit einer gruseligen Geschichte nach oben. Er erzählte, eine Arrestzelle gefunden zu haben, in der Seeleute von ihren Offizieren zum Versaufen zurückgelassen worden seien und daß der Raum voller Menschenknochen läge. Die sich im Wasser bewegenden Pflanzen hatten die unheimliche Atmosphäre noch verstärkt, und er hatte während der ganzen Zeit das unbehagliche Gefühl bei seiner Arbeit gehabt, daß es in dem Schiff spukte. Eine sofortige Nachprüfung ergab sehr bald, daß die »Arrestzelle« der Kühlraum des Schiffes war, in den er hineingeraten war, und daß die Knochen die Überreste von Schinken und Hammelkeulen waren.

Bis zur dritten Aprilwoche 1937 waren die Schotten luftdicht, und McKenzie hob die Unbekümmertheit hervor, mit der die Taucher unter Bedingungen, die mit einem ernstlichen Risiko verbunden waren, gearbeitet hatten, während die Männer im Schiff wieder in ihren Schutzanzügen fast bis zum Halse im Wasser stehend gearbeitet hatten. Viele scheinbar unmögliche Aufgaben waren beim zweiten oder dritten Versuch erfolgreich beendet worden, während andererseits einfache Dinge, die an der Oberfläche in wenigen Minuten erledigt worden wären, zu ihrer Fertigstellung Tage in Anspruch genommen hatten.

Am 28. April wurden um 5 Uhr die Kompressoren in Gang gesetzt, und das Heben begann. Man hatte das alles schon zu wiederholten Malen vorher angesehen: das langsame Heben des Bugs Zentimeter um Zentimeter bis zu einem halben Meter, dann den Ausbruch an der Wasseroberfläche, als sich die Aufbauten aus dem Schlick und Sand befreiten; die Wasserkaskaden von dem tangbewachsenen Schiffsboden; das gewaltige Aufbrodeln von öligen Strudeln und die riesigen Fontänen aus Wasser, Schlamm und Öl; das starke Schlingern der Bergungsschiffe in dem Wasserschwall, der für einige Sekunden »Bertha's« Deck überspülte; und dann das schnelle Aufhören des ganzen Aufruhrs, das Gelächter und die Freudenrufe der Entspannung, wenn fünf Minuten später der Bug ruhig an der Wasseroberfläche lag.

Die vorderen Luftschleusen, die vorher nur 3 bis 4 Meter über Wasser geragt hatten, erhoben sich jetzt wie Türme über 35 Meter hoch in die Luft.

Das Heck wurde leichter gemacht, um ein Abbrechen zu verhindern, und um 21 Uhr wurde die Arbeit unterbrochen, außer daß bis 5 Uhr am nächsten Morgen, wenn wieder mit voller Leistung gepumpt werden sollte, der vorhandene Druck konstant gehalten wurde. Eine Stunde nach Mittag kam das Heck innerhalb von 40 Sekunden an die Oberfläche. Es rief wieder den unvermeidlichen Schwall hervor, aber obgleich die Schiffe schlingerten und gierten und die Trossen auf Bruch standen, hielt alles, und binnen einer Stunde schwamm »Friedrich der Große« mit ebenem Kiel und einem Freibord von 3,65 m. Nachdem Taucher die Unterseite des Wracks besichtigt hatten, wurde es auf flaches Wasser bei Risa geschleppt, wo die Aufbauten abgesprengt wurden. Zehn Tage später wurde es nach Lyness geschleppt. Nach Vorbereitung für das Schleppen kieloben ging es mit drei holländischen Schleppern und dem Bergungsschlepper »Metinda« von Metal Industries ab in die Abwrackwerft nach Rosyth.

Das Auslaufen von Lyness wurde von allen dort liegenden Fahrzeugen und den Werkstätten des Ortes mit allen möglichen Ehrenbezeigungen begleitet: alle Dampfpfeifen und Sirenen ertönten. Ein Schiff der Blue Funnel-Linie, die Bergungsdampfer, die Sperrwachschiffe der Admiralität und selbst die eigenartigen Lokomotiven der einzigen Eisenbahnlinie auf den Orkneys taten sich zusammen, um dem scheidenden Schiff einen würdigen Abschied zu geben. Alles, was Dampf hatte, tutete – außer »Bertha«, die in den Bring Deeps lag, und dem berühmten Ponton, der zeitweilig außer Betrieb vor Anker lag. »Friedrich der Große«[21] bedankte sich für die Abschiedsgrüße mit einem klangvollen Ton seiner großen Schiffsglocke, die zu diesem Zwecke auf dem Kiel aufgehängt worden war, und auch die holländischen Schlepper stimmten mit dem tiefen Ton ihrer Sirenen in das Konzert ein.

Die Schlepper fanden die Bewunderung aller. Kommodore der kleinen Flotte war Captain *B. Hart* auf »Thames«. Captain Thomas Vet war auf »Zwarte Zee«, dem stärksten Schlepper der Welt. Er hatte 792 BRT und war 1933 in Rotterdam gebaut worden. Captain *A. van Dorp* führte die »Roode Zee«. Mit ihnen fuhr der Ingenieur Mijnheer *W. van Beelen*, Reedereiinspektor von L. Smit & Co. in Rotterdam, der Firma, die 80 Schwimmdocks in verschiedene Teile der Welt geschleppt hatte, und Mijnheer *J. P. Bruynzeel* mit einem Reisestipendium. »Roode Zee« und »Thames« wurden erstmalig eingesetzt.

Kaum war der Schleppzug jedoch aus den Inseln heraus, als »Friedrich der Große« von der Strömung erfaßt wurde. Die Schlepper zermahlten die See mit ihren Propellern in dem Versuch, die Fahrt beizubehalten, und die schweren Schleppketten kamen dabei aus dem Wasser. »Zwarte Zee«, die 4.000 PS und eine Fahrt von 20 Knoten aufbringen konnte, holte bis fast zum Kentern über, als sie die Fahrt vermehrte. Aber die Schlepper schafftes es nicht, die gewaltige Metallmasse zu halten, die, vom Ebbstrom gefaßt, zurückgetrieben wurde und die Schlepper mitzog. Die See drehte den gewaltigen Rumpf in einem Wirbelstrom herum, so daß die drei Schrauben zu sehen waren, als er langsam ins Drehen kam und seitwärts mit seiner Breitseite auf die Klippen bei John o' Groats zutrieb. Für die nächste halbe Stunde wurde er hin- und hergetrieben. Beabsichtigt war Ostkurs, aber bis 13.30 Uhr trieb der Schleppzug nach Westen, während die Schlepper vergeblich ächzten und zerrten, um das Wrack zu halten. Endlich kenterte der Strom, und die See begann, vom Atlantik heranzubranden. Fast unmittelbar gab »Friedrich der Große« sein widerspenstiges Sträuben auf und fing an, sich aus eigenem Antrieb ohne Hilfe der Schlepper in Richtung zur Nordsee zu bewegen, so stark war die Strömung. Eine Zeitlang hatten die Schlepper wenig mehr zu tun als ihn bei der Durchfahrt durch den Pentland Firth auf Kurs zu halten. Nach drei Tagen kam über der Nordsee eine steife Brise auf, und schwere Seen schäumten über den stampfenden Rumpf. Es traten Luftverluste ein und die Fahrt ging auf drei Knoten herunter. Die Leckagen im Schiff wurden aber gedichtet, und für die nächsten 11 Tage benahm es sich vorbildlich. Die an Bord befindliche Besatzung von 12 Mann, die in dem auf den Kiel gesetzten Unterkunftsraum lebte, hatte nichts zu tun als herumzulungern. Es dauerte nur sechs Stunden, den Firth of Forth zu durchfahren; einmal kam der Rumpf gegen das Mauerwerk, wurde aber von »Zwarte Zee« freigeschleppt und schließlich am 5. August 1937 sicher festgemacht.

Nach dem Eindocken wurden 300 Mann beim Abwracken im Trockendock beschäftigt. Die Preise für Metallschrott waren kurz vorher gestiegen, und der Wert der Außenhaut wurde jetzt auf mehr als 130.000 Pfund geschätzt.

So viele Schiffe waren nun gehoben worden, daß am 29. April 1938, als »Großer Kurfürst« in einem ähnlichen Verfahren aufgeschwommen wurde, dieser Leistung in der Öffentlichkeit nur noch wenig Beachtung gewidmet wurde. (Übrigens wurde eine Anzahl von Stahlblechen, die beim Bau der »Queen Mary«[22] verwendet wurden, aus dem Schrott von »Großer Kurfürst« angefertigt.) Die Bergung ging vollendet vonstatten, sie war bei weitem die beste von allen, die vorhergegangen waren, und es gab dabei nichts besonders Auffallendes. Die Aufbauten lagen in der bläulichen Kleie eingegraben, die den Meeresboden von Scapa Flow bildet. Eine der Abteilungen des Wracks umfaßte fast das gesamte Vorschiff und eine andere das ganze Heck. Von seinen Decks war das erste, bei der Arbeit vom Kiel zu den Aufbauten dem Kiel nächstliegende, ein Tank im Doppelboden, der die Trimmzellen enthielt; das zweite war das untere Plattformdeck mit Pumpenraum, Lasten usw.; im dritten, dem oberen Plattformdeck, befanden sich die Munitionskammern; das vierte war das Panzer- oder Schutzdeck; das fünfte das Wohndeck; das sechste das Batteriedeck, und schließlich kam das Oberdeck mit 15 cm-Kasemattgeschützen.

Bergungsleitungen von 5 cm Stärke wurden gebraucht in einer Gesamtlänge von über zwei Meilen, und innerhalb des Wracks waren 350 m Luftleitungen und 23 cm starke Luftrohre von fast gleicher Länge verlegt worden. Zum Abstützen der Luftschleusen wurden Stahldrähte in einer Länge von vier Meilen benötigt. Ein Arbeiter erzählte, daß er an einem sonnigen Tage in 35 m Tiefe Kleingedrucktes bei dem durch die Luken eindringenden Tageslicht lesen konnte.

Die beteiligten Fahrzeuge waren die Schlepper »Bertha«, »Metinda« und »Monarch«, ferner »Mary Cowie«, das Motorboot »Doris« und das Pontonschiff »Never Die«. Letzteres war unansehnlich, aber verläßlich, ein Schiff ohne Bug und ohne Heck. Es wurde vor dem Bug des Wracks verankert und mit ihm durch eine Stahltroß verbunden. Von ihm ragte ein großer Hebebaum in den Himmel. Es war etwas achterlastig, da Wasser in die achteren Tanks gepumpt worden war, um die Zugkraft des Ponton-Vorderteiles auf das Wrack zu verstärken. Zwischen dem gehobenen Bug des Wracks, dem Ponton und »Bertha« wurden Stahlleinen festgemacht, um zu vermeiden, daß sich der Rumpf beim Durchbrechen der Oberfläche von »Bertha« entfernte oder näher an sie herankam, denn dabei wären die Luftleitungen abgerissen. Das Ausbrechen der beim Hochkommen des Hecks entweichenden Luft hatte die Tendenz, »Bertha« wegzudrücken. Sowohl die Bug- als auch die Hecktrossen mußten leicht genug sein, um innerhalb von Sekunden mit Menschenkraft auf Anweisung bedient werden zu können, aber doch stark genug, um ein Abreißen der Luftschläuche zu verhindern und damit die Möglichkeit zu zerstören, den Auftrieb des Wracks zu erhalten. »Bertha« pumpte Zuluft mit einer Leistung von 66,5 cbm, »Metinda« von 28 cbm in der Minute hinein.

Der Bug hob sich sacht, als das Wrack vom Grund freikam. Um die Bergungsleitung von dem Erfolg zu unterrichten, ließ man vom Taucherboot, auf dem Cowan, der Chemiker, in Bereitschaft stand, einen Luftballon aufsteigen.

Jedermann blickte auf eine Uhr, als das Aufschwimmen erfolgte, denn es wurde eine Lotterie über die Zeit bis zum Hochkommen an die Oberfläche durchgeführt: sie betrug genau 12 Stunden und $54^1/_2$ Minuten. Das Wrack hatte bemerkenswert geringen Bewuchs von Seetang oder anderen Wassergewächsen, da es in einer starken Gezeitenströmung gelegen hatte.

Beim Festessen und der Tanzgeselligkeit zur Feier der erfolgreichen Bergung, jenem Ereignis, das von Metal Industries Ltd. als ständige Einrichtung eingeführt worden war, fand eine von *Max Wilkinson*, einem leitenden Angestellten der Firma, verfaßte Parodie bei allen denen, deren Leben bei der Arbeit von Druckluft abhängig war, großen Anklang:

»Ol' man Pressure, dat ol' man Pressure,
He must know sumpin', but don't say nothin',
He keeps wreck raisin',
He keeps on pressin' along.

He don't plant taters, he don't grow cotton,
But all that meet him do feel rotten,
Body all achin' and mighty tender.
Just a little twinge and you lands in chamber.

Ol' man Pressure, dat ol' man Pressure,
He may bust sumpin', but don't say nothin',
He keeps wreck raisin',
He keeps on pressin' along.«[23]

Die Bergungsarbeiten kamen kurz vor dem Zweiten Weltkrieg mit der Hebung von »Derfflinger« zum Abschluß, den McKenzie als den schwierigsten und interessantesten Fall aller gehobenen Schiffe bezeichnete. Er hatte an der Beschießung von Scarborough teilgenommen. Vor dem Skagerrak hatte er schwere Treffer hinnehmen müssen und über 150 Mann Verluste gehabt. Außerdem lag er in der größten Tiefe von allen nordwestlich von Cava, kieloben und mit einer Schlagseite von 20 Grad; bei Hochwasser standen 27,5 m Wasser über dem einen Ende und 30,5 m über dem anderen. Das war das Doppelte der Wassertiefe, aus der »Moltke« gehoben worden war. Seine neun Luftschleusen mußten deshalb tiefer angebracht werden als alle anderen bisher angefertigten. Die längste war 40 m hoch und wog zusammen mit allen Armaturen, Leitern, Stagen usw. 30 t. Nach 20 Jahren auf dem Meeresgrunde lag »Derfflinger« tief im Schlick. Die Arbeit begann im Juli 1938. In der Anfangszeit war die Schlagseite so groß, daß die Männer buchstäblich zu ihren Arbeitsstellen auf dem Wrack rutschen mußten. Das Begehen des Wracks und die Abdichtung nahmen acht Monate in Anspruch. Auf McKenzies Vorschlag wurde es in 11 wasserdichte Abteilungen unterteilt. Die Männer im Inneren hatten unter einem Druck von 4,5 kg/cm$^2$ zu arbeiten und benötigten nach einer einstündigen Schicht, der Zeit, auf die ihre tägliche Arbeitsdauer begrenzt war, eineinhalb Stunden zur Druckanpassung.

Die Luftschleusen wurden auf die gleiche Weise befestigt wie bei den früheren Schiffen mit einer Tauchermannschaft von sechs oder acht Mann, die mit Ablösungen vier bis sechs Stunden brauchten, um eine Luftschleuse anzubringen. Das Wasser im Schiff wurde mit Preßluft herausgedrückt. Nachdem der Schiffsboden trocken war, wurde Zugang zum Tank im Doppelboden geschafft durch ein Mannloch, das durch die Bodenplatten gebohrt und geschnitten wurde. Der Fuß der Luftschleuse und der Schiffsboden wurden dann unverzüglich abgedichtet. Wenn der Tankdeckel des Doppelbodens offen war, brachte der steigende Luftdruck das Wasser im Tank langsam zum Fallen. Wenn aber der Tank verschlossen war, begann der Druck in der Luftschleuse zu steigen, ein Umstand, der sorgfältig beobachtet werden mußte, da die Deutschen beim Versenken für ein Kentern der Schiffe Vorsorge getroffen hatten, indem sie viele der Doppelbodenzellen leergepumpt und dann dichtgesetzt hatten. Sobald festgestellt wurde, daß der Tankdeckel verschlossen war, wurde deshalb zunächst das Wasser durch dazu angebrachte besondere Ventile herausgedrückt, bis der Deckel gefunden und geöffnet werden konnte.

Neun Luftschächte wurden angebracht, die den Zugang zu verschiedenen Abteilungen des Schiffes ermöglichten. Diese Unterteilung des Schiffes in Abteilungen ließ den Wasserstand in den verschiedenen Abteilungen in Abstufungen regeln und sorgte für eine bessere Überwachung von Schlagseite und Trimm, wenn das Wrack aufschwamm.

Das Arbeitsverfahren wurde auf folgende Weise vorgenommen: die erste Schicht stieg ein und führte die Schichtarbeit eine Stunde lang aus, wonach sie durch die zweite Schicht abgelöst wurde. Die erste Schicht stieg dann in die oberste Kammer der Luftschleuse hinauf und begann mit der Druckverminderung. Die untere Kammer war jetzt frei für die zweite Schicht, die ihre Arbeitszeit anfangen konnte. Wenn die erste Schicht ihre Druckanpassung beendet hatte, stieg sie aus der oberen Kammer der Schleuse aus, die jetzt für Aufnahme der dritten Schicht frei war. Der Druck wurde dann zwischen der oberen und unteren Kammer ausgeglichen, so daß die dritte Schicht nach unten gehen und die zweite Schicht in die obere Kammer aufsteigen konnte. Wenn die Männer der zweiten Schicht ihre Druckminderung beendet hatten, verließen sie die Luftschleuse, so daß jetzt beide Kammern nach Bedarf für die dritte Schicht benutzbar waren.

Nachdem der Bug gehoben war, wurde der Druck in den verschiedenen Abteilungen so geregelt, daß man die Schlagseite unter Kontrolle hatte. Dann stiegen Taucher hinunter, um festzustellen, ob die Geschütztürme zusammen mit dem Schiff angehoben worden oder auf dem Grund geblieben waren. Wären sie herausgefallen, wie es bei »Bayern« der Fall gewesen war, hätte sich das Gewicht um mehr als 2500 t verringert und damit den Gewichtsschwerpunkt um etwa 70 cm nach oben verlagert, was bei bestimmten Voraussetzungen das Schiff hätte unstabil werden lassen. Die Berichte der Taucher waren aber zufriedenstellend, deshalb wurde Preßluft in einer Menge von 110 bis 140 cbm je Minute in das Heck gepumpt. Dann wurde der Druck in den hinteren Abteilungen langsam erhöht, bis ein Auftrieb erreicht wurde. Das Luftvolumen im Heck und die sich daraus ergebende Ausdehnung waren geringer als die im Bug, aber sie reichten aus, um den Bug auf eine gefährliche Tiefe infolge der plötzlichen Druckminderung im Vorschiff hinunterzudrücken, wenn sich das Schiff an der Oberfläche auf ebenen Kiel einpendelte. Um dem entgegenzuwirken, wurde die gesamte Preßluftkapazität, die verfügbar war, in dem Augenblick, in dem die erste Aufwärtsbewegung des Hecks beobachtet wurde, auf die vorderen Abteilungen geschaltet. Danach ließen sich sowohl die Schlagseite als auch der Trimm verhältnismäßig leicht unter Kontrolle halten, da alle Schotten den starken Druck ausgehalten hatten, der beim Hochkommen des Schiffes durch die raschen Druckunterschiede entstanden war. Aber das Backdeck, das der schwächste Teil war, insbesondere gegenüber dem Innendruck, wurde von der sich ausdehnenden Luft vollständig herausgesprengt. Anfangs hob sich das Wrack nur um einen halben Meter in der Minute; als dann aber der Druck abnahm, schoß der rostige Schiffskörper 45 Meter hoch in die Luft und erweckte den Einruck eines unterseeischen Vulkanausbruches. Daß viele Schottwände Drücken und Belastungen widerstanden, für die sie niemals vorgesehen waren, gereichte dem deutschen Schiffbau zur Ehre. Der Luftdruck wurde dann ausgeglichen, und die Taucher gingen hinunter, um alle losen Teile der Aufbauten abzusprengen, die noch auf dem Grunde schleiften.

Als alles frei war, wurde das Schiff unter Land geschleppt, in 18 m Wasser auf Grund gesetzt und dort mit acht 7$^1$/$_2$ t-Ankern verankert, zwei auf jeder Seite des Bugs und zwei an beiden Seiten des Hecks. Es folgten einige Wochen mit Ausbesserungsarbeiten. Die Schottwände wurden bis zu einer noch größeren Tiefe hinunter abgedichtet, die Seitenfenster wurden dichtgesetzt, und alle Öffnungen in den Seitenwänden des Schiffes vom Kiel bis zum Batteriedeck wurden haltbar verschlossen, um Auftrieb zu gewinnen und das Schiff auf eine möglichst hohe Schwimmebene zu bringen. Dann wurden Profillehren unter den Aufbauten durchgeholt, um den Tiefgang an den tiefsten Stellen zu prüfen. 12,27 m wurden bei dem vorderen erhöhten Geschützturm (B), 12,29 m unter dem Kommandoturm und 12,12 m unter dem achteren erhöhten Turm (C) aufgezeichnet. Da ein Krieg drohte, brauchte die Admiralität das Trockendock in Rosyth für wichtigere Arbeiten, deswegen wurde »Derfflinger« auf einen Platz hinter der Insel Risa geschleppt und dort mit zehn 7$^1$/$_2$ t-Ankern vor Anker gelegt. Von 1924 bis 1939 waren 38 Schiffe gehoben und 327 000 t Stahl geborgen und verschrottet worden.

In der Anfangszeit des Krieges, als »Derfflinger« längsseit »Iron Duke«, zu dieser Zeit Schulschiff,[24] lag, erschienen drei deutsche Flugzeuge. Zunächst wurde das Feuer auf sie nicht eröffnet, um nicht die Stärke der Flakabwehr zu offenbaren. Aber »Iron Duke« wurde von Bomben getroffen und seine Abteilungen von starken Wassereinbrüchen überflutet. McKenzie fuhr sofort hinaus zu ihm, und seiner sofortigen Beratung und Hilfeleistung war es zu verdanken, daß das Schiff vor dem Sinken bewahrt wurde. Inzwischen hatte die Flak das Feuer eröffnet. Ein Flugzeug wurde abgeschossen, und alles, was von dem Flugzeugführer noch gefunden wurde, war ein Fuß in einem Stiefel und ein Arm in einem Ärmel. Bei Ausbruch des Krieges besaß die Admiralität keine Bergungsorganisation und hatte außer einigen wenigen Pumpen und anderen veralteten Geräten in verschiedenen Werften keinerlei Bergungsmittel zur Verfügung. Den Leitern bestehender Bergungsunternehmen wurden deshalb bestimmte Bereiche übertragen, in denen sie die Verantwortlichkeit für Bergungen übernahmen und sich zu enger Zusammenarbeit mit der Admiralität bereiterklärten. Metal Industries zum Beispiel wurde der nördliche Bereich übertragen, der die Gewässer von Kap Wrath (Nordwestspitze Schottlands) bis zum Moray Firth (Nordost-Schottland) sowie die Orkney-, Shetland- und Färöer-Inseln umfaßte. So bald wie möglich bildete dann die Admiralität ihre eigene Bergungsabteilung unter der Leitung von Commodore, später Konteradmiral, *A. R. Dewar*. Als die Planung für die Landung auf dem europäischen Kontinent begann, schätzte man die Fähigkeiten von McKenzie so hoch ein, daß er im Januar 1944 als Principal Salvage Officer (Haupt-Bergungsoffizier) für Nordwesteuropa dem Stabe von Admiral *Sir Bertram Ramsay*, dem alliierten Marine-Oberbefehlshaber der Landungsstreitkräfte, zugeteilt wurde. McKenzie erhielt den Dienstgrad eines Commodore RNVR (Royal Naval Volunteer Reserve – Freiwillige Marine-Reserve) und wurde später mit den Orden CB (Companion of the Order of the Bath) und CBE (Commander of the Order of the British Empire) ausgezeichnet. Für seine Tätigkeit bei der Beseitigung von Schiffahrtshindernissen in den niederländischen Kanälen zeichnete ihn auch die niederländische Regierung aus und ernannte ihn zum Offizier des Willem-Ordens.

Sieben Jahre lang, den ganzen Krieg über und noch lange in die Friedenszeit hinein, lag »Derfflinger« kieloben. Er wurde am Schwimmen gehalten durch eine kleine Wartungsmannschaft, die die ganze Zeit hindurch in einer kleinen Baracke untergebracht war, die auf dem Schiffsboden gebaut worden war. Kein anderes Schiff hat je so lange kieloben geschwommen.

Nachdem »Derfflinger« 1946 wegen seiner Schornsteine und Aufbauten noch weiter angehoben worden war, wurde er für den Schlepp nach Rosyth vorbereitet. Die Außenhaut war annehmbar wasserdicht, und um Luftverluste auszugleichen, war es nur nötig, Kompressoren zwei- oder dreimal wöchentlich für je zwei oder drei Stunden laufen zu lassen. Die Kompressoranlage befand sich an Bord der Fahrzeuge »Bertha«, »Metinda« und »Imperious« der Gesellschaft. Aber die Admiralität benötigte jetzt ihr Trockendock in Rosyth, und Metal Industries mußte einen anderen Platz finden, um das Wrack loszuwerden. Zu jener Zeit hatte die Admiralität ein überflüssiges, 40 Jahre altes, 30 000 t-Schwimmdock abzugeben. Metal Industries kaufte es, um »Derfflinger« im Dock auf den Clyde (Fluß durch Glasgow) zu schleppen, wo er schließlich in Faslane Port festgemacht wurde.

Schwimmdocks sind aber nicht dafür vorgesehen, kieloben liegende Schiffe aufzunehmen. McKenzie schrieb in einer Abhandlung über »Derfflinger's« ungleichmäßige Gewichtverteilung: »Es konnte nicht in Frage kommen, ›Derfflinger‹ hauptsächlich auf der Mittellinie des Docks aufzulegen, da die beiden Geschütztürme und die Turmringe die tiefsten Punkte waren, die eine schwere Last aufnehmen konnten. Wenn die Last auf diese vier Punkte konzentriert worden wäre, würde das sicher das Dock zerstört haben. Nach sorgfältiger Überlegung und gründlichen Berechnungen wurde entschieden, das Schiff nur leicht auf den vorderen Turm, auf den Ring der Barbette von Turm B, das starke, tankähnliche Gefüge der Seitenplatten an Backbord und Steuerbord nahe der Schiffsmitte, Teile der Deckskonstruktion mittschiffs, den Barbettenring des hinteren erhöhten Turmes, den achtersten Turm und auf 50 oder mehr Balkenstempel und/oder Stützstreben unter den Kasematten und anderen Belastungspunkten entlang der Seitenwände des Schiffes aufzulegen.«

Die benötigten unterschiedlichen Höhen wurden nach den Zeichnungen berechnet, die Taucher hatten nur die obenauf liegenden

Klötze anzubringen. Als Ballast für die anzubringenden Stempel wurden Kettenstücke in der Weise benutzt, daß die einzelnen Stützblöcke nur geringen Untertrieb hatten. Dadurch blieben sie an der jeweiligen Stelle, konnten aber doch von Tauchern leicht bewegt werden.

Die vielleicht kniffligste, mit diesem Abschnitt der Bergung verbundene Arbeit war es, »Derfflinger« in das Schwimmdock[25] zu bringen, denn dies mußte $2^1/_2$ Meter tiefer als auf die normalerweise größte Arbeitstiefe abgesenkt werden, und auch dann noch hatte »Derfflinger« nur 1,80 m Freibord über den Dockwänden beziehungsweise Seitentanks und ging mit seinen tiefsten Punkten nur eben 15 cm von den Dockstapeln frei. Überdies war der Stabilitätsspielraum sehr klein, so daß der Luftdruck in den verschiedenen Abteilungen sehr genau ausbalanciert werden mußte, damit das Schiff nicht aufsetzte und sich während des Manövrierens in die beabsichtigte Lage am Dockboden festfuhr. Dieses Manöver wurde erfolgreich zu Ende gebracht, und bei Ablassen des Drucks setzte das Schiff fest an den vorherbestimmten Stellen auf.

Die Arbeit des Aufsetzens ging Hand in Hand mit der schwierigen und heiklen Aufgabe, die Schwimmlage des Schiffes genau beizubehalten. Sechs Taucher brachten das Aufsetzen in etwas mehr als vier Wochen zum Abschluß. McKenzie behauptete, daß nur eine Gruppe erstklassiger Taucher diese Arbeit überhaupt mit Erfolg hätte fertigbringen können. Dann wurde in etwas mehr als 24 Stunden das Dock durch Pumpen langsam angehoben, bis die Sohle über dem Wasserspiegel war. Die Reparaturabteilung der Firma Alexander Stephen & Sons Ltd. gab Metal Industries hierbei Hilfeleistung. *W. B. Johnstone*, ein Direktor dieser Firma, hielt es für die größte Schwierigkeit, die bei der Handhabung des Docks während des Eindockens und Anhebens aufgetreten war, den genauen Wasserinhalt des Tanks des Wracks zu beurteilen. Die Marine war anscheinend der Ansicht, daß die Rohrleitungen zwischen den Tanks und den Kesseln außer Betracht bleiben könnten, da sie weggerostet wären. Die einzige Methode, die Wassermenge in den Doppelbodenzellen nach dem Absenken des Docks zu überprüfen, war die, zu warten, bis der Dockboden aus dem Wasser kam. Dann mußte eine Mannlochtür entfernt und der Wasserstand in der Zelle gemessen werden. Beim Heben eines Fahrzeuges mittels Schwimmdock ist es am wichtigsten, die Schräglage oder Durchbiegung zu beobachten, die während des ganzen Hebevorganges eintritt. Das Dock muß so gerade wie möglich gehalten werden, und bei einen Dock von der Länge des hier benutzten können nicht mehr als 7,5 cm Durchbiegung zugelassen werden. Erstaunlicherweise war das von der Admiralität eingebaute Meßgerät zur Prüfung der Durchbiegung auf dem Dockboden angebracht und konnte deshalb nur abgelesen und beobachtet werden, nachdem das Fahrzeug gehoben war. Deshalb wurden besondere Rohre als Wasserwaage entlang der Dockwände verlegt und ein Theodolit an einem Ende des Docks aufgestellt, um die Durchbiegung während des Hebevorganges prüfen zu können. Als aber die Dunkelheit anbrach, mußte man es während des letzten Teiles des Anhebens darauf ankommen lassen. Eine weitere störende Eigenschaft war die schlechte Nietung bei mehreren Mittschiffstanks; bevor das Heben beginnen konnte, mußten einige 4000 Bolzen durch den Dockboden herausgeangelt werden, so daß die undichten Tanks wasserdicht gemacht werden konnten, um die größtmögliche Hebekraft zu erhalten. *J. Robertson* und *McGillvray*, deren Aufgabe es war, den Dockboden anzuzeichnen, die Stapel anzubringen usw., besaßen nur eine Zeichnung kleinen Maßstabs, ganz in Deutsch, nach der sie arbeiten konnten, denn die Admiralität schien nur sehr wenige Zeichnungen zu besitzen, und die waren noch dazu alles andere als genau.

Der schwierigste Teil der Arbeit lag nun hinter ihnen, aber was noch zu tun blieb, war auch nicht gerade einfach. Da die 6 t-Kräne auf dem Kai für die Aufgabe nicht reichten, wurde ein 60 t-Schwimmkran vom Transportministerium angekauft, der von der seewärtigen Seite des Docks aus arbeiten sollte. Die vorstehenden Teile des Schiffes wurden entfernt und auf jedem Ende des Docks Wippkräne mit 12 t Hebekraft aufgestellt, die auf Schienen beweglich waren. Auf den Dockwänden befanden sich 3- und 5 t-Kräne, die zum Materialtransport in Grenzen ihrer Tragfähigkeit benutzt wurden. Nachdem das Schiff bis zur Höhe des Panzerdecks herunter zerschnitten worden war, wurden auf dem Deck Kranmasten errichtet, und die großen Panzerplatten des Hauptseitenpanzers, von denen jede zwischen 20 und 30 t wog, wurden auf einen eigens hierfür gebauten stählernen Wagen auf dem Dockboden heruntergelassen. Der Wagen fuhr dann auf einem Eisenbahngleis, das bis ans Ende des Docks ausgelegt worden war. Hier wurden dann die Panzerplatten vom Schwimmkran übernommen.

In etwas mehr als 15 Monaten war »Derfflinger« vollständig zu 20 000 t Schrott umgewandelt. Kurz danach verkauften Metal Industries das Dock, für das sie keine Verwendung mehr hatten.

»Derfflinger« war das letzte Schiff der deutschen Flotte, das gehoben werden sollte. Die Linienschiffe »Kronprinz Wilhelm«, »Markgraf« und »König« lagen in dem tiefen Wasser zwischen Cava und Barrel of Butter in 30 bis 40 Meter Wassertiefe mit Schlagseiten von 30 bis 40 Grad, obwohl sich die Schlagseiten mit dem Einsinken der Aufbauten in den Schlick langsam verringerten. Die kleinen Kreuzer »Cöln«, »Karlsruhe« und »Brummer« lagen in zu großer Tiefe, als daß man sie wirtschaftlich lohnend hätte bergen können. Deshalb schloß sich Metal Industries der von ihren Experten erarbeiteten Folgerung an, daß jedes Schiff in einer Tiefe von 55 oder mehr Metern als ein wirtschaftliches Bergungsobjekt abgeschrieben werden könnte, ausgenommen, wenn es sich um das Wiedergewinnen einer wertvollen Ladung handelte, und gab die Schiffe auf.

Die Admiralität entschied dann, Scapa Flow abermals als Stützpunkt der Home Fleet zu benutzen, und man überließ diese letzten feindlichen Schiffe ihrem Schicksal, dahinzurosten. Zu Ende des Zweiten Weltkrieges traten aber Ereignisse ein, die eine vollständige Änderung des Schrottwertes von Stahl in den restlichen Wracks mit sich brachten. Das waren die Atom-Explosionen in Japan, die zu einer Verseuchung der Atmosphäre durch radioaktiven Niederschlag führten. Das bedeutete, daß *alle* nach 1945 hergestellten Stähle in einem sehr geringen Ausmaß radioaktiv sind. Aber der Grad der Radioaktivität ist einer der allergeringsten und liegt beträchtlich unter irgendeiner Schwelle gesundheitlicher Gefährdung. Nichtsdestoweniger liegt er immer noch hoch genug, daß die empfindlichsten Anzeigegeräte dadurch gestört werden. Nun wird Stahl benötigt, um Spürgeräte für Radioaktivität gegen Störstrahlungen abzuschirmen. Anderes Material, wie zum Beispiel Blei, ist weniger geeignet, da es häufig von Natur her eigene Strahlungsaktivität aufweist. Darüber hinaus werden die Stärken der Schmelzofenverblendung manchmal unter Verwendung von Radio-Isotopen geprüft, was ebenfalls zur Erhöhung der Aktivität des Stahls beiträgt. Große Mengen von Luft, sei es als natürliche Luft oder in der Form von Sauerstoff, werden bei der Produktion einer jeden Tonne Stahl benötigt; daraus ergibt sich, daß für die höchst empfindlichen Versuchsgeräte für eine Abschirmung Stahl aus der Zeit vor 1945 unentbehrlich ist. Der Seltenheitswert solchen Stahls in einer Dicke von etwa 6 cm oder mehr stieg daher auf das Doppelte von Stahl, der nach 1945 produziert worden war. Shipbreaking Industries Ltd. profitierten hieraus beim Verschrotten der Panzerdecks von HMS »Vanguard«[26] und einiger anderer Schiffe, deren Stahl die erforderlichen Spezifikationen erfüllte. Es wird angenommen, daß die einzigen übrig gebliebenen Bestände an starkem Stahl aus der Zeit vor 1946 in Gestalt der ersten *HMS »Vanguard«*, von *HMS »Royal Oak«*[27] in Scapa Flow, wahr-

scheinlich einiger veralteter Kriegsschiffe in Südamerika und des ehemals deutschen Schlachtkreuzers SMS »Goeben«[28] existieren, der am 16. August 1914 von der Türkei erworben, in »Sultan Jawus Selim« umbenannt und 1936 erneut in »Jawus« umbenannt wurde. Die Türkei versucht noch heute, dieses Schiff zu verkaufen, das aller Wahrscheinlichkeit nach von einer ausländischen Abwrackfirma verschrottet werden wird.[29]
Aber auch die letzten wenigen »Überlebenden« der versenkten Flotte sollten nicht zur Ruhe kommen, denn Mr. *Arthur Nundy*, Inhaber einer Schiffsbergungsfirma, die unter dem Namen Nundy (Marine Metals) Ltd. firmiert, erwarb die Schiffskörper. Er machte gar nicht den Versuch, irgendeines der Fahrzeuge zu heben. Sie lagen in jedem Falle in einer zu großen Wassertiefe für langwierige Bemühungen von Tauchern. »Markgraf« lag in 40 m, »König« in 42 m und »Kronprinz Wilhelm« in 44 m, die Kreuzer »Cöln«, »Karlsruhe« und »Brummer« in verschiedenen Tiefen. Nundy beschränkte sich deshalb darauf, die Schiffsböden aufzusprengen und Stück für Stück Teile des Seitenpanzers, der Panzerdecks und Nicht-Eisenmetalle herauszuholen, die er in kombiniertem Einsatz von Tauchern mit Kleintauchgerät und Helmtauchern gewinnen konnte, wobei erstere ungewöhnlich größeren Anteil an den Arbeiten hatten als die letzteren. Er war in erster Linie an starkem Stahl ohne Radioaktivität interessiert, der für bestimmte chirurgische Geräte unentbehrlich ist, zum Beispiel für Schutzschirme und Apparate, die bei der Behandlung von Krebs benutzt werden. Ein Taucher mit Kleintauchgerät kann nicht ohne Gefahr in eine Tiefe von mehr als 35 m tauchen, ohne für das Wiederhochkommen eine Pause zur Druckanpassung einzulegen. Wie schon vorher erklärt, wird in dieser Tiefe das Blut schnell mit freiwerdenden Gasen, insbesondere Stickstoff, gesättigt, die es zu verschiedenen Körperteilen transportiert, wo sie von den jeweiligen Organen in unterschiedlicher Menge aufgenommen werden. Knorpel und

Sehnen, zum Beispiel, werden nur in geringem Maße mit Blut versorgt, sie brauchen daher lange Zeit, um das Gas zu absorbieren. Genau so dauert es aber eine sehr geraume Zeit, bis diese Körperteile das aufgenommene Gas wieder an den Blutkreislauf abgeben, wenn der Taucher zu steigen beginnt. Die indifferenten Gase, wie Stickstoff, verursachen die »Taucherkrankheit«. Wenn der Taucher zu schnell an die Oberfläche kommt, lösen sich die Gase infolge der Druckverminderung aus dem Blut, während sie sich noch in besonderen Körperteilen befinden, wie zum Beispiel den Knie- und Ellbogengelenken – daher die »Beulen«. Auch das Lungengewebe kann infolge Luftembolie zerreißen, wenn ein Taucher zu schnell an die Oberfläche kommt.

Ich bedaure es, daß Mr. Nundy sich weigerte, sich zu der Art seiner Tätigkeit zu äußern. Man sagt aber, daß seine Taucher rasch auf 22 Meter Tiefe tauchten, Sprengladungen abließen und dann schnell wieder an die Oberfläche kamen. Dann folgte ein weiteres Schnelltauchen zum Anbringen von Greifern und Stropps und ein ebenso schnelles Auftauchen. Nundy brach sein Unternehmen ab, sobald es keinen Verdienst mehr erbrachte. Da es keinerlei Möglichkeit mehr gibt, die Wracks zu heben, scheint damit das letzte Kapitel des größten Bergungsunternehmens aller Zeiten geschrieben zu sein.

Das größte Verdienst um die Bergung der deutschen Flotte gebührt Cox und McCrone, die das Kapital beschafften, die Initiative aufbrachten, sich für das Unternehmen zu engagieren und die Verantwortung für seinen Erfolg oder Fehlschlag auf ihre Schultern nahmen, sowie McKenzie, auf dessen Kenntnisse und die Fähigkeiten die beiden vertrauten. Professor *A. M. Robb*, Doktor der Naturwissenschaften, sagte als Vizepräsident der Institution of Engineers and Shipbuilders in Schottland in Anerkennung von McKenzies Arbeit: »Zusätzlich zur Überwachung einer Unzahl von Einzelheiten treten die größeren Probleme auf, deren Lösung erfordert, daß der Bergungsleiter etwas von einem Schiffbauer und etwas von einem Ingenieur besitzt: mit der Verwendung von Preßluft treten einige vertrackte schiffbauliche Probleme auf. Es ist sehr wünschenswert, die Eigenschaften eines Schiffbauers und eines Ingenieurs zu besitzen, aber da gibt es noch etwas, das sogar noch wichtiger ist – der Besitz jener unschätzbaren, aber nicht definierbaren Eigenschaft, die man erkennt an dem »Riecher«.

# Der Bericht von Vizeadmiral von Reuter über die Versenkung

Auszug aus Vizeadmiral Ludwig von Reuter's Buch: *Scapa Flow – Das Grab der deutschen Flotte*, herausgegeben in Leipzig 1921.

Es lagen, wie alltäglich, zwei englische Verkehrsdampfer längsseit, außerdem noch ein Wasserfahrzeug, das begonnen hatte, seinen Wasservorrat in die Tanks der »Emden« überzupumpen. Den Bemannungen dieser Fahrzeuge hätte die mit Bekanntgabe des Befehls zu erwartende Erregung der »Emden«-Besatzung nicht verborgen bleiben können. Sie hätten Lärm geschlagen, den englischen Admiral zurückgerufen und die Versenkung der übrigen Schiffe gestört.

Kurz nach 12 Uhr neigte sich »Friedrich der Große« unter gleichzeitigem Tiefersinken mehr und mehr zur Seite, seine Boote waren schon zu Wasser gebracht und lagen am Heck – jetzt tönten laut und markig Einzelschläge seiner Schiffsglocke zu uns herüber, das Signal: »Alle Mann aus dem Schiff«. Wir sahen die Mannschaft in die Boote steigen und von Bord absetzen. »Friedrich der Große« legte sich weiter über, in die offenstehenden Seitenfenster ergießen sich Ströme von Wasser ins Innere, – noch einige Minuten, er kentert und sinkt in die Tiefe, die aus den Schornsteinen austretende Luft wirft noch zwei große Wasserstrudel auf – dann ist alles still, einige Trümmer treiben auf dem verlassenen Liegeplatz. Die Uhr zeigt 16 Minuten nach 12.

Das Glockensignal schien mit einem Schlage alle übrigen Schiffe zum Leben erweckt zu haben – als ob sie nur auf dieses Zeichen gewartet hätten –, allenthalben entfaltete sich gesteigerte Tätigkeit, hier wurden Boote zu Wasser gebracht, dort schleppten Mannschaften ihre schweren Kleidersäcke auf die Schanze, wieder wo anders wurden die Boote bemannt und legten unter »Hurra«-Abschiedsgrüßen von den Schiffen ab. Auch ein englisches Wachfahrzeug, das schon einige Zeit in der Nähe vom »Friedrich der Große« gelegen hatte und wohl mit einiger Aufmerksamkeit und Spannung die außergewöhnlich starke Krängung des Schiffes beobachtet haben mochte, wurde durch das Glockensignal und das sich ihm anschließende Bemannen der Boote unsicher gemacht. Es wurde, als plötzlich das Riesenschiff dicht vor seinen Augen umschlug und versank, so vom Schrecken gepackt, daß es, baar jeder Überlegung, ein wildes Feuer auf die unbewaffneten, wehrlosen Insassen der Boote eröffnete, obgleich diese ihm die weiße Flagge entgegenhielten.

Gleichzeitig hatte es seine Dampfpfeife in Tätigkeit gesetzt – ihre ängstlich klingenden Töne schreckten die Besatzungen der übrigen englischen Wachtfahrzeuge aus ihrem Hindämmern auf, das an einem warmen Sommermorgen und bei Abwesenheit des Admirals nur zu verständlich war, und wie es bei derartig jähem Wechsel von idyllischer Ruhe zu äußerster Aufregung in rohen Gemütern einzutreten pflegt: sie verloren den Kopf und wüteten blindlings gegen alles, was ihnen mit der gewohnten Ordnung nicht übereinzustimmen schien. Eine Panik war unter ihnen ausgebrochen, der auch die englischen, im Hafen zurückgebliebenen Zerstörer anheim fielen. Unter der Einwirkung dieser Panik sind gegen die wehrlosen deutschen Besatzungen Grausamkeiten verübt worden, die England jedes Recht nehmen, sich über deutsche Kriegsverbrecher zu entrüsten. Ein Glück war, daß mit dem Ingangkommen des Sinkens – »König Albert«, »Moltke«, »Brummer« waren dem »Friedrich der Große« schnell gefolgt, andere standen dicht vor dem Untergang – die Zahl der auf dem Wasser treibenden Boote mit Schiffbrüchigen derart wuchs, daß die englischen Fahrzeuge in ihrer Verwirrung oft nicht zu wissen schienen, welches Boot sie zuerst unter Feuer nehmen sollten. So wandten sie sich schnell von einem Boot zum andern; diesem fortwährenden Wechsel ist es zu verdanken, daß ihr Feuer nicht noch größeres Unheil angerichtet hat.

Der Untergang des »Friedrich der Große« und von »Brummer«, der dicht hinter »Emden« lag, hatte auch die bei dieser längsseit liegenden englischen Fahrzeuge in Aufregung versetzt. Die »Emden«-Besatzung selbst hatte, da sie beim Mittagessen unter Deck war, von den Vorgängen im Hafen noch nichts wahrgenommen; nun war es aber Zeit geworden, auch für »Emden« den Befehl zur Versenkung zu erlassen. Unter Leitung des Kommandanten wurden die Ventile und Unterwasserbreitseitrohre geöffnet, das Wasser strömte ein. Eines der englischen Verkehrsfahrzeuge wollte, wohl aus Angst, von der »Emden« mit in die Tiefe gezogen zu werden, ablegen; ich ließ es noch so lange festhalten, bis die »Emden«-Besatzung auf ihm geborgen war.

Da das englische Feuer auf die deutschen Boote trotz hochgehaltener weißer Flagge nicht nachließ, beschloß ich zu dem an Land das Kommando führenden englischen Admiral zu fahren, um ihn zur Einstellung des Feuers zu veranlassen. Unbekannt mit dem Amtssitz dieses Admirals und mit der Bootslandestelle bestieg ich mit meinem Stab das andere englische Verkehrsfahrzeug, das für meine Besuchsfahrten bereit gehalten wurde. Es landete uns in einer klippenreichen Bucht. Von weitem schon hatten wir gesehen, daß ein Auto in vollster Fahrt heranraste. In ihm saß ein im Tennisanzug gekleideter junger Herr. Ihn bezeichnete der Drifter-Führer als Kommandierenden an Land. Mir erschien er etwas reichlich jung. Ich ersuchte ihn, das Feuer sofort einstellen zu lassen. Er war entsetzlich aufgeregt, hörte kaum zu und hat sicher keines meiner Worte verstanden; er rannte weg, kehrte nach kurzer Zeit mit einer Kamera zurück, warf sich in ein bereitliegendes Schnellboot und jagte aus der Bucht; ich nahm an, daß er das Feuer einstellen würde. Doch sah ich mich darin getäuscht. Der englische Drifter sollte uns wieder an Bord der »Emden« zurückfahren. Beim Heraussteuern aus der Bucht – es lief noch Ebbe – rannten wir auf einer Bank fest. Alle Bemühungen, sogar unter unserem persönlichen Einsatz, das klobig und schwer gebaute Fahrzeug wieder flott zu bekommen, scheiterten. Die Hügel der Bucht verbargen unsere Schiffe, nur meine Admiralsflagge auf »Emden« leuchtete einsam über einer Hügelgruppe – sie wollte und wollte nicht verschwinden! Ungefähr eine Stunde mochten wir so abseits von allem Weltgeschehen auf der Bank gesessen haben; endlich mit Einsetzen der Flut trieben wir auf und konnten aus der Bucht steuern.

Welches Bild! Vor uns bäumte sich der »Große Kurfürst« steil in die Höhe. Klirrend brachen beide Ankerketten, schwer fiel er nach Backbord über und kenterte. Der rote Anstrich seines Bodens leuchtete weit über die blaue See.

Viele Ankerplätze waren bereits »verlassen« zur Fahrt nach dem Grund.

Englische Zerstörer mit Schaum vor dem Bug steuern in die Bucht. Einer von ihnen legt sich längsseit »Emden« und bemüht sich, die Ankerkette zu sprengen und »Emden« auf flaches Wasser zu schleppen. »Emden« ging erst wenig tiefer. Ich gab den Kurs nach der »Emden« auf und befahl dem Drifter, nach »Bayern« zu steuern, deren Mannschaften, auf Rettungsbojen liegend und sitzend, in der Nähe ihres Schiffes auf dem Wasser trieben. Wir nahmen sie an Bord. Gleich darauf legte sich die »Bayern« über und in die auch hier weit geöffneten Seitenfenster ergießt sich das Wasser in Strömen ins Schiff. In wenigen Minuten ist die Schanze überschwemmt. Das Riesenschiff kentert und fährt mit der deutschen Flagge wehend zu Grund. Drei Hurras seiner Besatzung sind Ehrengrüße zur letzten Fahrt. Nun trägt der schwache Wind Feuersalven englischer Zerstörer, die das Vernichtungswerk an unseren T-Booten zu verhindern suchen, herüber. Ein harter, heißer Kampf wurde dort gefochten. Noch einmal steht in diesen herrlichen Offizieren und Leuten der kampffrohe Geist auf – nicht die Waffe ist diesmal ihr Helfer: sie haben keine, sondern ihr großes Pflichtgefühl. Ihm folgend setzen sie trotz heftigen Feuers der feindlichen Zerstörer und Wachfahrzeuge ihr Vernichtungswerk durch. Besonders schwer hatte es die VI. Flottille. Sie hatte das Versenkungssignal durch widrige Umstände erst spät erfahren, zu einer Zeit, als der Engländer seinen anfangs verlorenen Kopf wieder gefunden hatte. Von 50 Booten sind 46 versenkt worden, eine gewaltige Leistung! Ich will zu ihnen fahren. Da tauchen die englischen Linienschiffe in der Bucht auf. Mit höchster Fahrt brausen sie heran, klar zum Gefecht, ihre 38 cm-Kanonen auf die Reste meines Verbandes gerichtet. Nun gilt es, zu diesem englischen Admiral zu fahren, um die Einstellung der feindlichen Handlungen zu erlangen. – Das Feuer wird schwächer und verstummt allmählich. Im Hintergrund kämpfen die großen Kreuzer ihren Todeskampf. »Seydlitz« kentert. »Derfflinger« und »von der Tann« sind bereits auf Schanze oder Back überflutet; es kann nicht mehr lange dauern und sie haben ausgelitten. Nur »Hindenburg« liegt noch vierkant auf dem Wasser, doch er ist tiefer gesunken: ich erinnere mich, daß sein Kommandant ihn auf ebenem Kiel versenken wollte, um seine Leute besser bergen zu können. Von den Linienschiffen sind nur noch »Baden« mit Schlagseite und »Markgraf«, dieser scheinbar intakt, über Wasser. »Emden« schwimmt, ebenso »Nürnberg«. »Frankfurt« scheint dicht vor dem Sinken zu stehen. Da kentert im Schlepp englischer Zerstörer die »Bremse«. Ihrem wackeren Kommandanten, Oberleutnant zur See Schacke, ist die Versenkung noch gelungen, trotzdem sein

Schiff bereits von englischen Mannschaften besetzt ist. Auf meiner Fahrt zum englischen Flaggschiff werden noch Boote mit Geretteten in Schlepp genommen. Ich war tief ergriffen und voll Dankbarkeit gegen meine braven Kommandanten und Offiziere und die wackeren Besatzungen, die das befohlene Werk so glänzend durchgeführt hatten. – Alle diese herrlichen Schiffe und Torpedoboote waren dahingegangen, gesunken, einstmals der Stolz des deutschen Volkes: gewaltige Werke deutscher Schiffsbaukunst, wieviel Geist, wieviel militärische Sachkunde und Erfahrung hatte sich in ihnen vereint! Eine Entwicklung von einer Größe ohnegleichen war hier abgeschlossen und ins Grab gesunken.
Längsseit des englischen Flaggschiffes, das eben geankert hatte, herrschte »Zustand«: Patrouillenboote, Drifter, Wachfahrzeuge, Kriegsschiffboote, alle drängten sich längsseit mit dem heißen Begehr, zu melden, zu berichten: daß die deutsche Flotte zu Grabe gefahren sei. Endlich gelingt es meinem Drifter, sich Bahn zu brechen und anzulegen. Eine Leiter wird für mich herübergelegt. Ich steige an Bord der »Revenge« und werde vom englischen Vizeadmiral Sir Sidney R. Fremantle empfangen.

## Geheimschreiben, das im Panzerschrank von S.M.S. »Emden« gefunden wurde

Brief des Admirals von Trotha, Chef der deutschen Admiralität, der in dem Panzerschrank des Vizeadmirals von Reuter auf S.M.S. »Emden« gefunden wurde. Veröffentlicht in einer Darstellung durch die britische Admiralität.

Chef der Admiralität                                  Berlin, 9. Mai 1919
A II 5332

Euer Hochwohlgeboren haben dem Korvettenkapitän Stapenhorst gegenüber erneut den Wunsch des Internierungsverbandes zum Ausdruck gebracht, über das Schicksal desselben und die vermutliche Beendigung der Internierung unterrichtet zu werden. Das Schicksal dieses unseres bedeutendsten Flottenteiles wird sich voraussichtlich durch die gegenwärtigen Verhandlungen zum Präliminarfrieden endgültig entscheiden. Aus Pressenachrichten und Erörterungen im englischen Oberhaus ergibt sich, daß unsere Gegner mit dem Gedanken umgehen, den Internierungsverband uns durch den Friedensvertrag vorzuenthalten. Sie schwanken zwischen seiner Vernichtung oder Aufteilung untereinander. Gegen letztere werden Bedenken laut. Diesen feindlichen Absichten steht das bisher unwidersprochene deutsche Eigentumsrecht an dem Verbande gegenüber, in dessen Internierung wir bei Abschluß des Waffenstillstandes nur willigten, weil wir dem Gegner für die Dauer des Waffenstillstandes eine wesentliche Schwächung der Gefechtskraft der deutschen Flotte zugestehen mußten. Dieser ausgesprochenen Auffassung haben die Gegner weder bei Abschluß des Waffenstillstandes noch bei seinen Verlängerungen widersprochen. Dagegen haben wir ihr erneut Ausdruck gegeben, als wir im Februar 1919 gegen die unbegründete Internierung in einem feindlichen Hafen protestierten, dieses Vorgehen als einen Bruch des Waffenstillstandes bezeichneten und die nachträgliche Überführung in einen neutralen Hafen forderten; allerdings blieb dieser Protest unbeantwortet.
E. H. mögen überzeugt sein, daß es sie selbstverständliche Pflicht unserer Marineunterhändler in Versailles sein wird, das Schicksal des Internierungsverbandes mit allen Mitteln zu verteidigen und eine unseren Traditionen und dem unzweideutigen deutschen Recht entsprechende Lösung herbeizuführen. Hierbei wird an erster

Stelle die Bedingung stehen, daß der Verband deutsch bleiben soll, daß sein Schicksal, wie auch immer es sich unter dem Druck der politischen Lage gestalten möge, nicht ohne unsere Mitwirkung bestimmt und von uns selbst vollzogen wird, und daß eine Auslieferung an den Feind ausgeschlossen bleibt. Wir müssen hoffen, daß diese gerechten Forderungen sich im Rahmen unserer gesamtpolitischen Stellung zur Friedensfrage erfolgreich behaupten lassen. Ich bitte E. H., den Offizieren und Besatzungen der internierten Schiffe im Rahmen des Möglichen meine Befriedigung darüber auszudrücken, daß sie zu ihrem Teile so nachdrücklich zur Erfüllung unserer ehrlichen Hoffnung beitragen, daß der Internierungsverband unter deutscher Flagge verbleiben wird, und ihnen unseren festen Wunsch mitzuteilen, daß ihre gerechte Sache obsiegen wird. Es steht zu erwarten, daß diese Haltung die deutsche Delegation bei der Friedenskonferenz in ihren Bestrebungen unterstützen wird. Das Schicksal der gesamten Marine wird von dem Erfolg dieser Bestrebungen abhängen. Es ist zu hoffen, daß sie zu einer Beendigung der Internierung, die durch den Wortbruch unserer Feinde so unmenschlich geworden ist, führen wird. Ihre Leiden und die daraus folgenden Belastungen werden von der ganzen Marine beklagt. Sie werden für immer unvergessen bleiben und den internierten Besatzungen zur Ehre gereichen.

An den
Befehlshaber des Internierungsverbandes,
Herrn Konteradmiral von Reuter, Scapa Flow.

## Aufgliederung des beim Abwracken von SMS »Friedrich der Große« gewonnenen Schrotts

|  | Tonnen | Preis je Tonne[30] | | | Wert |
|---|---|---|---|---|---|
| *Eisenmetall* | | £ | s | d | £ |
| Stahlschrott | 8.281 | 3 | 6 | 8 | 27.603 |
| Stahlbleche | 253 | 5 | 0 | 0 | 1.265 |
| Eisenschrott | 379 | 3 | 0 | 0 | 1.137 |
| Drahttauwerk | 25 | 2 | 15 | 0 | 69 |
| Nickel 3,5–4 %, Chrom 1–2 % | 5.979 | 8 | 10 | 0 | 50.822 |
| Nickel 3–3,5 %, Chrom 1–2 % | 615 | 7 | 10 | 0 | 4.612 |
| Nickelschrauben 5,5–6 % | 30 | 12 | 0 | 0 | 360 |
| Nickel 1–1,5 %, Chrom 0,5–1 % | 2.853 | 4 | 10 | 0 | 12.838 |
| Nichtmagnetischer Stahl | 3 | 39 | 10 | 0 | 118 |
| Anker und Ketten | 48 | 3 | 15 | 0 | 180 |
| Gußeisen | 287 | 4 | 0 | 0 | 1.148 |
| Wellen | 51 | 7 | 0 | 0 | 357 |
| Kesselrohre | 139 | 3 | 0 | 0 | 417 |
| Nickelschlacke | – | – | | | – |
| | 18.943 | | | | 100.926 |
| *Nichteisenmetalle* | | | | | |
| Kondensatorrohre | 45 | 37 | 10 | 0 | 1.688 |
| Kondensatorbleche | 4 | 30 | 0 | 0 | 120 |
| Kondensatorringe | 1 | 23 | 0 | 0 | 23 |
| Weißmetall | 3 | 160 | 0 | 0 | 480 |
| Schweißflansche | 21 | 40 | 0 | 0 | 840 |
| Zink | 6 | 11 | 0 | 0 | 66 |
| Blei | 52 | 14 | 0 | 0 | 728 |
| Turbinenschaufeln | 26 | 29 | 0 | 0 | 754 |
| Messing | 80 | 23 | 0 | 0 | 1.840 |
| Nickelmessing | 5 | 21 | 10 | 0 | 108 |
| Geschützmetall | 270 | 50 | 0 | 0 | 13.500 |

| | | | | | |
|---|---|---|---|---|---|
| Elektrische Abzweigdosen | 23 | 46 | 10 | 0 | 1.070 |
| Kupfer | 161 | 40 | 0 | 0 | 6.440 |
| Mangan | 70 | 22 | 0 | 0 | 1.540 |
| Bronze | 1 | 26 | 0 | 0 | 26 |
| Kabelreste | 1 | 23 | 10 | 0 | 24 |
| Widerstandsdraht | 1 | 23 | 0 | 0 | 23 |
| Kleinmetall | 1 | 40 | 10 | 0 | 41 |
| Kupfermetall | 3 | 36 | 0 | 0 | 108 |
| Panzerkabel | – | | | | – |
| | 774 | | | | 29.419 |
| Insgesamt | 19.717 | | | | 130.345 |
| Verkaufspreis abzüglich Transportkosten | | | | | 134.886 |

# Vergleichstabellen der deutschen Kriegsschiffklassen in Scapa Flow

## I. Linienschiffe und Schlachtkreuzer (Großkampfschiffe)

| Klasse | Standard-Verdrängung in t | Maße (in m) | Wellen-Turbinen-Zahl | Wellen-PS | Knoten | Feuerung | Gürtel-enden | Gürtel-mitte | Deck | Türme | Kommando-Turm | Bewaffnung | Besatzung |
|---|---|---|---|---|---|---|---|---|---|---|---|---|---|
| »Kaiser« | 24.380 | 172 x 29,5 x 8,3 | 3 | 30.000 bis 35.000 | 21 bis 23 | Kohle und Öl | 197 | 349 | 77 | 298 | 349 | 10-30,5 cm, 14-15 cm, 8-8,8 cm, 4-8,8 cm-Flak, 5-50,8 cm Torpedorohre (1 Bug-, 4 Breitseitrohre), alle Unterwasser. | 1088 |
| »König« | 25.390 | 177 x 29,6 x 8,7 | 3 | 31.000 bsi 35.000 | 21 bis 23 | Kohle und Öl | 254 | 356 | 114 | 356 | 356 | 10-30,5 cm, 14-15 cm, 8-8,8 cm, 4-8,8 cm Flak, 5-50,8 cm TR (1 Bug-, 4 Breitseit-), alle Unterwasser. | 1150 |
| »Baden« | 28.075 | 190 x 30,2 x 8,5 | 3 | 52.000 | 22,3 | Kohle und Öl | 152 | 349 | 121 | 349 | 349 | 8-38,1 cm, 16-15 cm, 4-8,8 cm, 4-8,8 cm Flak, 5-60 cm TR (1 Bug-, 4 Breitseit-), alle Unterwasser. | 1200 |
| »von der Tann« | 19.400 | 172 x 26,5 x 8,4 | 4 | 43.600 bis 80.000 | 28 | Kohle | 241 | – | 63 | 229 | 229 | 8-28 cm, 10-15 cm, 16-8,8 cm, 4-45,7 cm TR (1 Bug-, 2 Breitseit-, 1 Heck-), alle Unterwasser. (4-8,8 cm Flak als Ersatz für 4-8,8 cm, seit 1916). | 910 |
| »Moltke« | 22.640 | 186 x 29,5 x 8,2 | 4 | 70.000 bis 80.000 | 27 bis 28,5 | Kohle | 102 | 280 | 63 | 254 | 254 | 10-28 cm, 12-15 cm, 12-8,8 cm, 4-50,8 cm TR (1 Bug-, 2 Breitseit-, 1 Heck-), alle Unterwasser. | 1107 |

Anmerkung: »Prinzregent Luitpold« nur 2 Wellen mit Getriebe-Turbinen. 26.000 WPS, 1 Welle mit Diesel-Antrieb von 12.000 BPS.

| Schiff | | | | | | | | |
|---|---|---|---|---|---|---|---|---|
| »Seydlitz« | 24.610 | 185 x 28,5 x 8,2 | 4 | 89.700 | 27 bis 30 | Kohle | 102 | 280 | 63 | 254 | 10–28 cm, 12–15 cm, 12–8,8 cm\*, 4–50,8 cm TR (1 Bug-, 2 Breitseit-, 1 Heck-), alle Unterwasser. | 1108 |
| »Derfflinger« | 26.180 | 210 x 29 x 8,4 | 4 | 85.000 | 27 bis 28 | Kohle und Öl | 127 | 305 | 63 | 280 | 8–30,5 cm, 12–15 cm (»Hindenburg« 14–15 cm), 4–8,8 cm (nur »Derfflinger«), 8–8,8 cm Flak, 4–50,8 cm TR (»Hindenburg« 4–60 cm) (1 Bug-, 2 Breitseit-, 1 Heck-), alle Unterwasser. | 1215 |

\* 1916 durch 10,5 cm Flak ersetzt.

## II. Kreuzer

| Schiff | | | | | | | | |
|---|---|---|---|---|---|---|---|---|
| »Bremse« | 4.400 | 140 x 13,5 x 5,9 | 2 | 47.000 | 28 | Kohle und Öl | – | 38 | 16 | – | 4–15 cm und 2–8,8 cm Flak, 2–50,8 cm Deck-TR, 400 Minen | 309 |
| »Königsberg« II | 5.440 | 151 x 14,3 x 6,4 | 2\* | 31.000 | 27 bis 28 | Kohle und Öl | – | 64 | 19 | – | 8–15 cm und 2–8,8 cm Flak, 4–60 cm TR (2 an Deck, 2 Unterwasser), 200 Minen. | 475 |
| »Dresden« II | 5.600 | 156 x 14,3 x 6,4 | 2\*\* | 49.000 | 27 bis 29 | Kohle und Öl | – | 50–64 | 19 | – | 8–15 cm und 3–8,8 cm Flak, 4–60 cm Deck-TR, 200 Minen. | 559 |
| »Frankfurt« | 5.200 | 145 x 14 x 5,9 | 2\*\* | 31.000 | 27,5 | Kohle und Öl | – | 64 | 19 | – | 8–15 cm und 2–8,8 cm Flak, 4–50,8 cm TR (2 Deck-, 2 Unterwasser), 120 Minen. | 474 |

\* »Karlsruhe« Getriebeturbinen.   \*\* Getriebeturbinen.

| Klasse | Versenkte Boote | Maße (in m) | Standard-Verdrängung in t | Zahl der Wellen | Wellen-PS | Knoten | Feuerung | Bewaffnung | Besatzung |
|---|---|---|---|---|---|---|---|---|---|
| S 31 | S 32, S 36 | 79,5 x 8 x 3,4 | 802 | 2 | 23.500 bis 25.000 | 33 bis 36 | Öl | 3–8,8 cm, 6–50,8 cm TR, 24 Minen. | 83 |
| G 37 | G 38, G 39, G 40 | 79,5 x 8 x 3,4 | 822 | 2 | 24.000 bis 25.000 | 34 | Öl | wie vor. | 83 |
| V 43 | V 43, V 44, V 45, V 46 | 79,5 x 8 x 3,4 | 852 | 2* | 24.000 bis 24.700 | 34 bis 36 | Öl | wie vor. | 87 |
| S 49 | S 49, S 50, S 51, S 52 | 79,5 x 8 x 3,4 | 802 | 2 | 24.000 bis 25.000 | 34 bis 36,5 | Öl | wie vor. | 83 |
| S 53 | S 53, S 54, S 55, S 56, S 60, S 65 | 83 x 8 x 3,5 | 919 | 2* | 24.000 bis 25.000 | 35 bis 36 | Öl | S 53–S 56: 3–8,8 cm. S 60 und S 65: 3–10,5 cm. Alle 6–50,8 cm TR, 24 Minen. | 87 |
| V 67 | V 70, V 73, V 78, V 80, V 81, V 82, V 83 | 82 x 8 x 3,5 | 924 | 2* | 23.500 bis 24.400 | 34 bis 36,5 | Öl | wie S. 53. V 82 und V 83: 3–10,5 cm; andere später auf 3–10,5 cm umgerüstet. | 87 |
| G 85 | G 86, G 89, G 91, G 92 | 83 x 8 x 3,5 | 960 | 2 | 24.000 bis 26.500 | 34 | Öl | wie S 53. G 92: 3–10,5 cm, andere später auf 3–10,5 cm umgerüstet. | 87 |
| G 101 | G 101, G 102, G 103, G 104 | 95 x 9,3 x 3,7 | 1116 | 2 | 28.000 bis 29.500 | 33,5 | Öl | wie vor. | 104 |
| B 109 | B 109, B 110, B 111, B 112 | 98 x 9,3 x 3,8 | 1374 | 2 | 40.000 bis 40.700 | 36 bis 37,5 | Öl | wie vor. | 114 |
| V 125 | V 125, V 126, V 127, V 128, V 129 | 82 x 8 x 3,8 | 924 | 2 | 23.500 bis 25.150 | 34 bis 34,5 | Öl | 3–10,5 cm, 6–50,8 cm TR, 24 Minen. | 105 |
| S 131 | S 131, S 132, S 136, S 137, S 138 | 83 x 8 x 3,8 | 919 | 2 | 23.700 bis 24.000 | 33 bis 34 | Öl | wie vor. | 105 |
| H 145 | H 145 | 84,5 x 8 x 3,8 | 990 | 2 | 24.000 | 33,5 bis 34 | Öl | wie vor. | 105 |
| V 99 | V 100 | 98 x 9,3 x 3,7 | 1350 | 2 | 40.000 bis 42.000 | 36,5 bis 37 | Öl | wie vor. | 114 |

*Getriebeturbinen

*Beachte:* Die den Zahlen vorangestellten Buchstaben bezeichnen die Bauwerften wie folgt: G – Germaniawerft, Kiel; V – A.G. Vulcan, Stettin (im Falle von V 70 und V 83 Hamburg); S – Schichau, Elbing; H – Howaldtswerke, Kiel, B – Blohm & Voss, Hamburg.

253

## Liste der in Scapa Flow internierten Schiffe der deutschen Hochseeflotte

### Linienschiffe

| Schiff | Klasse (Siehe Vergl. Tabelle) | Bauwerft | Stapellauf | Gesunken um | Hebung durch | Gehoben |
|---|---|---|---|---|---|---|
| Kaiser | Kaiser | Kaiserl. Werft, Kiel | 22. 3. 1911 | 13.25 | Cox & Danks | 20. 3. 1929 |
| Prinzregent Luitpold | Kaiser | Germaniawerft, Kiel | 17. 2. 1912 | 13.30 | Cox & Danks | 9. 7. 1931 |
| Kaiserin | Kaiser | Howaldtswerke, Kiel | 11. 11. 1911 | 14.00 | Metal Industries | 11. 5. 1936 |
| König Albert | Kaiser | Schichauwerft, Danzig | 27. 4. 1912 | 12.54 | Metal Industries | 31. 7. 1935 |
| Friedrich der Große | Kaiser | A. G. Vulcan, Hamburg | 10. 6. 1911 | 12.16 | Metal Industries | 29. 4. 1937 |
| Bayern | Baden | Howaldtswerke, Kiel | 18. 2. 1915 | 14.30 | Metal Industries | 1. 9. 1934 |
| Großer Kurfürst | König | A. G. Vulcan, Hamburg | 5. 5. 1913 | 13.30 | Metal Industries | 29. 4. 1938 |
| *Bergung aufgegeben* | | | | | | |
| Kronprinz Wilhelm | König | Germaniawerft, Kiel | 21. 2. 1914 | 13.15 | | |
| Markgraf | König | A. G. Weser, Bremen | 4. 6. 1913 | 16.45 | | |
| König | König | Kaiserl. Werft, Wilhelmshaven | 1. 3. 1913 | 14.00 | | |

### Schlachtkreuzer

| Schiff | Klasse (siehe Vergl. Tabelle) | Bauwerft | Stapellauf | Gesunken um | Hebung durch | Gehoben |
|---|---|---|---|---|---|---|
| Seydlitz | Seydlitz | Blohm & Voss, Hamburg | 30. 3. 1912 | 13.50 | Cox & Danks | 2. 11. 1928 |
| Moltke | Moltke | Blohm & Voss, Hamburg | 7. 4. 1910 | 13.10 | Cox & Danks | 10. 6. 1927 |
| von der Tann | von der Tann | Blohm & Voss, Hamburg | 20. 3. 1909 | 14.15 | Cox & Danks | 7. 12. 1930 |
| Hindenburg | Derfflinger | Kaiserl. Werft, Wilhelmshaven | 1. 8. 1915 | 17.00 | Cox & Danks | 22. 7. 1930 |
| Derfflinger | Derfflinger | Blohm & Voss, Hamburg | [1]) 14. 6. 1913 (Fehlschlag) | 14.45 | Metal Industries | 1939 |

## Kleine Kreuzer

| Schiff | Bauwerft | Stapellauf | Gesunken um | Hebung durch | Gehoben |
|---|---|---|---|---|---|
| Bremse | A. G. Vulcan, Stettin | 11. 3.1916 | 14.30 | Cox & Danks | 27.11.1929 |
| Dresden II | Howaldtswerke, Kiel | 25. 4.1917 | 13.30 | Auf Strand. Später dort abgewrackt von Cox & Danks | |

*Aufgegeben*

| | | | | | |
|---|---|---|---|---|---|
| Cöln | Blohm & Voss, Hamburg | 5.10.1916 | 13.50 | | |
| Karlsruhe | Kaiserl. Werft, Wilhelmshaven | 31. 1.1916 | 15.50 | | |
| Brummer | A. G. Vulcan, Stettin | 11.12.1915 | 13.05 | | |

## Nicht gesunken

*Linienschiff*

| | | | | | |
|---|---|---|---|---|---|
| Baden | Schichauwerft, Danzig | | | In sinkendem Zustand in der Swanbister Bay auf Grund gesetzt. Von der *Royal Navy* als Artillerieziel vor Portsmouth am 16. 8.1921 versenkt. | |

*Kleine Kreuzer*

| Schiff | Bauwerft | Stapellauf | Gesunken um | Hebung durch | Gehoben |
|---|---|---|---|---|---|
| Emden | A. G. Weser, Bremen | 1. 2.1916 | | Am 11. 3.1920 an Frankreich. Verschrottet in Caen 1926. | |
| Frankfurt | Kaiserl. Werft, Kiel | 20. 3.1915 | | Beim Versenken auf Strand gesetzt. An USA. Am 28. 7.1921 bei Bombenabwurfversuchen vor Kap Henry gesunken. | |
| Nürnberg | Howaldtswerke, Kiel | 14. 4.1916 | | Ankerketten beim Versenken gebrochen, auf Strand getrieben. | |

Klasse (siehe Vergl. Tabelle)

255

## Torpedoboote und Zerstörer

1. Die Aufteilung der Boote auf die Flotillen gründet sich auf die Aufstellung von Vizeadmiral von Reuter.
2. Alle Boote hatten Turbinenantrieb mit 2 Wellen und Ölfeuerung. Sie waren bewaffnet mit 3 – 8,8 cm-Geschützen, die durch 10,5 cm-Geschütze ersetzt wurden (mit Ausnahme der G 101- und B 109-Klasse, die 4 – 10,5 cm-Geschütze hatten, 6 – 50 cm-Torpedorohren und 24 Minen.

| Boot-Nr. | Stapellauf | Hebung durch | Gehoben | Bemerkungen |
|---|---|---|---|---|
| *I. Flottille* | | | | |
| G 40 | 27. 2. 1915 | Cox & Danks | 29. 7. 1925 | |
| G 86 | 24. 8. 1915 | Cox & Danks | 14. 7. 1925 | |
| G 39 | 16. 1. 1915 | Cox & Danks | 3. 7. 1925 | |
| G 38 | 23. 12. 1914 | Cox & Danks | 27. 9. 1924 | |
| V 129 | 21. 6. 1918 | Cox & Danks | 11. 8. 1925 | |
| S 32 | 28. 2. 1914 | Cox & Danks | 19. 6. 1925 | |
| *II. Flottille* | | | | |
| G 101 | 12. 8. 1914 | Cox & Danks | 13. 4. 1926 | Auf flachem Wasser versenkt. An USA am 17. 2. 1920 und als Bombenziel vor Kap Henry versenkt. |
| G 102 | 16. 9. 1914 | | | |
| G 103 | 14. 11. 1914 | Cox & Danks | 30. 9. 1925 | Auf dem Wege in die Abwrackwerft im November 1925 nördlich Schottland im Sturm gesunken. |
| V 100 | 8. 3. 1915 | Cox & Danks | 27. 3. 1926 | Auf Strand gesetzt. An Frankreich, dort 1921 abgewrackt. |
| B 109 | 11. 3. 1915 | Cox & Danks | 11. 12. 1925 | |
| B 110 | 31. 3. 1915 | Cox & Danks | 8. 3. 1926 | |
| B 111 | 8. 6. 1915 | Cox & Danks | 11. 2. 1926 | |
| B 112 | 17. 6. 1915 | Cox & Danks | 30. 4. 1926 | Bei von Reuter nicht aufgeführt. |
| G 104 | 28. 11. 1914 | | | |
| *III. Flottille* | | | | |
| S 53 | 18. 9. 1915 | Cox & Danks | 13. 8. 1924 | |
| S 54 | 11. 10. 1915 | Cox & Danks | 5. 6. 1925 | |
| S 55 | 6. 11. 1915 | Cox & Danks | 29. 8. 1924 | |
| G 91 | 16. 11. 1915 | Cox & Danks | 12. 9. 1924 | Als Bergungshulk benutzt. |
| V 70 | 14. 10. 1915 | Cox & Danks | 1. 8. 1924 | Auf flachem Wasser gesunken. |
| V 73 | 24. 9. 1915 | | | Auf Strand gesetzt, auf dem Wege zum Abwracken gesunken. |
| V 81 | 27. 5. 1916 | | | Auf Strand gesetzt. |
| V 82 | 27. 5. 1916 | | | |

## VI. Flottille

| Boot | Datum | Bergung | Verbleib |
|---|---|---|---|
| V 43 | 27. 1. 1915 | | Auf flachem Wasser. An USA. Als Ziel vor Kap Henry gesunken. |
| V 44 | 24. 2. 1915 | | Vor der *Royal Navy* gehoben. |
| V 45 | 29. 3. 1915 | | Von der *Royal Navy* gehoben. |
| V 46 | 23. 12. 1914 | | An Frankreich. 1924 in Cherbourg abgewrackt. |
| S 49 | 10. 4. 1915 | | Auf flachem Wasser. |
| S 50 | 24. 4. 1915 | | Auf flachem Wasser. |
| V 125 | 18. 5. 1917 | | Auf Strand gesetzt. |
| V 126 | 30. 6. 1917 | | Auf Strand, an Frankreich. |
| V 127 | 28. 7. 1917 | | Auf Strand, nach Dordrecht (Niederlande). |
| V 128 | 11. 8. 1917 | | An Italien. |
| S 131 | 3. 3. 1917 | Scapa Flow Dalvage & Shipbreaking Company 29. 8. 1924 | Auf flachem Wasser. * |
| S 132 | 19. 5. 1917 | | Auf flachem Wasser – an USA, dort von Schlachtschiff »Delaware« und Zerstörer »Herbert« mit Artillerie versenkt. |

* Drei weitere Boote, die nicht identifiziert werden können, wurden ebenfalls von dieser Gesellschaft in flachem Wasser gehoben.

## VII. Flottille

| Boot | Datum | Bergung | Verbleib |
|---|---|---|---|
| S 56 | 11. 12. 1915 | Cox & Danks 5. 6. 1925 | |
| S 65 | 14. 10. 1916 | Cox & Danks 16. 5. 1925 | |
| V 78 | 19. 2. 1916 | Cox & Danks 7. 9. 1925 | |
| V 83 | 5. 7. 1916 | | Auf flachem Wasser. Von der *Royal Navy* gehoben. |
| G 92 | 15. 2. 1916 | | Auf Strand gesetzt. |
| S 136 | 1. 12. 1917 | Cox & Danks 3. 4. 1925 | |
| S 137 | 9. 3. 1918 | Cox & Danks 1. 5. 1925 | In flachem Wasser auf Strand. |
| S 138 | 22. 4. 1918 | Cox & Danks 14. 3. 1925 | |
| H 145 | 1917 ? | | Von *Royal Navy* gehoben. |
| G 89 | 11. 2. 1915 | | |

## 17. Halbflottille

| Boot | Datum | Bergung | Verbleib |
|---|---|---|---|
| S 36 | 7. 10. 1914 | Cox & Danks 18. 4. 1925 | |
| S 51 | 29. 4. 1915 | | Auf flachem Wasser. |
| S 52 | 14. 6. 1915 | Cox & Danks 13. 10. 1924 | |
| S 60 | 3. 4. 1916 | | Auf Strand und an Japan, später in Großbritannien verschrottet. |
| V 80 | 28. 4. 1916 | | Versenkt, aber auf Strand gesetzt und an Japan. Später in Großbritannien verschrottet. |

# Anmerkungen

\* S. 8 und S. 26: Auch nach dem Bau der »Dreadnought«-Klasse vergleichbarer schwerer Kampfschiffe, die in Großbritannien *Battleships* (Schlachtschiffe) genannt wurden, behielt die deutsche Marine bis gegen Ende der 20er Jahre, als der den Beschränkungen des Versailler Vertrages unterliegende Bauentwurf der »Deutschland«-Klasse als *Panzerschiff* klassifiziert wurde, die Bezeichnung *Linienschiffe* bei. Schon vor dem Ersten Weltkrieg wurde als gemeinsame Bezeichnung für Linienschiffe und die – offiziell *Große Kreuzer* genannten – Schlachtkreuzer deren Kategorisierung im Sprachgebrauch als *Großkampfschiffe* üblich, der im Englischen die *Capital-* oder *All-big-gun-ships* entsprachen.

Dem in der *Royal Navy* allgemein als *Destroyer* (Zerstörer) bezeichneten Schiffstyp waren in der deutschen Marine sowohl die – kleineren – *Torpedoboote* als auch die später gebauten größeren *(Torpedoboot-)Zerstörer* vergleichbar. Wenn in diesem Buche von Zerstörern die Rede ist, z. B. in der Darstellung der Skagerrak-Schlacht, handelt es sich auf deutscher Seite stets um Torpedoboote und/oder Zerstörer.

[1] S. 28: Tatsächlich ist die »Wiesbaden« erst in der folgenden Nacht gegen 02.45 Uhr gesunken, nachdem wiederholte Versuche, die Überlebenden der Besatzung zu bergen, mißlungen waren. Nur ein Mann, der Oberheizer *Zenne*, wurde nach mehreren Tagen von einem norwegischen Schiff gerettet. Auf »Wiesbaden« fiel auch der Dichter *Gorch Fock* (Johann Kinau) aus Finkenwerder bei Hamburg, der sich freiwillig zum Dienst auf dem Kreuzer gemeldet hatte.

[2] – S. 28: Sowohl das Abreißen der Gefechtsfühlung zwischen den schweren Streitkräften gegen 19.40 Uhr als auch das erneute gegenseitige Sichten der Schlachtflotten gegen 20 Uhr waren auf zweimalige Gefechtskehrtwendungen der gesamten deutschen Flotte – eine von ihrer ausgezeichneten Ausbildung zeugende Meisterleistung – zurückzuführen, mit denen sich Scheer zunächst der drohenden Umfassung entzog, dann aber zur Verwirrung des Gegners und bei dem Versuch, die »Wiesbaden«-Besatzung zu bergen, abermals angriff. Erst nach der im folgenden geschilderten dritten Kehrtwendung während des Schlachtkreuzerangriffes riß die Gefechtsfühlung endgültig ab.

[3] – S. 30: Tatsächliche Zeit: 20.35 Uhr.

[4] – S. 31: »Pommern« sank um 03.10 Uhr.

[5] – S. 31: »V 4« sank um 03.15 Uhr.

[6] – S. 33: Der Arbeiter- und Soldatenrat hatte einen »21er-Rat« als vollziehende Behörde gebildet, die den Oberheizer *Bernhard Kuhnt* (am 24. 2. 1946 in Westensee bei Kiel gestorben) zum »Präsidenten der Nordseestation der Marine und aller umliegenden Inseln und Marineteile sowie des dazugehörigen Oldenburger Landes als sozialistische Republik« wählte. Ihm stand ein »Rat der Fünf« zur Seite.

[7] – S. 33: Artikel 23 der Waffenstillstandsbedingungen lautete: »Die Kriegsschiffe der deutschen Hochseeflotte ... werden sofort abgerüstet und alsdann in *neutralen* Häfen oder *in deren Ermangelung* in Häfen der alliierten Mächte

interniert. Die Häfen werden von den Alliierten und den Vereinigten Staaten bezeichnet werden ...« Ein ernsthafter Versuch, die Flotte in *neutralen* Häfen zu internieren, ist seitens der Alliierten nicht unternommen worden; Vizeadmiral a.D. von Reuter: »Scapa Flow – Das Grab der deutschen Flotte«, 2. Auflage, Leipzig: K.F. Koehler-Verlag 1921, S. 1f. – Die norwegische Regierung war bereit, einen solchen Hafen zur Verfügung zu stellen; Vizeadmiral a.D. Prof. F. Ruge in »Marine-Rundschau« 1973, S. 654ff. Frankfurt/M.: E.S. Mittler & Sohn (bis Dez. 1973), München: J.F. Lehmann (ab 1974).

[8] – S. 50: Irrtum des Verfassers: »U 18« (Kapitänleutnant *v. Hennig)* war das Boot, das im November 1914 durch den Hoxa Sound nach Scapa Flow einlief und auf dem Rückwege aus der leer vorgefundenen Bucht von der englischen U-Boot-Abwehr, nach anderer Darstellung nach Auflaufen auf einen Felsen, von der eigenen Besatzung versenkt wurde. Am 28. Oktober 1918 versuchte »UB 116« (Oberleutnant z. S. *Emsmann)* das im Zusammenhang mit der geplanten Flottenunternehmung, also mehrere Tage vor den ersten Gehorsamsverweigerungen in der Nacht zum 30. Oktober auf der Jade, ausgelaufen war, ebenfalls gegen den Hoxa Sound zu operieren, wurde aber von der Horchabwehr erfaßt und ging auf einer Minensperre verloren; F. Ruge: »Scapa Flow 1919«, Oldenburg/Hamburg, Stalling-Verlag 1969; A. Röhr: »Handbuch der deutschen Marinegeschichte«, Oldenburg/Hamburg, Stalling-Verlag 1963. – Die Besetzung des Bootes nur mit Offizieren ist, allein aus praktischen Gründen, zu bezweifeln und vermutlich Legende.

[9] – S. 54: Nach v. Reuter's Bericht wurde der Drifter so lange längsseit festgehalten, bis er und die Besatzung der »Emden« übergestiegen waren; von Reuter a.a.O., S. 72.

[10] – S. 67: Vgl. hierzu die Darstellung bei v. Reuter, a.a.O. S. 75, und bei Ruge, a.a.O. S. 156f. Danach hatte der Drifter das Feuer auf die noch an Bord von »Markgraf« befindliche, unbewaffnete Besatzung eröffnet, obwohl Korvettenkapitän *Schumann* mehrmals ein weißes Tuch gezeigt hatte; Ruge a.a.O., Anhang 3.

[11] – S. 67: Nach Darstellung v. Reuter's, a.a.O. S. 75, und Ruge's, a.a.O. S. 157, sind außer dem Kommandanten auf »Markgraf« *zwei Unteroffiziere* gefallen. Da jedoch in der Liste der Gefallenen (Ruge a.a.O. Anhang 3) außer Korv. Kapt. *Schumann* nur ein Oberbootsmannsmaat *Dittmann* aufgeführt ist, kann angenommen werden, daß der auf dem Torpedoboot »V 126« gefallene Torpedomaschinist namens *Markgraf* irrtümlich zu den auf dem Linienschiff gleichen Namens Getöteten gerechnet worden ist.

[12] – S. 68: »Brummer« gehörte nicht zur »Emden II«-Klasse, sondern bildete zusammen mit »Bremse« eine eigene, etwa 1000 t kleinere Klasse von *Minenkreuzern.*

[13] – S. 68: v. Reuter gibt in seinem Bericht, a.a.O. S. 80, an, daß die Schießerei bei der Versenkung 10 Tote und circa 16 Verwundete an Opfern gefordert hatte. Die Zahl von vier Toten und acht Verwundeten, sämtlich von der VI. Flottille, stammt vermutlich aus dem seinem Bericht beigefügten »Bericht des Führers der

Torpedoboote« (F. d. T.), Korv. Kapt. *Cordes*, a.a.O. S. 101 – Ruge nennt 9 Tote, a.a.O. Anhang 3.

[14] – S. 70: Vgl. die »Rechtfertigung« v. Reuter's im 9. Kapitel seines Berichtes, a.a.O. S. 74 ff. (Ablauf des von den Alliierten gestellten Ultimatums zur Unterzeichnung des Friedensvertrages am 21. 6. mittags, wonach automatisch wieder Kriegszustand eintreten würde. Von dessen Verlängerung um 2 Tage nach Rücktritt der Regierung des Reichskanzlers *Scheidemann* hatte v. Reuter infolge der von den Engländern selbst verursachten Unterbrechung jeder Verbindung mit der Außenwelt keine Kenntnis – er war auf britische Zeitungen angewiesen, die ihm mit viertätiger Verspätung zugingen.) Ein Hinweis auf die Beurteilung seiner Maßnahmen durch die Reichsregierung ergibt sich aus der Tatsache, daß Reichspräsident *Ebert* ihn noch vor seiner Rückkehr aus der Kriegsgefangenschaft zum Vizeadmiral beförderte.

[15] – S. 70: Vollständiger Wortlaut der Ansprache des Vice-Admirals *Fremantle* und der Antwort des Befehlshabers des Internierungsverbandes, Konteradmiral *v. Reuter*, im Bericht v. Reuter's a.a.O. S. 78 f.

[16] – S. 90: Möglicherweise eine Verwechselung mit »Baden«: »Seydlitz« war gekentert und lag größtenteils unter Wasser auf der Seite (S. 67 und 152), während »Baden« auf ebenem Kiel in der Swanbister Bay auf Grund gesetzt worden war (S. 55 und 69) und großenteils über Wasser lag.

[17] – S. 148: Hier ist dem Verfasser offenbar sein britischer Pegasus durchgegangen, wie es früher schon den Märchenerzählern auf den Orkneys bei den am Mast aufgehängten Offizieren, dem knietief in einem Boot stehenden Blut und dem Arzt mit einem Dolch im Rücken (S. 68) ergangen war. Ob hier die Legenden von der alten »Bounty« und ihrem *Captain Bligh*, dem angeblich so grausamen Tyrannen, aus dem Jahre 1789 in der britischen Phantasie späte Früchte trugen? – Wie sollte ein derartiges Instrument, selbst wenn es anachronistisch 130 Jahre später auf einem deutschen Schiff wirklich vorhanden gewesen wäre, das halbjährige Wirken eines Soldatenrates, das sich gerade auf den Schlachtkreuzern besonders auswirkte, überdauert haben – oder ist der Verfasser etwa das Opfer einer Verwechselung mit einer »Rees-Pinne« geworden, einem Produkt seemännischer Handwerkskunst, das in geselliger Runde von dem jeweils das Wort führenden Teilnehmer geschwungen wird? – Zu den Dienst- und Lebensbedingungen an Bord des Internierungsverbandes einschließlich der Verpflegung und Getränkeversorgung vgl. die ausführlichen Darstellungen bei Ruge a.a.O. –

[18] – S. 152: So nett sich die Schilderung dieser hübschen Idylle auch lesen mag, gehört sie doch sicher auch in den Bereich der Legende, nachdem der Verfasser am Anfang dieses Kapitels gerade geschildert hat, wie *vor* der Hebung des Schiffes u. a. der Dreibeinmast – an dem sich das Krähennest befand – entfernt worden war. Das Foto des Schiffes in seinem Zustand nach dem Heben (S. 64) läßt keinen Platz erkennen, auf dem sich Mrs. McKenzie ihrer fraulichen Nachmittagsbeschäftigung hätte hingeben können, und auch keinen Mast, gegen den der Kranausleger geschwungen sein könnte. Verwechselung mit einem

anderen Schiff erscheint ebenfalls ausgeschlossen, da »Hindenburg« das einzige Schiff war, das nicht kieloben gehoben worden ist.

[19] – S. 170: *Queenstown* war im Ersten Weltkrieg in aller Welt Munde, als das deutsche U-Boot »U 20« (Kapitänleutnant *Schwieger*) am 7. Mai 1915 den nach diesem Hafen bestimmten Passagierdampfer »Lusitania« der britischen Cunard-Linie, 30400 BRT, der als Hilfskreuzer und Truppentransporter angesprochen wurde und Munition als Ladung mitführte, kurz vor dem Einlaufen mit einem Torpedo versenkte. Fast 1200 Menschen, unter ihnen zahlreiche Amerikaner, fanden dabei den Tod. Heute führt der Hafen den irischen Namen *Cobh*.

[20] – S. 202: In der englischen Ausgabe »Wasserstoff« – offenbar ein Schreibfehler, wie sich auch aus dem nachfolgenden Satz ergibt.

[21] – S. 225: In der englischen Ausgabe »Großer Kurfürst« – offenbar eine Verwechselung, da dieser, wie im Folgenden dargestellt, erst genau ein Jahr später gehoben wurde.

[22] – S. 227: Kein Kriegsschiff, sondern der 1934 vom Stapel gelaufene Turbinen-Schnelldampfer (Passagierschiff) der Cunard-White-Star-Linie, der mit 81 235 BRT zur damaligen Zeit (nach der französischen »Normandie«) das zweitgrößte Handelsschiff der Welt war.

[23] – S. 229: Parodie auf das bekannte Lied, in dem die Farbigen in den Südstaaten der USA den Mississippi besangen: »Ol' man River«. In wörtlicher Übersetzung lautet die in enger Anlehnung an den Text dieses Liedes verfaßte Parodie:

»Gute alte Preßluft, die gute alte Preßluft,
Sie muß was wissen, sagt aber nichts,
Sie hört nicht auf, Wracks zu heben,
Sie drückt fortwährend weiter.

Sie pflanzt keine Kartoffeln, sie baut keine Baumwolle an,
Aber alle, die mit ihr zu tun haben, fühlen sich elend,
Am ganzen Körper schmerzhaft und lausig schlapp.
Nur ein kleines Stechen, und Du landest in der Kammer.

Gute alte Preßluft, die gute alte Preßluft,
Sie kann etwas kaputtmachen, ohne etwas zu sagen;
Sie hört nicht auf, Wracks zu heben,
Sie drückt immer weiter.«

[24] – S. 233: Ehemaliges Schlachtschiff, in der Skaggerrak-Schlacht Flaggschiff des Oberbefehlshabers der britischen Home Fleet, Admiral *Jellicoe*.

[25] – S. 236: Hier sagt die englische Ausgabe »Trockendock«; wie aus dem nachfolgenden Text hervorgeht und auch auf den Fotos ersichtlich ist, wurde »Derfflinger« aber gerade – als einziges der großen Schiffe – zum Abwracken in ein *Schwimmdock* gebracht.

[26] – S. 239: Ein bereits vor dem Zweiten Weltkrieg aus der britischen Flotte ausgesondertes Schlachtschiff, Veteran der Skagerrak-Schlacht.

[27] – S. 239: Ein 1914 vom Stapel gelaufenes Schlachtschiff, ebenfalls Veteran der

Skagerrak-Schlacht aus dem gleichen Geschwader wie »Vanguard«, das in der Nacht zum 14. Oktober 1939 von dem in die Bucht von Scapa Flow eingedrungenen deutschen U-Boot »U 47« (Kapitänleutnant *Prien*) mit Torpedos versenkt wurde und noch heute dort auf dem Grunde liegt.

[28] – S. 240: Schwesterschiff von SMS »Moltke«, das seit 1912 der Mittelmeer-Division der Kaiserlichen Flotte angehörte, nach Kriegsausbruch zusammen mit dem kleinen Kreuzer »Breslau« nach den Dardanellen durchbrach und seit 16. August 1914 unter dem neuen Namen im Dienst der türkischen Flotte fuhr.

[29] – S. 240: Nachdem alle Verkaufsverhandlungen fehlgeschlagen waren, wird das Schiff inzwischen seit 1973 von der türkischen staatlichen Metallfirma MKEK abgewrackt und verschrottet.

[30] – S. 249: (Anhang 3) Angaben in dem bis zum 14. Februar 1971 geltenden britischen Währungseinheiten: 1 Pfund Sterling (£) zu 20 Shilling (s), 1 Shilling zu 12 Pence (d).

# Quellenverzeichnis

*The Triumph of the Royal Navy* von Major Gibbon – Offizieller Bericht über die Auslieferung der deutschen Flotte, 1919.
*Scapa Flow – Das Grab der deutschen Flotte* von Vizeadmiral L. von Reuter – K.F. Koehler, Leipzig 1921.
*Marine Salvage in Peace and War* von Commodore T. McKenzie CB, CBE, RN – The Institution of Engineers and Shipbuilders in Scotland, Band 93, Aufsatz 1122.
*Eight Years of Salvage Work at Scapa Flow* von E.F. Cox – The Institute of Mechanical Engineers, Proceedings (Fünfte Thomas Gray-Vorlesung 1932).
*The Salving of the Ex-German High Seas Fleet at Scapa Flow* von I.D.M. Taylor, SIMechE – The Institution of Mechanical Engineers Scottish Branch – Graduates Section, November 1961.
*Ocean Salvage* von D.A. Koster (Ch 7) – Gerald Duckworth & Co. Ltd., 1971.
*Deep Sea Salvage* von Whyte und Hadfield – Sampson, Low, Marston & Co.
*Deep Sea Diving and Submarine Operations*, herausgegeben von Robert N. Davis – St. Catherine Press, 6. Ausgabe, 1955.
*The Man who bought a Navy* von Gerald Bowman – Harrap & Co. London 1964.
*The Story of Scapa Flow* von Geoffrey Cousins – Muller & Co., London 1965.
*When Ships go Down* von David Masters – Eyre & Spottiswoode, 1934.
*Encyclopaedia Britannica.*

# Dank des Verfassers

Er gilt

Mr. R.W. McCrone MC, für seine freigebige Hilfe bei der Beschaffung von Unterlagen und die Vermittlung von Verbindungen, ohne die diese Darstellung unvollständig gewesen wäre.

Den früheren Firmenleitungen und Angestellten der beteiligten Bergungsunternehmungen, die mir wertvolle Unterlagen zur Verfügung stellten, insbesondere den Herren Max Wilkinson, J. Robertson, CEng., FRINA, der mir außerdem Erlaubnis erteilte, einige seiner Zeichnungen zu verwenden, R.R. Drysdale, der mir einige seiner Arbeitsunterlagen zugänglich machte, sowie A.S. Thomson und vielen anderen, die bereitwillig aus ihren Erinnerungen an die Bergungen berichteten.

Lady Esmé Whistler, Miß A. Parry und Admiral Sir Henry McCall, KCVO, KBE, CB, DSO, für die urheberrechtliche Genehmigung, Unterlagen über die Auslieferung der deutschen Flotte und die spätere Versenkung der Schiffe zu benutzen.

Den Herausgebern von *The Engineer* und von *Shipbuilding and Shipping Record* für die Genehmigung, veröffentlichte Aufsätze und Zeichnungen aus diesen Zeitschriften zu verwenden.

Dem Verlag Ian Allan Ltd. für die Genehmigung, Statistiken aus seinem Buch *German Warships of World War I* von John C. Taylor heranzuziehen.

Der Firma Norval Ltd. für die Erlaubnis zur Reproduktion verschiedener Fotos.

Gerald G.A. Meyer, Herausgeber von *The Orcadian*, für seine Hilfe und seine Zustimmung, auf Veröffentlichungen in früheren Ausgaben seiner Zeitung zurückzugreifen.

Mrs. I. McKenzie für die Erlaubnis, von ihren eigenen Erinnerungen an Scapa Flow und Urheberunterlagen, die von ihrem Gatten, dem verstorbenen Commodore McKenzie, CB, CBE, RNVR, verfaßt worden sind, Gebrauch zu machen.

Mr. Charles Patterson, MA, CEng., für Auskünfte, Fotos und die Genehmigung, seine Vorlesungsnotizen und Aufsätze über die Auslieferung der deutschen Flotte und die Bergungsunternehmen zu verwenden.

Mr. G. Fleming von der Firma Shipbreaking Industries Ltd. für das leihweise Überlassen zahlreicher Fotos.

Professor J.M. Peterson, MA, für Auskünfte über die Anfänge von Bergungen.

Dr. R.V. Williams von der British Steel Corporation für Unterrichtung bezüglich Stahl aus der Zeit nach 1945.

Mr. Steven Hull, BSc (Mar) für Auskünfte über Sport- und Schwimmtauchen.

Den Herausgebern von *Sea Breezes* und von *The Shetland Times* für die Veröffentlichung meiner Suchanzeigen nach Informationen.

Der Firma Siebe, Gorman & Co. Ltd. für Fotos und die Erlaubnis, Unterlagen aus *Deep Sea Diving and Submarine Operations* des verstorbenen Sir Robert Davis zu verwenden.

Die folgenden staatlichen Körperschaften waren ebenfalls sehr hilfsbereit: Hampshire County Library, National Reference Library of Science and Invention, The National Central Library, Public Record Office, The British Museum, The Imperial War Museum, die Institution of Mechanical Engineers und das Ministry of Defence (Naval Historical Branch).

# Stichwortverzeichnis

Eigennamen in *Kursivschrift*

Admiralität, britische 10, 21 ff., 36, 69 f., 73, 76, 85, 233, 235, 237, 239
*Albert*, König von Belgien 14
Alliierte 51
Alloa Shipbreaking Co. Ltd. 148, 192
Arbeiter- und Soldatenrat 32, 35, 47
Arbeitskräfte 88, 108, 194
*Asquith*, Mr., brit. Premierminister 14
Auftrieb 80
Auslieferung, d. dtsch. Flotte 33, 35 ff., 42 ff.

»Baden«, Linienschiff 46, 55, 69, 71
Balkankrieg, 1912/13 11
Ballons-, Hebe 75 ff.
»Bayern«, Linienschiff 43, 47, 196 ff.
»Bayern«-Klasse 9
*Beatty*, brit. Adm. 22, 24 ff., 35, 43 ff.
Bergungsgerät 83 ff.
*Bethman-Hollweg*, dtsch. Reichskanzler 11, 15
»Blücher«, Schlachtkreuzer 9, 23
»Bremse«, Minenkreuzer 169 f.
Britisches Flottenbauprogramm 8, 10, 15
Brit.-französisches Flottenabkommen, 1912 11
»Brummer«, Minenkreuzer 68, 169, 238
Bugsier, dtsch. Reederei und Bergungs-Ag. 140, 187 f.

*Churchill, Winston*, Erster Lord d. Admiralität 11, 13 f.
»Cöln«, kl. Kreuzer 238
»Cöln II«-Klasse 9
*Cox*, Mr. E. F. G., Bergungsunternehmer 75 ff., 181 ff., 189
Cox & Danks, Bergungsfirma 69, 76 ff.

*Cowan*, Chemiker 201 f.
Cromarty Firth, innerer Teil d. Moray Firth 21

»Derfflinger«, Schlachtkreuzer 9, 22 ff., 44, 174, 229, 233 ff.
Deutsches Flottenbauprogramm 1907–1917 7 f.
Deutsche Werften 9, 181
Docks, sh. Schwimm- und Trockendocks
Doggerbankschlacht 22 f.
»Dreadnought«, Schlachtschiff und Schiffstyp 8 f., 10 f., 15, Anm.*
»Dresden«, kl. Kreuzer 67
»Dresden«-Klasse 9
Drifter, Fischerboote 51 f., 54

*Ebert*, dtsch. Reichskanzler 36
»Emden«, kl. Kreuzer 47 f., 52, 54, 69, 71
England 7 f., 10 ff.
Erinnerungsstücke, aus den Wracks 113, 148, 173 ff.

Faslane Port, Hafen am Clyde 174
Firth of Forth 21, 43, 45
Flottenbaugesetze, dtsche von 1898, 1900, 1907 7 f.
Flottenbauprogramme, sh. Brit. und Dtsch. Flottenbauprogramm
Frankreich 7, 10 ff., 43, 51
»Frankfurt«, kl. Kreuzer 53, 69, 71
*Franz Ferdinand*, österr. Erzherzog 12
»Frauenlob«, kl. Kreuzer 31
*Fremantle*, brit. Vice Adm. 54, 70
Friedensvertrag, v. Versailles 1919 51, 70

266

»Friedrich der Große«, Linienschiff, 22 ff., 43, 48, 53 f., 68
Flaggschiff der Hochseeflotte 174, 222 ff.

Gezeiten, -hub, -strom 80, 94, 140, 145
Gleichgewicht, d. Mächte 12
»Goeben«, Schlachtkreuzer 9, 240
Grand Fleet, brit. Hochseeflotte 21 ff., 43
Grey, Viscount, brit. Außenminister 12, 14
Großbritannien 43, 51
»Großer Kurfürst«, Linienschiff 22 ff., 43, 227 ff.
Großkampfschiffe 10, Anm.*

Harwich, brit. Hafen 41
»Helgoland«-Klasse 9
»Hindenburg«, Schlachtkreuzer 9, 56 f., 68, 115 ff., 149 ff.
Hipper, dtsch. Adm. 23, 32
Hitler 189
Hochseeflotte, dtsche. 21 ff., 43, 69

»Indefatigable«, brit. Schlachtkreuzer 25
Internierung 50
Invergordon, Kriegshafen am Cromarty Firth 21, 24, 70
»Invincible«, brit. Schlachtkreuzer 28
»Iron Duke«, brit. Schul-, ehem. Flaggschiff 233
Italien 7, 11, 128

Jellicoe, brit. Admiral, Oberbefehlsh. der Flotte 21 ff.
Jütland, Schlacht bei sh. Skagerrak-Schlacht

Kaiser (Wilhelm II.) 8, 10 f., 13
»Kaiser«, Linienschiff 22 ff., 43, 71, 158 ff.

»Kaiser«-Klasse 9
»Kaiserin«, Linienschiff 22 ff., 43, 219 ff.
Kaiserliche Flotte, sh. Hochseeflotte
»Karlsruhe«, kl. Kreuzer 44, 47, 68, 238
Kiel, Kriegshafen 8 f., 13, 32, 71
Kirkwall, Hauptstadt der Orkney-Inseln 56
»König«, Linienschiff 22 ff., 46, 238
»König«-Klasse 9
»König Albert«, Linienschiff 43, 68, 174, 210 ff.
»Königsberg«, kl. Kreuzer 8, 35, 45
Kriegsschiffe, Konstruktionsmerkmale 81 f.
»Kronprinz Wilhelm«, Linienschiff 22 ff., 43, 238

Linienschiff, Schiffstyp 7 f., Anm.*
»Lion«, brit. Schlachtkreuzer 23, 30
»Lützow«, Schlachtkreuzer 9, 24 ff.
Luftschleuse, Prinzip 130
Lyness, Ort auf der Insel Hoy 71, 75

»Mackensen«, Schlachtkreuzer 46
Madden, brit. Vice Adm. 43
»Markgraf«, Linienschiff 22 ff., 43, 67 f., 238
Markgraf, Torpedo-Maschinist 67, Anm. 11
Material, Kriegsschiffbau- 80
May Island 45
McKenzie, T., Bergungsleiter 88 f, 234
McCrone, Robert W., Direktor von Metal Industries Ltd. 191, 241
Metal Industries Ltd. 152, 191 ff.
Metalle, sh. Material
Meurer, Konteradm. 35
Meuterei, auf der Hochseeflotte 32, 44, 48
Mill Bay, nördl. Lyness 85
»Moltke«, Schlachtkreuzer 9, 22 ff., 44, 71, 127 ff.
Moray Firth, Nordost-Schottland 71

»Nassau«-Klasse 9
»Nürnberg«, kl. Kreuzer 67, 71
*Nundy, A.*, Bergungsunternehmer
  240 f.

Österreich-Ungarn 10, 12 ff.
Orkney-Inseln 49 f., 72 f., 89

Panzerstahl 215
Pentland Firth, Passage zwischen der
  Nordspitze Schottlands und den
  Orkney-Inseln 55
»Piraten«-Taucher 89 f., 105
»Pommern«, Linienschiff 31
Preßluft, Verfahren bei Schiffsbergung
  128 ff.
*Princip, Gabriel,* serbischer Attentäter 13
»Prinzregent Luitpold«, Linienschiff
  22 ff., 43, 181 ff.
Pumpen, Verfahren zur Hebung,
  sh. »Hindenburg«

»Queen Elizabeth«, Brit. Flaggschiff
  35, 43
»Queen Mary«, brit. Schlachtkreuzer
  25 f.
»Queen Mary«, brit. Passagierschiff
  227
Queenstown, Irland 170 f.

Radioaktivität, v. Stahl 239 f.
*Ramsay, Sir Bertram,* brit. Adm. 234
Reparationskommission, Interalliierte
  76
*Reuter, Ludwig von,* Vize-Adm.
  22 ff., 46, 48 ff., 52, 54, 67 ff., 243 ff.
»Revenge«, brit. Schlachtschiff 43
*Robertson, J. W.,* Bergungsleiter
  73 ff., 107 f.
Rosyth, brit. Kriegshafen am Firth
  of Forth 21 f.

»Rote Garde« 48
»Royal Oak«, brit. Schlachtschiff 239
Rußland 7, 10 ff.

Sarajewo 12
Scapa Flow, brit. Flottenankerplatz
  21 ff., 45 ff., 49 ff.
Scapa Flow Salvage & Shipbreaking
  Co. Ltd. 74
Schiffsbergung, Begriff 90
Schlachtschiffe und Schlachtkreuzer,
  Schiffstypen 8, Anm.*
Schrott, Wert 80, 214 ff., 249 f.
Schwimmdocks 78 ff., 235
»Seydlitz«, Schlachtkreuzer
  9, 22 ff., 44, 67, 152 ff.
Shipbreaking Industries Ltd. 214
Siebe-Gorman & Co. 84
Skagerrak-Schlacht 21 ff.
Stromness, Ort auf Mainland 73, 75

Tauchgeräte, Taucheranzüge 84 f.
Tauchen 87 f., 240 f.
Tide, -nhub, sh. Gezeiten
*Tirpitz,* Großadm., Staatssekr. d.
  Reichsmarineamtes 8, 10 f.
Torpedoboote 29, Anm.*
Torpedoboote und Zerstörer, Hebung
  93 ff.
Trockendocks. sh. auch »Moltke«
  8, 138 ff.
*Trotha, v.,* Adm., Chef d. dtsch.
  Admiralität 247 f.
Türkei 11 f., 240

U-Boote, dtsche. 23 ff., 32, 36 ff.
»U 18« 50
»UB 116« 50
»U 47« 239, Anm. 27
Unfälle 88, 109, 112, 160, 172,
  183 f., 204
Unterteilung, wasserdichte 82 f.

»V 4«, Torpedoboot 31
»V 30«, Torpedoboot 44
»V 70«, Torpedoboot 93 f.
»Vanguard«, brit. Schlachtschiff 239
Vereinigte Staaten v. Amerika (USA) 43, 76
Versenkung 49 ff., 52 f.
»Victorious«, brit. Werkstattschiff 54
»von der Tann«, Schlachtkreuzer 9, 22 ff., 44, 171

Waffenstillstand, 11. Nov. 1918 22, 33, 36, 70
Wassertiefen, Wracklage 71, 83
»Westcott«, brit. Wachzerstörer 54 f.
»Wiesbaden«, kl. Kreuzer 28
Wilhelmshaven, Kriegshafen 8 f., 32

Zerstörer 26, Anm.\*, 44

# Dokumentation zur Zeitgeschichte

P. von der Porten
**DIE DEUTSCHE KRIEGSMARINE IM ZWEITEN WELTKRIEG**

Dieses Buch über die deutsche Kriegsmarine ist vorurteilsfrei und historisch bis ins Detail zuverlässig. Klar und deutlich (mit einem Minimum an militärischer und maritimer Terminologie) schildert es das Geschehen, seine Hintergründe und Ursachen. Ein Geschehen, das von Anfang bis Ende Interesse beansprucht.
**256 Seiten, 40 Abbildungen, Leinen, DM 28,80**

J. P. Mallmann-Showell
**UBOOTE GEGEN ENGLAND**

Dies ist die Geschichte des Entstehens der deutschen Uboot-Waffe und ihres Schicksals im zweiten Weltkrieg. Erregend, unglaublich, wahr. Eine Dokumentation über die Uboote und ihre Männer, über ihre Technik und Bewaffnung, über den Kampf und das schließliche Sterben der Uboote unterm Hakenkreuz.
Weit mehr als 70 Prozent betrug ihre Verlustquote während des zweiten Weltkrieges! Trotz dieser Tatsache waren die Uboote die einzige Waffe in der Rüstkammer des Dritten Reiches, die Großbritannien hätte niederringen können. J. P. Mallmann-Showell ist den Dingen auf den Grund gegangen.
**200 Seiten, 228 Abbildungen, Leinen, DM 36,–**

Volkmar Kühn
**TORPEDOBOOTE UND ZERSTÖRER IM EINSATZ 1939–1945**

Vom ersten bis zum letzten Tage des zweiten Weltkrieges kämpften Zerstörer und Torpedoboote aller Marinen gegen Uboote und Flugzeuge, gegen Kreuzer, Schlachtschiffe und Landbatterien. Sie fuhren auf allen Meeren Europas und im Atlantik.
Aus einer Fülle von historischen Unterlagen und den Berichten von Kommandanten, Offizieren, Unteroffizieren und Männern, die dabei waren, gibt der Autor eine wahrheitsgetreue Schilderung und ein anschauliches Bild von vielen Unternehmungen dieser leichten Seestreitkräfte.
**384 Seiten, 120 Abbildungen, Leinen, Vorwort von Großadmiral a. D. Karl Dönitz, DM 36,–**

Paul Simsa
**MARINE INTERN**

Der Verfasser gehörte 1942 im zweiten Weltkrieg der Marine an, fuhr auf Minensuchbooten und war bei Kriegsende als Leutnant zur See d. R. erster Wachoffizier eines Ubootes, das nicht mehr an die Front gelangte.
Sachbücher sind auch Meinungsbücher. Der Autor dieses Buches verhehlt seine Meinung nicht und liefert Belege. Er sieht die geheiligte Tradition der deutschen Marinegeschichte in kritischem Licht. Läßt Zeugen der Zeit sprechen. Stellt bezeichnende Episoden in den historischen Zusammenhang von Ursache und Wirkung, geht auf das Werden und Wirken von Schlüsselfiguren ein.
**388 Seiten, Leinen, DM 32,–**

Clemens Range
**DIE RITTERKREUZTRÄGER DER KRIEGSMARINE**

Dies ist ein Report über sämtliche 318 Ritterkreuzträger der Deutschen Kriegsmarine und die Träger der weiteren Stufen des Ritterkreuzes.
Eine Veröffentlichung von derartiger Vollständigkeit gab es bisher noch nicht zu diesem Thema: Clemens Range hat von den 318 Männern, über die hier berichtet wird, 303 in Bildern vorgestellt. Diese Fotos und die zugehörige Kurzbiografie eines jeden Ritterkreuzträgers sind der Kern der Dokumentation. Ausführliche Anhangteile technischer Art, Statistiken und Register ergänzen die Zusammenstellung hervorragend.
**220 Seiten, 303 Abbildungen, Leinen, DM 28,–**

selbstverständlich aus dem
**MOTORBUCH VERLAG STUTTGART**
7000 Stuttgart 1 · Postfach 1370

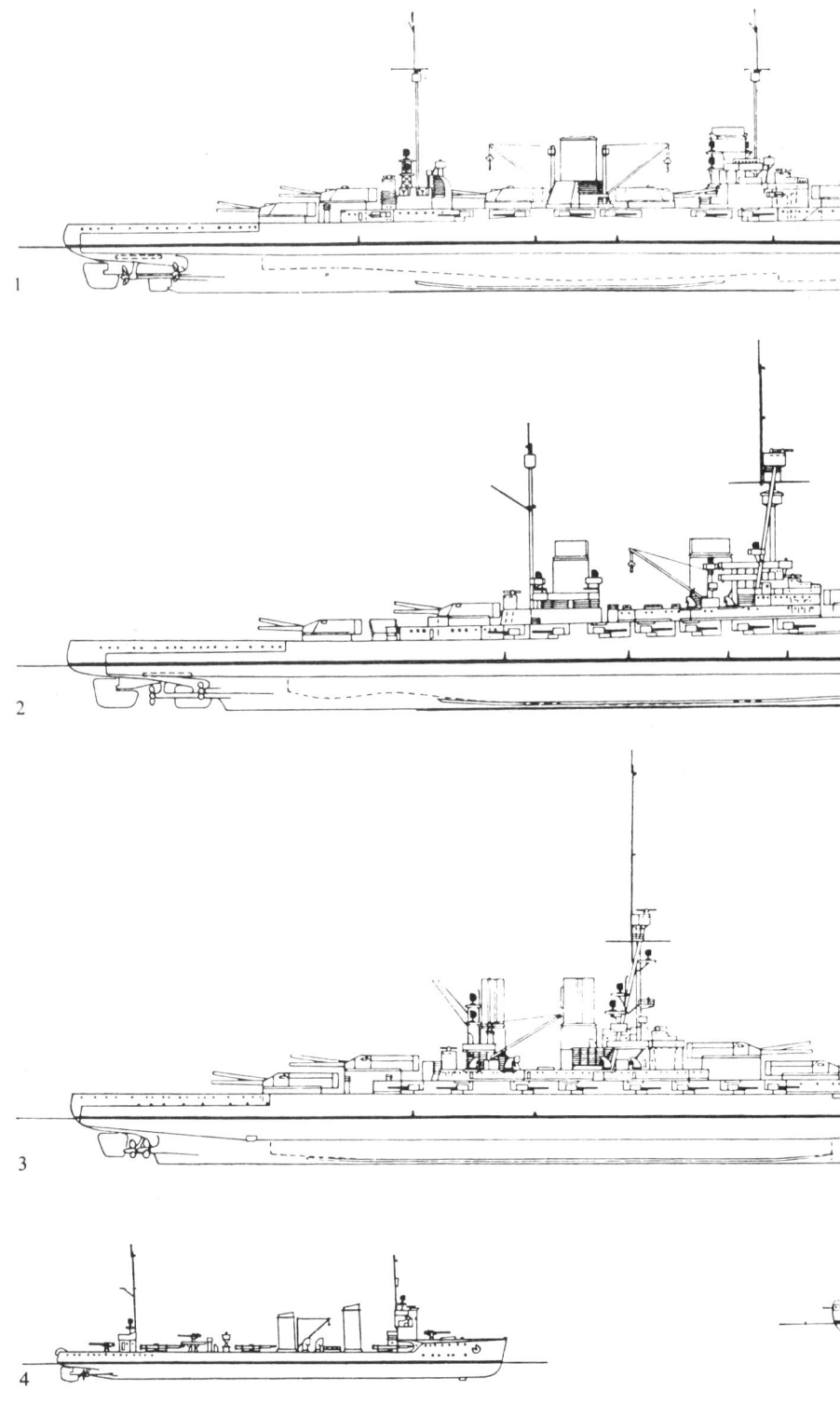